DICTIONNAIRE

FRANÇAIS-JAPONAIS

DU MÊME AUTEUR.

Leçons de Conversation, rédigées spécialement pour les étudiants Japonais. Texte Japonais avec la traduction en regard.

Choix de textes gradués pour faciliter aux
étudiants Japonais l'étude de la langue française avec des notes explicatives en Français et
en Japonais.

DICTIONNAIRE
FRANÇAIS-JAPONAIS

DES MOTS USUELS DE LA LANGUE FRANÇAISE

PAR

ARTHUR ARRIVET

Professeur au Kō-tō Chū-Gakkō

REVU AVEC SOIN PAR

S. OYAMADA

TŌKYŌ.

Z. P. MARUYA & Cie.

LIBRAIRES-ÉDITEURS

1887.

A L'ALLIANCE FRANÇAISE

Hommage respectueux

ARTHUR ARRIVET

爽快ニシテ。其辭句ハ。意義明白ナル

一ヲ要ス。抑モ佛語ノ音韻ハ。人耳ニ

ハ。世界各國ノ人民。最モ之ニ通ゼン

テ諱言ニ非ザルナリ。而テ佛語ノ如キ

バ。之ヲ歐洲開明ノ中心ト言フモ。敢

藝モ。亦皆各國ニ凌駕スルノ勢アレ

夫レ佛蘭西ハ。國富ミ兵強ク。學術技

序

界通商ノ用語タルガコトシ。又佛語ノ
上流社會ノ通語タルコト。猶英語ノ世
語ヲ知ラザルハナク。殆ト歐洲各國。
歐洲ニ在テ苟モ教育ヲ受ケタル者。佛
シテ。一般貴女ノ常用スル者ナレバ。
之。佛語ハ歐洲各國。交際上ノ用語ニ
却テ其右ニ出ヅルト言フ可キナリ。加
コト。固ヨリ英語獨語ニ讓ラズシテ。

語ノミナラズ。夫ノ上品ナル佛語ヲ學

者。日ニ多キヲ加フルガ爲メ。單ニ英

シ鮮少ナラズ。今ヤ本邦洋學ニ志ス

法律。兵制ノ進歩ヲ増益シタルト。蓋

ヲ學ブ者頗ル多ク。以テ我邦ノ政治。

本邦ニ於テモ。大凡三十年以来。佛語

語ヲ除クノ外。敢テ之ニ及ブ者アラズ。

廣ク世界ニ傳播セルハ。各國語中。英

育ニ盡力セル。第一高等中學校教師佛
テ。善ク我邦語ニ通ジ。專ラ學生ノ教
リシガ。頃者ハ。久シタ本邦ニ在留シ
全ノ者アルヲ聞カズ。甚遺憾ニ堪ヘザ
ニ非ザレ圧。皆簡略ニシテ未タ善良完
佛和對譯字書ニ至テハ。一二ノ書ナキ
ルニ之ヲ學ブニ。最モ缺ク可カラザル
ブコト。愈隆盛ヲ極ムルニ至レリ。然

リ。毎語ニ羅馬字ヲ加ヘ、以テ日本譯モ漏スコトナク。尚且外國人ノ便ヲ謀便ナルノミナラズ。日常普通ノ言語一書タルヤ簡單平易ニシテ。啻ニ携帶ニ山田銓太郎君。之ガ校閲ヲ爲セリ。其事シ。特ニ繙譯ニ熟スルノ聞ヘアル小對譯字書ヲ編纂シ。而テ多年佛學ニ從國人「アルチュール、アリヴェー」君。佛和

明治二十年。（西暦千八百八十七年）七月。

箕作麟祥識

首ニ辨ズト云フ。

慶シ。敢テ拙劣ヲ顧ミズ。聊詹言ヲ巻

ンヲ需メラル。余斯盛擧ノ竣功ヲ欣

ンヤ。其剞成ニ及ヒ。余ニ一言ヲ題セ

ニ之ヲ善良完全ノ書ト言ハザルヲ得

字ノ音訓ヲ示スノ新手段ヲ出セリ。豈

PRÉFACE

Beaucoup de personnes au Japon apprendraient la langue française qui se laissent rebuter par les difficultés du commencement. En effet, dès les premières lignes qu'on essaie de traduire dans les livres les plus élémentaires, on se heurte à des expressions ou à des tournures de phrase qui n'ont pas leur équivalent en Japonais et qu'il est par conséquent impossible de comprendre. De là un prompt découragement qui s'empare des commençants et les prive pour l'avenir d'une grande jouissance, celle de pouvoir converser avec nos auteurs français et de puiser directement aux trésors littéraires et scientifiques qu'ils nous ont laissés.

Il serait à désirer que l'élève, dès le début, eût la satisfaction de comprendre quelque chose, de trouver les mots qu'il cherche, de joindre aisément le mot qui suit à celui qui précède, et qu'ainsi récompensé de ses premiers efforts il s'encourageât à mesure qu'il avance. C'est pour cela que nous avons offert tout récemment à ceux qui désirent commencer l'étude de notre langue un *Choix de textes gradués avec notes explicatives* et que nous publions aujourd'hui ce petit dictionnaire. Nous nous sommes efforcés d'y donner le sens propre de chaque mot et sa signification précise dans les acceptions les plus usuelles.

Destinant tout spécialement cet ouvrage aux élèves Japonais, nous avons employé autant que possible, pour la traduction, le langage usité dans les écoles ; ce n'est que dans des cas exceptionnels, et faute de pouvoir faire différemment, que nous avons eu recours à des expressions tirées d'un langage plus relevé. Il sera facile de reconnaître ces expressions au signe (*) dont nous les avons fait précéder.

C'est donc un travail sans prétention qui a simplement pour but d'aider les commençants à atteindre le degré voulu pour pouvoir se servir de nos dictionnaires classiques français. L'expérience nous a montré qu'aussitôt capables de se servir de leur dictionnaire de Bénard, de Larousse, ou de Littré les élèves ne sentent plus le besoin d'un dictionnaire traduit, et en réalité s'en passent très facilement. La difficulté est de les amener à ce point et les professeurs chargés de leur enseigner la traduction pendant les deux premières années, et d'être en quelque sorte leur dictionnaire vivant, savent toute la peine qu'il en coûte.

Nous nous sommes donc proposé uniquement de répondre au besoin actuel en attendant que d'autres plus capables dotent la jeunesse des écoles d'une œuvre plus considérable.

Pour le commodité de ceux qui désireraient se servir de notre modeste travail dans leurs études de langue Japonaise, nous avons donné en lettres romaines la transcription des caractères Japonais, et nous avons suivi en cela l'orthographe adoptée par la *Rōmaji-kwai* à qui nous sommes heureux de témoigner ainsi toute notre déférence.

Qu'il nous soit permis, en terminant, d'exprimer tous nos remerciements à Mr. S. Oyamada, fonctionnaire au Ministère de la Marine, qui a bien voulu prendre la peine de revoir notre travail et à qui nous sommes redevables de précieuses corrections.

Tōkyō le 1er Juillet 1887.

ARTHUR ARRIVET.

簡易ノ書ヲ譯セント欲スルモ妥當ノ訣諾ヲ得

ラ多少ノ羞異ナキ能ハズ故ニ初學ノ者試ミニ

ラ同ジカラズ縱橫文ヲ異ニスレバ文辭章句自

ヲとテナリ抑モ東西洋ヲ隔ツレバ言語風俗自

故ナキニアラズ他ナシ發軔チ困難ヲ覺ユル

シト雖氏往々半途ニシテ自棄スルヲ見ルハ其

日本人ノ我佛蘭西語ヲ學バント欲スルモノ多

緒言

ガ前ニ我國語ヲ學バント欲スル者ノタメニ註
ラ奮勵スルヲ見ルハ喜ブベキニ非ズヤ是我輩
ヲ知リ明日一句ノ意ヲ悟ルヲ樂ミ前途益々自
蓋學生カ其初メ螢雪ノ效ニ因リ今日一辭ノ義
ク之ヲ顧ミザルニ至ル豈惜ムベキニアラズヤ
珠ヲ攷拾スルノ一大快事ヲ得ルノ望ヲ失シ永
ミ我諸作者ニ親炙シ以テ其殘留セル學海ノ遺
ル丁容易ナラザルヨリ其意義ヲ領解スルニ苦

ルニ出デシヲ以テ此等ノ語ニハ（＊）ノ符ヲ付シ

語ヲ用井シ所以ノモノハ例外ニシテ已ヲ得ザ

確的切ナルモノヲ撰ミシト雖氐間々高尚ナル

譯ニ臨ミ務メテ學校ニテ通常用ユル語中ノ正

此書ハ特ニ日本學生ノタメニスルモノナレバ

以ナリ

小辭書ヲ刊行シ以テ登高自卑ノ階梯トナス所

釋附佛語學簡易ノ譯文論ヲ公ケニシ今又此ノ

々タルノミ然レドモ學生ヲシテ此域ニ躋ラシム
ニ譯辭書ノ輔助ニ依ラズ原辭書ヲ利用スル易
一等ノ辭書ヲ使用スルヲ得ルニ至リテハ既
以テスルニ學生ガ、ベナル、ラル、ツス、リットレ
徒ニ假托辭ヲ飾ルモノニアラズ我輩ノ經驗ヲ
佛語辭書ヲ用ユルノ學力ヲ得セシムニ在リテ
此書ノ目的トスル所ハ單ニ學生ヲシテ普通ノ
之ヲ知得スルニ便ニス

スル者ノタメニ日本字ヲ轉寫スルニ羅馬字ヲ

各國人ノ此小辭書ニ依リ日本語ヲ學習セント

貽スニ至リテハ異日大方ノ君子ヲ待ツ

シ別ニ一大著作ヲナシ以テ惠ヲ後進ノ子弟ニ

是ヲ以テ我輩ハ唯方今ノ需要ニ應ズルヲ企圖

皆其勞苦ノ價直ヲ知ラン

任ニ當リ所謂之力活字引トナレル日本教員ハ

ルノ難殊ニ甚シトス故ニ最初ニ二ケ年間教授ノ

佛國　アルチュール、アリヴェー識

第一高等中學校教師

明治二十年七月一日東京ニ於テ

ヲ得ザルナリ

二向ツテ其校正ノ勞ヲ取ラレシヲ萬謝セザル

終リニ臨ミ我輩ハ海軍省官吏小山田銓太郎君

レ亦談會ヲ賛成スルノ姿心ニ出ヅルノミ

用井其書キ方ハ一ニ羅馬字會ノ法ニ則レリ是

ORTHOGRAPHE EN LETTRES ROMAINES.

ア	a	カ	ka	サ	sa
イ	i	キ	ki	シ	shi (2)
ウ	u	ク	ku	ス	su
エ	e(1)	ケ	ke	セ	se
オ	o	コ	ko	ソ	so
タ	ta	ナ	na	ハ	ha
チ	chi(3)	ニ	ni	ヒ	hi
ツ	tsu	ヌ	nu	フ	fu
テ	te	ネ	ne	ヘ	he
ト	to	ノ	no	ホ	ho
マ	ma	ヤ	ya	ラ	ra
ミ	mi	イ	i	リ	ri
ム	mu	ユ	yu	ル	ru
メ	me	エ	e(ye)	レ	re
モ	mo	ヨ	yo	ロ	ro
ワ	wa	ガ	ga	ザ	za
ヰ	i	ギ	gi	ジ	ji
ウ	u	グ	gu	ズ	zu
エ	e	ゲ	ge (4)	ゼ	ze
ヲ	wo(o)	ゴ	go	ゾ	zo
ダ	da	バ	ba	パ	pa
ヂ	ji(5)	ビ	bi	ピ	pi
ヅ	zu(6)	ブ	bu	プ	pu
デ	de	ベ	be	ペ	pe
ド	do	ボ	bo	ポ	po

(1) *E* et *u* se prononcent comme en latin.
(2) *Sh* répond à *ch* en français.
(3) *Ch* équivaut à *ich*.
(4) Le *g* est toujours dur.
(5) *Ji* se prononce plutôt comme dji.
(6) *Zu* s'écrivait autrefois *dzu*. Il ne se prononce pas comme *zou* dans *zouave*; il a le son légèrement dental.

アー………ā	キヤ………kya	ギヤ………gya
イー………ī	キユ………kyu	ギユ………gyu
ウー………ū	キヨ………kyo	ギヨ………gyo
エー………ē		
オー………ō		
シヤ………sha	ジヤ………ja	チヤ………cha
シユ………shu	ジユ………ju	チユ………chu
シヨ………sho.	ジヨ………jo	チヨ………cho
ヂヤ………ja	ニヤ………nya	ヒヤ………hya
ヂユ………ju	ニユ………nyu	ヒユ………hyu
ヂヨ………jo	ニヨ………nyo	ヒヨ………hyo
ビヤ………bya	ミヤ………mya	リヤ………rya
ビユ………byu	ミユ………myu	リユ………ryu
ビヨ………byo	ミヨ………myo	リヨ………ryo
ピヤ………pya	クワ……… { kwa / ka	グワ……… { gwa / ga
ピユ………pyu		
ピヨ………pyo		

SIGNES ET ABRÉVIATIONS.

a.	*adjectif.*
ad.	*adverbe.*
art.	*article.*
c.	*conjonction.*
f.	*féminin.*
f. pl.	*féminin pluriel.*
int.	*interjection.*
loc.	*locution.*
m.	*masculin.*
m. pl.	*masculin pluriel.*
pr.	*préposition.*
pro.	*pronom.*
sf.	*substantif féminin.*
sm.	*substantif masculin.*
va.	*verbe actif.*
vn.	*verbe neutre.*
vr.	*verbe réfléchi.*
v. unip.	*verbe unipersonnel.*
"	*indique* **h** *aspiré.*
;	*sépare les différentes acceptions.*

-	sépare les diverses parties d'un mot ou la postposition qui s'y rattache.
......	tient la place de 何々 Nani nani.
※	indique que l'expression qu'il précède n'est pas usitée dans le langage ordinaire.

DICTIONNAIRE FRANÇAIS-JAPONAIS

DES MOTS USUELS DE LA LANGUE FRANÇAISE.

A.

A, *pr.*	二。於テ。エ	Ni; Oite; Ye.
ABAISSER, *va.*	下ゲル	Sageru.
ABANDONNER, *va.*	見捨ル。絶念スル	Mi-suteru; Zetsu-nen suru.
s'—, *vr.*	自棄スル。自放スル	Ji-ki suru; Ji-hō suru.
ABAT-JOUR, *sm.*	ランプノ笠	Lampu-no kasa.
ABATTRE, *va.*	打ツ。敲ク。切リ倒ス	Utsu; Tataku; Kiri-taosu.
Visage abattu.	衰顔	Sui-gan.
ABCÈS, *sm.*	腫物	Hare-mono.
ABEILLE, *sf.*	蜜蜂	Mitsu-bachi.
ABÎME, *sm.*	深坑	*Shin-kō; Fukaki ana.
ABÎMER, *va.*	汚ス。穢ス	Yogosu; Kegasu.
ABOIEMENT, *sm.*	吠聲	*Hai-sei; hoeru koe.
ABOLIR, *va.*	廢スル	Hai-suru.
ABONDAMMENT, *ad.*	潤澤二	Jun-taku-ni.
ABONDANCE, *sf.*	豐饒	Hō-jō.
ABONDANT, E, *a.*	潤澤ナル。豐饒ナル	Jun-taku naru; Hō-jō naru.

ABONDER, *vn.*	餘リアル。充積スル	Amari aru; Jū-seki suru.
ABONNER, (s') *vr.*	割引ヲ約スル（新聞又ハ雜誌ノ）	Wari-hiki-wo yaku suru (Shin-bun matawa zasshi-no).
D'ABORD, *ad.*	最初	Sai-sho.
ABORDER, *va.*	衝突スル	* Shō-totsu suru; Tsuki-ataru.
ABOUTIR, *vn.*	達スル。届ク	Tassuru; Todoku.
ABOYER, *vn.*	吠ル	Hoyuru; Hoeru.
ABREUVER, *va.*	飲マセル	Nomaseru.
s'—de, *vr.*	充分ニ飲ム	Jū-bun-ni nomu.
ABRI, *sm.*	隱レ所	Kakure-dokoro.
ABSENCE, *sf.*	留守。不在。欠席	Rusu; Fu-zai; Kes-seki.
ABSENT, E, *a.*	留守ノ。不在ノ	Rusu-no; Fu-zai-no.
ABSENTER (s') *vr.*	外出スル。欠席スル	Gwai-shutsu suru; Kesseki suru.
ABSOLU, E, *a.*	完全ノ。絶對ノ	Kwan-zen-no; *Zet-tai-no.
ABSOLUMENT, *ad.*	完全ニ。絶對ニ	Kwan-zen-ni; *Zet-tai-ni.
ABSOUDRE, *va.*	無罪ノ言渡ヲスル	Muzai-no ii-wata-shi-wo suru.

ABSTENIR, (s') *vr*.	用ヒヌ。禁ズル。ズ。次ニ働詞ノ來ル片ハ其働詞ハ打消シトナル	Mochiinu; kinzuru ......zu; (Tsugi-ni dō-shi-no kitaru-toki-wa sono dō-shi-wa uchi-keshi to naru. (1)
s'—de répondre.	答ヘヌ	Kotaenu.
ABUSER, *vn*.	濫用スル	Ran-yō suru.
—*va*.	誑ス	Taburakasu.
ACADÉMIE, *sf*.	學士會院	Gaku-shi-kwai-in.
ACCABLER, *va*.	負擔サセル。重荷ヲ負ハセル	Fu-tan saseru; omo-ni-wo owaseru.
Etre accablé de douleur, de travail.	悲歎勞働ニ堪ヘヌ	Hi-tan rō-dō-ni taenu.
——une personne d'injures.	大ニ人ヲ罵詈スル	Ōi-ni hito-wo bari suru.
ACCÉLÉRER, *va*.	速メル	Hayameru.
ACCEPTER, *va*.	引請ル。承知スル	Hiki-ukeru; Shōchi suru.
ACCIDENT, *sm*.	不虞ノ災	Fu-gu-no wazawai.
ACCLIMATER, (s') *vr*.	風土ニ馴レル	Fū-do-ni nareru.

(1) Ce verbe n'ayant pas son équivalent en Japonais le plus simple est de le traduire par une particule ou une locution négative Ex: S'abstenir de parler 話サズ Hanasazu. S'abstenir de manger 食ハズニ居ル Kuwazu-ni oru. S'abstenir de vin 禁酒スル Kin-shu suru.

ACCOMMODEMENT, sm.	整理スルコ。程ヲクスルコ	Sei-ri suru koto; Hodoyoku suru koto.
ACCOMMODER, (s') vr.	滿足スル	Manzoku suru.
ACCOMPAGNER, va.	伴フ	Tomonou.
ACCOMPLIR, va.	仕遂ル。成就スル	Shitogeru; Jyōju suru.
ACCOMPLISSEMENT, sm.	成就	Jyōju.
ACCORDER, va.	許ス。與フル	Yurusu; Atōru.
ACCOURIR, vn.	走ル	Hashiru.
ACCOUTUMÉ, E, a.	馴タル	Naretaru.
ACCOUTUMER, va.	馴ス	Narasu.
ACCROCHER, va.	釘ニ掛ル。ヒツ掛ケル	Kugi-ni kakeru; Hikkakeru.
ACCROISSEMENT, sm.	增長	Zō-chō.
ACCUEIL, sm.	待遇	Tai-gū.
ACCUEILLIR, va.	快ク受ケル。待遇スル	Kokoroyoku ukeru; Tai-gū suru.
ACCUMULER, va.	聚積スル	Atsumeru; Shūseki suru.
ACCUSATEUR, TRICE, sm. f.	起訴人	Kiso-nin; Uttae-nin.
ACCUSATION, sf.	訴ル事	Uttaeru koto.
ACCUSÉ, sm.	被告人	Hikoku-nin.
ACCUSER, va.	起訴スル	Kiso suru; Uttaeru.

Achat, *sm.*	買ヒ物	Kai-mono.
Acheter, *va.*	買フ	Kau.
Achever, *va.*	成功スル。仕逐ル	Sei-kō suru; Shi-togeru.
Acier, *sm.*	鋼	Kō; Hagane.
Acquérir, *va.*	獲ル	Uru.
Acquitter, *va.*	免ス。免債スル。皆濟スル	Yurusu; Men-sai suru; Kai-sai suru; Kirei-ni harau.
s'—de, *vr.*	成逐グル	Shi-toguru.
Acreté, *sf.*	辛	Karasa.
Actif, ve, *a.*	活潑ノ。活潑ナル	Kwappatsu-no; Kwappatsu naru.
Action, *sf.*	働キ	Hataraki.
Activité, *sf.*	活潑	Kwappatsu.
Actuellement, *ad.*	今。現今	Ima; Gen-kon.
Adieu, *sm.*	離別ノ式	Ribetsu-no shiki; Sayō nara.
ad.	左樣ナラ	
Adjacent, e, *a.*	接近シタル	Sekkin shitaru.
Adjuger, *va.*	屬スル。一方ニ屬スルヲ示ス。高買ノ者ニ與フル	Zoku suru; Ippō-ni-zoku suru-wo shi-mesu; Taka-gai no mono-ni atōru.
Admettre, *va.*	認メル。聽ス。入ル事ヲ許ス	Mitomeru; Yurusu; Iru koto-wo yuru-su. (1)

(1) Mais dans ce sens, le régime indirect du verbe *Admettre* s'exprime ordinairement par un nom composé qui commence par "nyu"—Ex : *Admettre* dans une société. 入會ヲ許ス Nyu-kwai-wo yurusu.

ADMINISTRATION, *sf.*	管理。事務所	Kwan-ri ; Ji-musho.
ADMINISTRER, *va.*	管理スル	Kwan-ri suru.
ADMIRABLE, *a.*	感服スベキ	Kam-puku su-beki.
ADMIRABLEMENT, *ad.*	感心ニ	Kan-shin-ni.
ADMIRATEUR, TRICE, *s. m. f.*	感服スル人	Kampuku suru hito.
ADMIRATION, *sf.*	感服。感心	Kampuku ; Kan-shin.
ADMIRER, *va.*	感服スル。感心スル	Kampuku suru ; Kan-shin suru.
ADOPTER, *va.*	養子ニスル。擇ブ	Yōshi-ni suru ; Era-bu.
ADOPTIF, VE, *a.*	養子ニシタル。養ヒノ。擇ビタル	Yōshi-ni shitaru ; Yashinai-no ; Era-bitaru.
ADOUCIR, *va.*	和ゲル。甘クスル	Yawarageru ; Ama-ku suru.
ADRESSE, *sf.*	名宛。巧ミ	Na-ate ; Takumi.
ADRESSER, *va.*	宛名ヲ記シテ送ル	Ate-na-wo kaite okuru.
s'—, *vr.*	話掛ル	Hanashi-kakeru.
ADROIT, E, *a.*	手際ヨキ。巧ミナル	Tegiwa-yoki ; Takumi naru ; Jōzu.
ADROITEMENT, *ad.*	巧ミニ。巧手ニ	Takumi-ni ; Jōzu-ni.

ADVERSITÉ, *sf.*	不幸。	Fu-kō.
AFFABLE, *a.*	穏ナル	Odayaka naru.
AFFAIBLIR, *va.*	弱クスル	Yowaku suru.
AFFAIRE, *sf.*	事務	Ji-mu.
Homme d'—,	管財人。代人	Kwan-zai-nin ; Dai-nin.
AFFECTER, *va.*	當用スル	Tō-yō suru.
AFFECTION, *sf.*	懇親。親愛	Kon-shin ; Shin-ai.
AFFERMIR, *va.*	強クスル	Tsuyoku suru.
AFFLICTION, *sf.*	悲歎	Hi-tan ; Kanashi-mi.
AFFLIGER, *va.*	悲歎サセル	Hi-tan saseru ; Kanashimeru.
s'—, *vr.*	悲歎スル	Hi-tan suru ; Kana-shimu.
AFFLUENCE, *sf.*	水ノ大流。群集	Mizu-no dai-ryu ; Gun-shū ; Atsu-mari.
AFFREUX, SE, *a.*	恐ロシキ	Osoroshiki.
AFFRONTER, *va.*	向ツテ進ム。向イ二立ツ。冒ス	Mukatte susumu ; Mukai-ni tatsu ; Okasu.
— le danger.	危險ヲ冒ス	Kiken-wo okasu.
— l'ennemi.	敵ヲ冒シテ進ム	Teki-wo okashite susumu.
AFIN QUE, *loc. c.*	爲メ二。様二	Tame-ni ; Yō-ni.
AGE, *sm.*	年齢	Nen-rei ; Toshi.

AGÉ, E, *a.*	年ヲトリタル	Toshi-wo toritaru.
AGILITÉ, *sf.*	神速ナル事。輕ロサ	Shin-soku naru ko-to; Karosa.
AGIR, *vn.*	働ク	Hataraku.
AGITER, *va.*	動搖サセル。動カス	Dō-yō saseru; Ugo-kasu.
AGNEAU, *sm.*	兒羊	Ko-hitsuji.
AGRÉABLE, *a.*	愉快ナル。快ヨキ	Yu-kwai naru; Ko-koroyoki.
AGRÉABLEMENT, *ad.*	快ロヨク。氣ニ入ル様ニ	Kokoroyoku; Ki-ni iru yō-ni.
AGRÉER, *va. n.*	受ル。叶フ	Ukeru; Kanau.
AGRÉMENT, *sm.*	同意。承諾。樂ミ	Dō-i; Shō-daku; Tanoshimi.
AGRICULTURE, *sf.*	農業	Nō-gyō.
AGRIPPER, *va.*	摑ム	Tsukamu; Kajiri-tsuku.
AH! int.	嗚呼	Ā.
AIDE, *sf.*	扶助。手傳ヒ	Tasuke; Te-tsudai.
AIDE, *sm.*	扶クル人	Tasukuru hito.
AIDER, *va.*	扶ケル。手傳フ	Tasukeru; Te-tsu-dau
AÏEUL, E, *sm. f.*	祖父母	So-fu-bo.
AÏEUX, *sm. p.*	先祖	Sen-zo.
AIGLE, *sm.*	鷲	Washi.
AIGRE, *a.*	酸キ	Suï; Suppai.
AIGRIR, *va.*	酸味ニスル。怒ラス	San-mi-ni suru; Ikarasu.

s'—, *vr.*	酸クナル。怒ル	Suku naru; Ikaru.
AIGU, E, *a.*	銳キ	Surudoki.
AILLEURS, *ad.*	他所ニ	Ta-sho-ni.
D'—.	且ツ。其外	Katsu; Sono hoka.
AIMABLE, *a.*	可愛。愛敬ノ宜キ	Kawayuki; Ai-kyō no yoki.
AIMER, *va.*	愛スル。好ム	Ai suru; Konomu.
AÎNÉ, E, *a.*	長子タル	Chō-shi taru.
Frère —	兄	Ani.
Sœur —	姉	Ane.
AÎNESSE, *sf.*	年頭ラ。長子	Toshi-gashira; Chō-shi.
AINSI, *ad.*	左様ニ。夫故ニ	Sayōni; Sore-yue-ni.
AJOUTER, *va.*	加ヘル	Kuwaeru.
AIR, *sm.*	大氣。容体。調子	Tai-ki; Kū-ki; Yō-tai; Chō-shi.
Prendre un air grave.	威嚴ノ風姿ヲナス	Igen-no fūshi-wo nasu.
Prendre l'air.	新鮮ノ空氣ヲ吸フ	Shin-sen-no kū-ki-wo sū.
Exécuter un air.	譜ヲ奏スル	Fu-wo sō suru.
AIRAIN, *sm.*	黃銅	Kō-dō.
AISANCE, *sf.*	容易。安樂	Yō-i; An-raku.
AISE, *a.*	喜ブベキ	Yorokobu beki.
AISÉ, E, *a.*	易キ。富タル	Yasuki; Tomi-taru.
AISÉMENT, *aa.*	易ク	Yasuku; Tayasuku.

ALARME, *sf.*	恐怖。警報	Kyō-fu; Osore; Kei-hō.
ALENTOUR, *ad.*	周圍ニ。近傍ニ	Shū-i-ni; Mawari-ni; Kinbō-ni.
ALGUE, *sf.*	昆布	Kon-bu.
ALIMENT, *sm.*	食物	Shoku-motsu.
ALLAITER, *va.*	乳デ養フ。乳ヲ飲マセル	Chi-chi-de yashinau; Chi-chi-wo nomaseru.
ALLÉGRESSE, *sf.*	大悅	Tai-etsu.
ALLER, *vn.*	行ク	Yuku.
ALLIANCE, *sf.*	同盟。會盟	Dō-mei; Kwai-mei.
ALLIÉ, E, *a.*	會盟シタル	Kwai-mei shitaru.
ALLIÉ, *sm.*	同盟國。姻族	Dō-mei-koku; In-zoku.
ALLONS, *int.*	サアー	Sā.
ALLUMER, *va.*	燃ヤス。トボス	Moyasu; Tobosu.
ALORS, *ad.*	然ル片	Shikaru toki.
ALOUETTE, *sf.*	雲雀	Hibari.
ALTÉRÉ, E, *a.*	渴シタル	Kasshitaru; Kawai-taru.
ALTÉRER, *va.*	渴ヲ發スル。變造スル	Katsu-wo hassuru; Hen-zō suru.
ALTIER, E, *a.*	高ブリタル。尊大ナル	Takaburi taru; Sondai naru.
AMANDE, *sf.*	巴且杏ノ類	Hadan-kyō-no rui.
AMANDIER, *sm.*	巴且杏樹ノ類	Hadan-kyō-no ki-no rui.

Amasser, *va.*	積立ル。集メル	Tsumi-tateru; Atsumeru.
Ambitieux, se, *a.*	熱望ナル。大望アル	Netsu-bō naru; Tai-mō aru.
Ambition, *sf.*	熱望。大望	Netsu-bō; Tai-mō.
Ambitionner, *va.*	熱望スル	Netsu-bō suru.
Ambroisie, *sf.*	神食	Shin-shoku.
Ame. *sf.*	魂。心	Tamashii; Shin.
Améliorer, *va.*	改良スル	Kai-ryō suru.
Amener, *va.*	導ク。誘フ	Michibiku; Izanau.
Amer, e, *a.*	苦キ	Nigaki.
Amèrement, *ad.*	苦ク	Nigaku.
Amertume, *sf.*	苦味	Ku-mi.
Ami, e. *sm. f.*	朋友	Hōyū.
Amicalement, *ad.*	信切ニ。友情ヲ以テ	Shin-setsu-ni; Yū-jō-wo motte.
Amitié. *sf.*	友情	Yū-jō.
Amollir, *va. n.*	緩和ニスル	Kwan-wa-ni suru; Yawaraka-ni suru.
Amour, *sm.*	愛情	Ai-jō.
Ample. *a.*	廣キ	Hiroki.
Amusement, *sm.*	樂ミ	Tanoshimi.
Amuser, *va.*	樂マス	Tanoshimasu.
s'—, *vr.*	樂ム	Tanoshimu.
An, *sm.*	年	Toshi.
Analogie, *sf.*	類似	Rui-ji.
Analyse, *sf.*	分拆	Bun-seki.

ANATOMIE, *sf.*	解剖	Kai-bō.
ANCÊTRES, *sm. pl.*	先祖	Sen-zo.
ANCIEN, NE, *a.*	古キ。往古ノ	Furuki ; Inishie-no.
Ancien et mo-derne.	古今ノ	Ko-kon-no.
ANCIENNEMENT, *ad.*	昔時。嘗テ	Mukashi ; Katsute.
ANCRE, *sf.*	錨	Ikari.
ANE, *sm.* ÂNESSE, *f.*	驢馬	Ro-ba.
ANÉANTISSEMENT, *sm.*	消滅。落膽	Shō-metsu ; Raku-tan.
ANGE, *sm.*	天使。神使	Ten-shi ; Shin-shi.
ANGLAIS, SE, *s. a.*	英人。英ノ	Igirisu-jin ; Igirisu-no.
ANGLE, *sf.*	角	Kaku.
ANIMAL, *sm.*	動物。獸類	Dō-butsu ; Jū-rui.
ANIMÉ, E, *a.*	活動アル。奬ミタル	Kwatsu-dō aru ; Hagemi taru.
ANIMER, *va.*	活動サセル。奬勵スル	Kwatsu-dō saseru ; Shō-rei suru.
ANIMOSITÉ, *sf.*	怨。憤怒	Urami ; Fun-do ; Ikari.
ANNEAU, *sm.*	環	Wa.
ANNÉE, *sf.*	年	Toshi.
ANNONCER, *va.*	報知スル。知ラセル	Hō-chi suru ; Shira-seru.
ANNUEL, LE, *a.*	年年ノ	Toshi-doshi-no.
ANNUELLEMENT, *ad.*	年年ニ	Toshi-doshi-ni.

ANSE, sf.	手（器物ノ。弓形ノ）。小灣	Te (Ki-butsu-no yumi nari-no); Shō-wan.
ANTIQUITÉ, sf.	古昔	Mukashi.
APAISER, va.	靜メル	Shizumeru.
A PEINE, ad.	稍ク	Yōyaku; Yatto.
APERCEVOIR, va.	見付ル。發見スル	Mitsukeru; Hakken suru.
APLANIR. va.	平面ニスル	Hei-men-ni suru.
APLATIR, va.	平ニスル	Hirattaku suru.
APPAREIL, sm.	機械	Ki-kai.
APPAREMMENT, ad.	顯然ト。外形ニ從テ	Gen-zen to; Gwai-kei-ni shitagatte.
APPARENCE, sf.	外見。外形。皮相	Gwai-ken; Gwai-kei; Hisō.
Juger d'après les—	皮相ヲ以テ判斷スル	Hisō-wo motte handan suru.
APPARTEMENT, sm.	部屋。種々ノ間ノアル住所	Heya; Iroiro-no ma no aru jū-sho.
APPARTENIR, vn.	屬スル	Zoku suru.
APPELER, va.	招ク。呼ブ	Maneku; Yobu.
APPÉTIT, sm.	食欲。空腹	Shoku-yoku; Kū-fuku.
APPLAUDIR, va.	譽タテル。喝采スル	Home-tateru: Kassai suru.
APPLAUDISSEMENT, sm.	譽タテルコ。喝采	Home-tateru koto; kassai.

APPLICATION, *sf.*	適用。念ヲ入レル事。専心	Teki-yō; Nen-wo ireru koto; Kokoro-wo moppara-ni suru koto.
APPLIQUER, *va.*	用ユル。當嵌メル	Mochiyuru; Ate-hameru.
s'—, *vr.*	念ヲ入レル	Nen-wo ireru.
s'— à l'étude.	勉強スル	Ben-kyō suru.
APPORTER, *va.*	持來ス	Mochi kitasu.
APPRÉCIER, *va.*	價立ル。重ンズル	Atai-datsuru; Omonzuru.
APPRÉHENDER, *va.*	捕ユル。摑ム。恐レル	Toraeru; Tsukamu; Osoreru.
APPRENDRE, *va.*	學ブ。覺ユル	Manabu; Oboyuru.
APPRÊT, *sm.*	糊スル事。味ヲ付ケル事	Nori suru koto; Aji wo tsukeru koto.
APPRÊTS, *sm. p.*	用意	Yō-i.
APPRÊTER, *va.*	用意スル。料理スル。糊スル	Yō-i suru; Ryō-ri suru; Nori suru.
APPRIVOISER, *va.*	馴ラス	Narasu.
APPROCHE. *sf.*	近寄ル事	Chika-yoru koto.
APPROCHER, *va.*	近ツク	Chikazuku.
APPROUVER, *va.*	好シトスル	Yoshi-to suru.
APPUYER, *va.*	扶持スル	Fu-ji suru.
APRE, *a.*	澁キ。粗暴ナル。嚴シキ	Shibuki; Sobō naru; Kibishiki.
APRÈS, *pr. ad.*	後ニ。次ニ	Nochi-ni; Tsugi-ni.

Après que, *loc. c.*	何々ノ後ニ	Nani-nani-no no-chi-ni.
Aquatique, *a.*	水中ニ生活シタル	Sui-chiū-ni sei-kwatsu shitaru.
Aqueduc, *sm.*	水道	Sui-dō.
Aquilon, *sm.*	北風	Kita-kaze.
Arabe, *sm.*	亞剌比亞人	Arabia-jin.
Araignée, *sf.*	蜘蛛	Kumo.
Arbitre, *sm.*	仲裁人	Chū-sai-nin.
Arbousier, *sm.*	楊梅ノ樹	Yamamomo-no-ki.
Arbre, *sm.*	樹	Ki.
Arbrisseau, *sm.*	低キ樹	Hikuki ki.
Arbuste, *sm.*	小樹	Shō-jū; Chisai ki.
Arche, *sf.*	橋ノ天井。巨舟。櫃	Hashi-no ten-jyō; Tai-sen; Hitsu.
Archiépiscopal, E, *a.*	大教正ノ	Dai-kyō-sei-no.
Architecte, *sm.*	築造家	Chiku-zō-ka.
Architecture, *sf.*	築造。建築術	Chiku-zō; Ken-chiku jitsu.
Ardemment, *ad.*	熱心ニ	Nesshin-ni.
Ardent, E, *a.*	熱心ナル	Nesshin naru.
Ardeur, *sf.*	熱心	Nesshin.
Argent, *sm.*	銀。錢	Gin; Zeni.
Arme, *sf.*	兵器。武器	Hei-ki; Bu-ki.
Armée, *sf.*	軍。軍兵。軍隊	Gun; Gun-byō; Gun-tai.

ARMER, *va.*	出兵スル。武裝スル	Shuppei suru; Bu-shō suru.
ARPENT, *sm.*	平方尺ノ名（凡千二百坪）。	Hei-hō-shaku-no-na, (Oyoso sen-ni-hyaku tsubo.)
ARRACHER, *va.*	引拔ク	Hiki-nuku.
ARRÊTER, *va.*	留メル。決スル	Todomeru; Kessuru.
s'—, *vr.*	留マル	Todomaru.
ARRIÈRE, (EN) *adv.*	後ニ	Ato-ni.
ARRIÈRE, *sm.*	舳。舳ノ方	Tomo; Tomo-no hō.
ARRIVÉE, *sf.*	到着	Tōchaku.
ARRIVER, *vn.*	到着スル	Tōchaku suru.
ARROSER, *va.*	水カケル	Mizu kakeru.
ART, *sm.*	術	Jutsu.
ARTIFICE, *sm.*	功。僞計	Takumi; Gikei.
ARTISAN, E, *sm. f.*	匠工。職工	Shōkō; Shokkō.
ASPECT, *sm.*	見へ	Miye.
ASPERGE, *sf.*	獨活（西洋ノ）。	Udo (sei-yō-no).
ASPIRER, *va. n.*	息ヲ吸ヒ込ム。吸氣スル	Iki-wo sui-komu; Kyū-ki suru.
ASSAILLIR, *va.*	進撃スル	Shin-geki suru.
ASSAISONNEMENT, *sm.*	鹽梅スル	Ambai suru.
ASSASSIN, *sm.*	謀殺人	Bō-satsu nin.
ASSASSINER, *va.*	謀殺スル	Bō-satsu suru.
ASSAUT, *sm.*	攻擊。突入	Kō-geki; Totsu-nyū.

ASSEMBLÉE, *sf.*	集會	Shū-kwai.
ASSEMBLER, *va.*	集會スル。集メル	Shū-kwai suru; Atsumeru.
— des pièces de bois.	材木ヲハメ付ケル	Zai-moku-wo hame-tsukeru.
ASSEOIR, s'—, *vr.*	坐スル。腰掛ル	Za suru; Koshi-kakeru.
ASSEZ, *ad.*	充分。可ナリニ	Jū-bun; Kanari-ni.
ASSIDU, E, *a.*	常ニ欠席セザル。常ニ勉強ノ	Tsune-ni kesseki se-zaru; Tsune-ni benkyō-no.
ASSIDUITÉ, *sf.*	出精。欠席セザル事	Shussei; Kesseki sezaru koto.
ASSIDUMENT, *ad.*	出精シテ。欠席セズニ	Shussei shite; Kesseki sezu-ni.
ASSIÉGEANT, E, *a.*	圍ム處ノ	Kakomu tokoro-no.
ASSIÉGER, *va.*	圍ム	Kakomu.
ASSIÉGÉ, *sm.*	圍マレタル者	Kakomaretaru-mono.
ASSIETTE, *sf.*	皿。確乎タル位置	Sara; Tashika naru ichi.
ASSIGNATION, *sf.*	召換狀	Shō-kwan jō; Yobi dashi jō.
ASSIGNER, *va.*	定ムル。示ス。呼出ス	Sadamuru; Shime-su; Yobidasu.
ASSIS, E, *a.*	坐シタル	Za shitaru.

ASSISTANT, E, sm. f.	扶クル人。出席人	Tasukuru hito; Shus-seki nin.
ASSISTANCE, sf.	扶助。出席	Fu-jo; Shusseki,
ASSISTER, va.	扶クル。出席スル	Tasukuru; Shus-seki suru.
ASSOCIÉ, E, sm. f.	仲間。社員	Nakama; Sha-in. (1)
ASSOCIER, va.	仲間ニ入レル	Nakama-ni ireru.
ASSUJETTIR, va.	從ヘル	Shitagayeru.
s'—, vr.	從屬スル	Jū-zoku suru.
ASSURANCE, sf.	保險	Ho-ken.
— contre l'incendie.	火災保險	Kwa-sai ho-ken.
— sur la vie.	生命保險	Sei-mei ho-ken.
— maritime.	海上保險	Kai-jō ho-ken.
ASSURÉ, E, a.	慥ナル	Tashika naru.
ASSURÉMENT, ad.	慥ニ	Tashika-ni.
ASSURER, va.	請合フ。慥ニスル。保險スル	Uke-au; Tashika-ni suru; Hoken suru.
s'—, vr.	慥メル	Tashikameru.
—— de.	捕ユル。事ヲ慥ル爲メ適當ノ所置ヲ施ス	Torayuru; Koto-wo tahsikamuru tame teki-tō-no sho-chi wo hodokosu.
ASTRE, sm.	星。天体	Hoshi; Ten-tai.

(1) "Sha-en" serait plus correct, mais ne se dit pas.

ASTRONOME, *sm.*	星學者。天文學者	Sei-gaku-sha; Ten-mon gaku-sha.
ASTRONOMIE, *sf.*	星學。天文學	Sei-gaku; Ten-mon gaku.
ASILE, *sm.*	隱レ所	Kakure-dokoro.
ATELIER, *sm.*	職工塲	Shokkō-jō.
ATHLÈTE, *sm.*	力士	Riki-shi.
ATRE, *sm.*	竃	Kamado.
ATTACHEMENT, *sm.*	心情。愛情。戀着	Shin-jō; Ai-jō; Ren-chaku.
ATTACHER, *va.*	結ヒ付ケル	Musubi-tsukeru.
s'— à, *vr.*	從事スル。戀着スル。好ム	Jū-ji suru; Ren-chaku suru; Ko-nomu.
ATTAQUE, *sf.*	攻擊。侵襲	Kō-geki; Shin-shū.
ATTAQUER, *va.*	擊ツ。襲フ。攻擊スル	Utsu; Osōu; Kō-geki suru.
ATTEINDRE, *va,*	達スル。届ク	Tassuru; Todoku.
ATTELER, *va.*	車ニ繫グ	Kuruma-ni tsunagu.
ATTENDRE, *va.*	待ツ	Matsu.
ATTENDRIR, *va.*	軟ニスル。感動サセル	Yawaraka-ni suru; Kan-dō saseru.
ATTENDRISSEMENT, *sm.*	溫和。感動	On-wa; Kan-dō.
ATTENTE, *sf.*	待ツ事。希望	Matsu koto; Ki-bō.
ATTENTIF, VE, *a.*	注意深キ	Chū-i bukaki.

ATTENTION, *sf.*	注意。氣付	Chū-i; Ki-tsuke.
ATTENTIVEMENT, *ad.*	注意シテ。念入レテ	Chū-i shite; Nen irete.
ATTIRER, *va.*	引付ル	Hiki-tsukeru.
ATTRAIT, *sm.*	心ヲ奪フベキ物。傾向。嗜好	Kokoro-wo ubō beki mono; Kei-kō; Gi-kō.
ATTRAPER, *va.*	捕ル	Torayuru.
ATTRIBUER, *va.*	歸スル。屬サセル	Ki suru; Zoku saseru.
AUBERGISTE, *sm.*	旅舍ノ主人	Ryo-sha-no shu-jin.
AUCUN, E, *a.*	一モアラヌ。何ンニモ。タレカ	Itsu-mo aranu; Nan-nimo; Tare-ka,
AUDACE, *sf.*	大胆	Dai-tan.
AU DEVANT, *ad.*	出合ニ。前面ニ	De-ai-ni; Zen-men ni.
AUDIENCE, *sf.*	聽クコ。謁見。公判	Kiku koto; Ekken; Kō-han.
Demander —	面謁ヲ乞フ	Men-etsu-wo kō.
Donner —	面謁ヲ許ス	Men-etsu-wo yuru-su.
AUDITEUR, *sm.*	傍聽人	Bō-chō nin.
AUGE, *sf.*	桶	Oke.
AUGMENTER, *va.*	增加スル	Zō-ka suru.
AUJOURD'HUI,	今日	Konnichi.
AU MOINS, *loc. ad.*	少ナクトモ	Sukunaku-tomo.

AUMÔNE, *sf.*	惠投	Kei-tō ; Hodokoshi.
AUNE, *sf.*	凡ソ三尺七寸	Oyoso san-jaku shi-chi sun.
AUPARAVANT, *ad.*	前ニ。以前	Zen-ni ; Izen.
AUPRÈS, *pr.*	近傍ニ。傍ニ	Kin-bō-ni ; Soba-ni.
AUSSI, *c.*	亦。全シク	Mata ; Onajiku.
AUSSITÔT. *ad.*	早速	Sassoku ; Sugu-ni.
AUSSITÔT QUE, *loc. c.*	何スルヤ否ヤ	Nani suruya inaya.
AUSTÈRE, *a.*	嚴シキ	Kibishiki.
AUSTÉRITÉ, *sf.*	嚴シキ事。苦業。難行	Kibishiki koto ; Ku-gyō ; Nan-gyō.
AUTANT, *ad.*	其レ程	Sore hodo.
AUTANT QUE, *loc. c.*	何々事程其レ丈ケ	Nani nani koto ho-do sore dake.
D'— plus.	一層	Is-sō.
D'— que.	何ントナレバ	Nanto nareba.
AUTEL, *sm.*	供物臺。神前ノ臺	Kumotsu-no dai ; Shin-zen-no dai.
AUTEUR, *sm.*	著述者	Cho-jutsu sha.
AUTOMNE, *sf.*	秋	Aki.
AUTORITÉ, *sf.*	威權	I-ken.
AUTOUR, *pr.*	周圍ニ	Shū-i-ni ; Mawari-ni.
AUTRE, *a.*	別ノ。他ノ	Betsu-no ; Ta-no.
AUTREFOIS, *ad.*	往古	Mukashi.
AUTREMENT, *ad.*	然ラザレバ。他ニ。別ニ	Shikarazareba ; Ta-ni ; Betsu-ni.

AUTRUCHE, *sf.*	駝鳥	Da-chō.
AUTRUI, *sm.*	他人	Ta-nin.
AVANCE (d'), *loc. ad.*	豫メ	Arakajime.
AVANCÉ (en âge).	老年ニ至リタル	Rō-nen-ni itaritaru.
AVANCER (s') *vr.*	進ム	Susumu.
AVANT, *pr. ad.*	前ニ	Mae-ni.
AVANTAGE, *sm.*	利益	Ri-eki.
AVANTAGEUSE- MENT, *ad.*	利益ニ	Ri-eki ni.
AVANTAGEUX, *a.*	利益アル	Ri-eki aru.
AVARE, *a.*	吝嗇ナル	Rin-shoku naru.
AVARICE, *sf.*	吝嗇。我欲	Rin-shoku; Ga-yoku.
AVEC, *pr.*	以テ。共ニ	Motte; Tomo-ni.
AVENIR, *sm.*	將來。未來	Shō-rai; Mi-rai.
AVENTURE, *sf.*	出來事。偶事	Deki-goto; Gū-ji.
AVERTIR, *va.*	知ラセル。告ル	Shiraseru; Tsugeru.
AVEU, *sm.*	自白。白狀	Ji-haku; Haku-jō,
AVEUGLE, *sm.*	盲人	Mō-jin; Mekura.
— *a.*	盲目ナル	Mō-moku naru; Mekura-no.
AVEUGLEMENT, *sm.*	盲目	Mō-moku.
AVIDE, *a.*	貪欲ナル	Ton-yoku naru.
AVIDITÉ, *sf.*	貪欲	Ton-yoku.
AVIS, *sm.*	心得。說	Kokoroe; Setsu.
AVOCAT, *sm.*	代言人	Dai-gen nin.
AVOINE, *sf.*	烏麥	Karasu mugi.

Avoir, *va.*	持ツ	Motsu.
Avouer, *va.*	白状スル。自白スル	Haku-jō suru; Ji-haku suru.
Azur, *sm.*	天藍色	Ten-ran shoku.
Azuré, *a.*	天藍色ノ	Ten-ran shoku-no.

B.

Babiller, *va.*	理由ナク多言スル	Wake naku ta-gen suru.
Badinage, *sm.*	戯レ。慰ミ。戯言	Tawamure; Nagu-sami; Jō-dan.
Baguette, *sf.*	細キ棒。箸	Hosoi-bō; Hashi.
Baigner, *va.*	浴サセル	Yuami saseru.
—— (se), *vr.*	浴スル	Yuami suru.
Baignoire, *sf.*	浴室	Furo.
Bailli, *sm.*	昔ノ裁判官	Mukashi-no sai-ban-kwan.
Bain, *sm.*	入浴。浴盤。湯	Nyū-yoku; Yoku-ban; Yu.
Chambre à —	湯殿	Yu-dono.
Baiser, *sm.*	接吻	*Seppun.
Baiser, *va.*	接吻スル	*Seppun suru; Ku-chi wo sū.
Baisser, *va.*	下グル。低クスル	Sageru; Hikuku suru.

— *vn.*	下ガル	Sagaru.
BALAI, *sm.*	箒	Hōki.
BALAYER, *va.*	箒ク。追ヒヤル	Haku; Oiyaru.
BALEINE, *sf.*	鯨。鯨鬚	Kujira; Kujira-no hige.
BALLE, *sf.*	球。丸。彈丸	Tama; Dan-gwan.
BANC, *sm.*	腰掛	Koshi-kake.
BANDIT, *sm.*	追剝	Oi-hagi.
BANNISSEMENT, *sm.*	追放	T'sui-hō.
BANQUEROUTE, *sf.*	破産。潰レ。倒産	Ha-san; Tsubure Tō-san.
BARBARE, *a.*	野蠻ノ	Ya-ban-no.
— *s.*	野蠻人	Ya-ban jin.
BARBARIE, *sf.*	野蠻	Yaban.
BARBE, *sf.*	髭	Hige.
BARBOUILLER, *va.*	汚ス。塗抹スル	Yogosu; Nuru.
BARDEAU, *sm.*	蓋屋板	Yane ita.
BARIL, *sm.*	小樽	Ko-taru.
BARRE, *sf.*	太キ棒。貫木	Futoki bō; Kwannu-ki.
BARREAU, *sm.*	細キ棒（格子抔ニ用ユル）	Hosoki bō; (Kō-shi-nado-ni mochiyu-ru).
BAS, SE, *a.*	低キ。賤キ	Hikuki; Iyashiki.
BAS, *sm.*	下ノ部分。靴下。足袋ノ類	Shita-no bu-bun; Kutsu-shita; Ta-bi-no rui.

BASSESSE, *sf.*	野卑。賤劣	Ya-hi; Sen-retsu.
BASSET, *sm.*	短キ足ノ狩犬	Mijikaki ashi-no kari-inu.
BASSIN, *sm.*	鉢。秤ノ皿。小池	Hachi; Hakari-no sara; Chiisaki ike.
BÂT, *sm.*	荷馬ノ鞍	Ni-uma-no kura.
BATAILLE, *sf.*	合戰	Kassen.
BATIFOLER, *vn.*	小兒ノ樣ニ戲ル	Kodomo-no yō-ni tawamureru.
BÂTIMENT, *sm.*	建物。船	Tate-mono; Fune.
BÂTIR, *va.*	造營スル。建築スル	Zō-ei suru; Ken-chi-ku suru.
BÂTON, *sm.*	杖。棒	Tsue; Bō.
BATTEMENT, *sm.*	動悸。敲ク事。拍掌	Dō-ki; Tataku koto; Haku-shō.
BATTRE, *va.*	敲ク。打ツ。動悸スル。動ク	Tataku; Utsu; Dō-ki suru; Ugoku.
BAVARD, E, *sm. f.*	多辨ナル人	Taben naru hito; Oshaberi.
BAUDET, *sm.*	牡驢馬	O-roba.
— au fig.	愚人	Oroka naru hito.
BAUME, *sm.*	脂ノ類ニシテ香アル物。藥品。香油	Yani-no rui-ni shite nioi aru mono; Yaku-hin; Kō-yu.
BEAU, BEL, BELLE, *a.*	美麗ナル。立派ナル	Birei naru; Rippa naru.

BEAUCOUP, *ad.*	多ク。多分。澤山	Ōku; Tabun; Takusan.
BEAUTÉ, *sf.*	美シサ	Utsukushisa.
BEC, *sm.*	嘴	Kuchibashi.
BÈGUE, *a.*	吃リノ	Domori-no.
— *sm. f.*	吃ル人	Domoru hito.
BÉGAYER, *vn.*	吃ル	Domoru.
BÊLER, *vn.*	鳴ク(羊ノ)	Naku (hitsuji-no).
BELETTE, *sf.*	鼬鼠	Itachi.
BÉLIER, *sm.*	破墻挺。城壁ヲ崩ス具。牡羊	Ha-shō-tei; Jō-heki wo kuzusu utsuwa; O-hitsuji.
BELLIQUEUX, SE, *a.*	勇猛ナル。軍好ナル	Yū-mō naru; Ikusa zuki naru.
BÉNÉDICTION, *sf.*	天幸ヲ祈ル事。祈念	Ten-kō-wo inoru koto; Ki-nen.
en —.	愛敬セラル、	Ai-kei seraruru.
BÉNIR, *va.*	幸ヲ祈ル。祝スル	Saiwai-wo inoru; Shuku suru.
BÉQUETER, *va.*	啄ム	Tsuibamu.
BERGER, *sm.*	牧人	Boku-jin.
BERNER, *va.*	嘲弄スル	Chō-rō suru.
BESACE, *sf.*	物ヲ入レル所ヲ二箇備ヘタル長キ袋。頭陀袋ノ類	Mono-wo ireru toko-ro-wo futatsu so-naetaru nagaki-fukuro; zuta-bu-kuro-no rui.

BESOGNE, sf.	仕事。生業	Shigoto ; Nariwai.
BESOIN, sm.	入用。要用	Nyū-yō ; Yō-yō.
BÉTAIL, sm.	家畜	Ka-chiku.
BÊTE, sf.	獸。癡人	Kemono ; Chi-jin.
BEURRE, sm.	牛酪	Gyū-raku.
BICHE, sf.	牝鹿	Me-jika.
BIEN, sm.	善良。幸福。財産	Zen-ryō ; Kō-fuku ; Zai-san.
—, ad.	好ク。多分。容易ク。隨分	Yoku; Ta-bun; Ta-yasuku ; Zuibun.
BIENTÔT, ad.	頓テ	Yagate.
BIENFAISANCE, sf.	仁心。情	Jin-shin ; Nasake.
BIENFAISANT, E, a.	仁心アル。情アル	Jin-shin aru ; Nasake aru.
BIENFAIT, sm.	恩。恩惠。善事	On ; On-kei ; Zen-ji.
BIENFAITEUR, sm.	恩人	On-jin.
BIENVEILLANCE, sf.	慈情。庇護。深切	Ji-jō ; Hi-go ; Shin-setsu.
BIÈRE, sf.	麥酒	Baku-shu.
BIJOU, sm.	寶玉	Hō-gyoku.
BINER, va.	堀返ス	Hori-kaesu.
BISCUIT, sm.	二度燒キタル麵包。堅キパン。航海中食スル爲メニ能ク燒キタルパン	Nido yakitaru pan; Kataki pan; Kō-kai-chū shoku suru tame-ni yoku yakitaru pan.
BITUME, sm.	土瀝青	Chi-reki-sei.

BIZARRE, *a.*	片意地ナル。氣儘ナル	Kata-i-ji naru; Ki-mama naru.
BLÂMABLE, *a.*	非難スベキ	Hi-nan su beki.
BLÂMER, *va.*	非難スル	Hi-nan suru.
BLANC, CHE, *a.*	白キ	Shiroki.
BLANC, *sm.*	白色。空隙。白哲人	Haku-shoku; Kū-geki; Haku-tetsu jin.
BLANCHEUR, *sf.*	白キコ	Shiroki koto.
BLÉ, *sm.*	小麥	Ko-mugi.
BLESSER, *va.*	害スル。傷ツケル	Gai suru; Kizu tsu keru.
BLESSURE, *sf.*	傷。疵傷	Kizu; Kega.
BLEU, *sm.*	藍色。淺黄。天色	Ai-iro; Asagi; Sora iro.
BLOC, *sm.*	金石ノ火塊。堅クシブ且ツ重キ物ノ片	Kin-seki-no tai-kwai; Kataku shite katsu omoki mono-no hen.
BLUTEAU, *sm.*	篩	Furui.
BOCAGE, *sm.*	小森	Chisaki mori.
BŒUF, *sm.*	牛。牛肉	Ushi; Gyū-niku.
BOIRE, *va.*	飲ム	Nomu.
BOIS, *sm.*	木。森林	Ki; Shin-rin.
— de charpente.	材木	Zai-moku.
BOISSEAU, *sm.*	昔ノ舛目（我一斗八舛計）。	Mukashi-no masu-me (Ni-hon-no itto hasshō bakari).

Boisson, *sf.*	飲物	Nomi mono.
Boîte, *sf.*	箱	Hako.
Boiteux, se, *a.*	跛ノ	Chimba-no.
Bon, ne, *a.*	好キ。善良ナル。秀デタル	Yoki; Zen-ryō naru; Hiidetaru.
—à.	何々ニ適當ナル	Nani nani-ni teki-tō naru.
Bondir, *vn.*	飛躍ル。彈キ戻ル	Tobi-odoru; Hajiki-modoru.
Bonheur, *sm.*	幸運。幸福	Kō-un; Kō-fuku.
Bonté, *sf.*	善良。親切。慈善	Zen-ryō; Shin-setsu; Ji-zen.
Bord, *sm.*	緣。端。濱	Heri; Hashi; Hama.
à —	船中	Sen chū.
Border, *va.*	緣トル	Heri-toru.
Bordure, *sf.*	緣	Heri.
Botanique, *sf.*	本草學。植物學	Hon-sō gaku; Shoku-butsu-gaku.
Botaniste, *sm.*	本草家。植物學者	Hon-sō-ka; Shoku-butsu gaku-sha.
Botte, *sm.*	長沓	Naga-gutsu.
Bouc, *sm.*	山羊ノ牡	Yagi-no osu.
Bouche, *sf.*	口	Kuchi.
Boucher, *sm.*	牛豕等ヲ屠リテ販賣スル人	Ushi buta nado-wo hofurite han-bai suru hito.
Bouclier, *sm.*	楯	Tate.
Boue, *sf.*	泥	Doro.

BOUEUX, SE, *a.*	泥ニ塗レタル	Doro darake.
BOUGER, *vn.*	動ク	Ugoku.
BOUILLANT, E, *a.*	煑ヘタル。沸騰シタル	Nietaru; Nitattaru.
BOUILLON, *sm.*	煎汁。沸騰	Ni-shiru; Futtō.
BOULANGER, *va.*	麵包ヲ製スル	Pan-wo sei suru.
— *sm.*	麵包ヲ製シテ賣フ人。麵包屋	Pan-wo sei shite akinō hito; Pan-ya.
BOULANGERIE, *sf.*	麵包ノ製造塲。麵包ヲ製スル術	Pan-no sei-zō ba; Pan-wo sei suru jutsu.
BOULETTE, *sf.*	小彈。叩キタル肉ノ玉	Chiisaki tama; Tatakitaru niku-no tama.
BOUQUET, *sm.*	酒ノ香。花ヲ束子タル物	Sake-no nioi; Hana wo tsukanetaru mono.
BOURG, *sm.*	大村	Ōmura.
BOURGEOIS, *sm.*	平民	Hei-min.
BOURGEOIS, E, *a.*	平民ノ	Hei-min-no.
BOURGEON, *sm.*	芽。顏ノ腫物	Me; Kao-no deki-mono.
BOURREAU, *sm.*	斬首人	Kubi-kiri nin.
BOURSE, *sf.*	嚢。金嚢	Fukuro; Zeni ire; Kinchaku.
BOUT, *sm.*	終リ。先キ	Owari; Saki.

BOUTEILLE, *sf.*	硝子瓶。德利	Garasu bin; Tokku-ri.
BOUTON, *sm.*	扣鈕。蕾。疹	Botan; Tsubomi; Deki-mono.
BRAIRE, *vn.*	鳴ク（驢馬ノ）	Naku (Roba-no).
BRAISE, *sf.*	消シ炭。活火ノ炭	Keshi zumi; Oki.
BRANCHE, *sf.*	枝	Eda.
BRAS, *sm.*	腕	Ude.
BRASSEUR, SE, *sm.f.*	麥酒ヲ製シテ卸賣スル人	Baku-shu-wo sei-shite oroshi-uri suru hito.
BRAVE, *a.*	猛ナル	Mō-naru.
— *sm.*	勇猛ナル人	Yū-mō naru hito.
BRAVER, *va.*	輕ンズル。失敬スル。挑ム。冒ス	Karonzuru; Shik-kei suru; Idomu; Okasu.
BREBIS, *sf.*	牝羊	Me-hitsuji.
BREF, VE, *a.*	短キ	Mijikaki.
BREF, *ad.*	縮メテ	Chijimete.
BREUVAGE, *sm.*	飲料	*In-ryō; Nomi-mo-no.
BRIDE, *sf.*	手綱	Tazuna.
BRIGUER, *va.*	隱謀スル。熱望スル	In-bō suru; Netsu-bō suru.
BRILLANT, E, *a.*	光澤アル。光輝アル	Kō-taku aru; Kō-ki aru; Kagayaita-ru.
BRILLER, *vn.*	輝ク	Kagayaku.

BRIQUET, *sm.*	火打金	Hi-uchi gane.
BRISER, *va.*	破ル。砕ク	Yaburu; Kudaku; Kowasu.
BRODER, *va.*	縫箔スル。飾ル	Nui-haku suru: Ka-zaru.
BRONCHER, *va.*	躓ク	Tsumazuku.
BROUSSAILLES, *sf. pl.*	荊蕀。藪	*Kei-kyoku; Ibara; Yabu.
BROUTER, *va.*	艸又ハ芽ヲ喰フ	Kusa mata-wa me wo kū.
BROYER, *va.*	砕ク。粉ニスル	Kudaku; Ko-ni suru.
BRUIT, *sm.*	響キ。評判	Hibiki; Hyō-ban.
BRÛLANT, E, *a.*	燃ヘタル。熱スル極暑ツキ	Moetaru; Nessuru; Goku atsuki.
BRUTE, *sf.*	無感覺ノ獸	Mu-kankaku-no ke-mono.
BÛCHERON, *sm.*	樵夫	Kikori; Soma.
BUFFET, *sm.*	食器ノ押入レ	Shoku-ki-no oshi-i-re; Nezumi ira-zu.
BUIS, *sm.*	黄楊木	Tsuge-no ki.
BUISSON, *sm.*	小キ林	Chiisaki hayashi.
BUT, *sm.*	目的。終リ	Mokuteki; Owari.
BUVEUR, SE, *a.*	多量ニ飲ム人。大酒家	Ta-ryō-ni nomu hi-to; Tai-shu ka.

C.

Cà et là, *ad.*	アチコチ	Achi kochi.
Cabane, *sf.*	茅屋	Bō-oku; Waraya.
Cabinet, *sm.*	小室。書齋。內閣	Shō-shitsu; Sho-sai; Naikaku.
Cable, *sm.*	大綱	Futo-zuna.
Cacaotier, *sm.*	カカオヲ生ズル木	Kakao-wo shō-zuru ki.
Cacher, *va.*	隱ス	Kakusu.
Cachet, *sm.*	封印。印判	Fū-in; In-ban.
Cacheter, *va.*	封印スル	Fū-in suru.
Cachot, *sm.*	暗キ牢。地牢	Kuraki rō; Ji-rō.
Caducée, *sm.*	蛇ノ卷キ附キタル小サキ棒。(ヂュピテールノ使者タルメルキュールノ持チタル)。	Hebi-no maki-tsuki-taru chiisaki bō (Jupiter-no shi-sha taru Mercure no mochitaru.)
Café, *sm.*	咖啡	Kō-hi.
Cage, *sf.*	鳥籠。欄	Tori-kago; Ori.
Cale, *sf.*	船ノ下部。カヒ物。物ヲ平面ニスルタメ其下ニ入レル木又ハ石	Fune-no kabu; Kai-mono; Mono-wo hei-men-ni suru tame sono shita-ni ireru ki matawa ishi.

CALME, *a.*	靜ナル。平安ナル	Shizuka naru; Hei-an naru.
—, *s.*	靜謐	Sei-hitsu.
CALMER, *va.*	靜ムル。穩ニスル	Shizumuru; Odaya-ka-ni suru.
CALOMNIE, *sf.*	誣告。讒言	Fu-koku; Zan-gen.
CAMARADE, *sm.*	學友。仲間	Gaku-yū; Nakama.
CAMP, *sm.*	軍營。陣	Gun-ei; Jin.
CAMPAGNARD, DE, *sm. f.*	田夫。農夫	Dempu; Nō-fu.
— *adj.*	田夫ノ。田舍ノ	Dempu-no; Inaka-no.
CAMPAGNE, *sf.*	田舍。田畑	Inaka.
CANAL, *sm.*	堀割。堀川。管	Hori-wari; Hori-kawa; Kuda.
CANARD, *sm.*	雄鴨	O-gamo.
Cane. *sf.*	雌鴨	Me-gamo.
— domestique.	家鴨	Ahiru.
CANDEUR, *sf.*	廉直	Ren-choku.
CANIN, E, *a.*	犬ノ	Inu-no.
CANNE, *sf.*	杖	Tsue.
CANNELLE, *sf.*	肉桂	Nikkei.
CANTON, *sm.*	郡	Kōri.
CAPABLE, *a.*	能フベキ。適當シタル。能力アル	Atau-beki; Teki-tō shitaru; Nōryoku aru.
CAPITAINE, *sm.*	船長。大尉	Sen-chō; Tai-i.
CAPITAL, E, *a.*	重ナル。基ナル	Omonaru; Motoi naru.

CAPITAL, *sm.*	資本金。資本	Motode-kin; Moto-de.
CAPITALE, *sf.*	都府	Miyako; To-fu.
CAPITOLE, *sm.*	羅馬古代ノ城砦	Roma kodai-no jō-sai.
CAPRICE, *sm.*	變心。氣儘	Hen-shin; Ki-mama.
CAPRICIEUX, SE, *a.*	變心スル。氣儘ナル	Hen-shin suru; Ki-mama naru.
CAPTIF, VE, *a. s.*	囚人。奴隷トナリタル者	Meshiñdo; Dorei to naritaru mono.
CAPTIVITÉ, *sf.*	幽閉。奴隷	Yū-hei; Do-rei.
CAPTURE, *sf.*	奪掠。逮捕	Datsu-ryaku; Tai-ho.
CAQUET, *sm.*	無益ノ多言	Mu-eki-no ta-gen.
CAR. *c.*	如何トナレバ	Ikan to nareba.
CARACOLER, *vn.*	馬ニ旋回セシムル	Uma-ni sen-kwai seshimuru.
CARACTÈRE, *sm.*	性質。文字	Sei-shitsu; Mon-ji.
CARESSANT, E, *a.*	氣ニ入ルベキ。愛媚スベキ	Ki-ni irubeki; Ai-bi su-beki.
CARESSE, *sf.*	愛媚。愛撫	Ai-bi; Ai-bu.
CARESSER, *va.*	愛媚スル。愛撫スル	Ai-bi suru; Ai-bu suru.
CARNAGE, *sm.*	殺害	Satsu-gai.
CARNASSIER, E, *a.*	肉食ノ	Niku-shoku-no.
animal —	肉食獸	Niku-shoku-jū.
CARNAVAL, *sm.*	祭節ノ名。觀樂スル祭日	Sai-setsu-no na; Kwan-raku suru sai-jitsu.

CARPE, *sf.*	鯉。手ノ節	Koi; Te-no fushi.
CARRIÈRE, *sf.*	石伐リ塲	Ishi-kiri ba.
CAS, *sm.*	塲合。出來事	Ba-ai; Bayai; Deki-goto.
faire — de.	尊敬スル。譽ムル	Son-kei suru; Ho-muru.
CASAQUE, *sf.*	上袍。濶袖ノ衣	Uwa-gi; Hirosode-no kimono.
CASQUE, *sm.*	兜	Kabuto.
CASSER, *va.*	破壞スル。折ル。挫ク	Ha-kwai suru; Oru; Kudaku.
CASSETIN, *sf.*	活字ヲ入レタル箱ノ區域	Katsu-ji-wo ireta-ru hako-no ku-iki.
CAVALIER, ÈRE, *sm. f.*	騎兵。騎者	Ki-hei; Ki-sha.
CAVE, *sf.*	葡萄酒ヲ貯蓄スル爲メ地中ニ設ケタル塲所	Budō-shu-wo cho-chiku suru tame chi-chū-ni mōke-taru ba-sho.
CAVERNE, *sf.*	洞穴	Hora-ana.
CAUSE, *sf.*	原因。訴訟。主意	Gen-in; So-shō; Shu-i.
— première.	端緒原因	Tan-cho gen-in.
— finale.	結極原因	Kekkyoku gen-in.
à cause de—*loc. prép.*	爲メニ。....ニ付テ	Tame-ni;-ni tsuite.

CAUSER, *va. n.*	生ズル。話ス	Shōzuru; Hanasu.
CAUSEUR, SE, *sm. f.*	好ンデ説話スル人	Kononde setsu-wa suru hito.
CAUSTIQUE, *a.*	腐蝕ノ。愚弄ノ	Fu-shoku-no; Gurō-no.
CAUTION, *sf.*	保證	Hoshō.
CE, *pro.*	此ハ	Kore-wa.
CE, CET, CETTE, *a. dém.*	此	Kono.
CE QUI,	夫ハースル處ノモノ	Sore-wa nani nani suru tokoro-no mono.
CECI, *pro.*	此方ノモノ	Kochira-no mono.
Comme ceci.	斯ノ如ク	Kaku-no gotoku.
CÉCITÉ, *sf.*	盲目	Mō-moku.
CÉDER, *va.*	渡ス。譲ル	Watasu; Yuzuru.
— *vn.*	降ル。曲ガル。負ル	Kudaru; Magaru; Makeru.
CÈDRE, *sm.*	杉	Sugi.
CELA, *pro.*	其ノ事。其レ	Sono koto; Sore.
Comme cela.	其如ク	Sono gotoku.
CÉLÉBRANT, *sm.*	聖禮ヲ行フ僧侶	Sei-rei-wo okonau sō-ryo.
CÉLÈBRE, *a.*	名高キ	Na-dakaki.
CÉLÉBRITÉ, *sf.*	高名。儀式	Kō-mei; Gishiki.
CÉLIBAT, *sm.*	獨身	Dokushin.
CÉLIBATAIRE, *sm.*	結姻セザル人	Kekkon sezaru hito.
CELUI, *pro.*	モノ。人	Mono; Hito.
CENDRE, *sf.*	灰	Hai.
CENSEUR, *sm.*	書ヲ検査スル人。監督人。監事	Sho-wo ken-sa suru hito; Kantoku-nin; Kan-ji.

CENT, *sm.*	百	Hyaku.
CENTIME, *sm.*	錢ノ名(二厘位)	Zeni-no na (ni rin kurai).
CENTIÈME, *a.*	第百ノ。百分ノ	Dai-hyaku-no; Hyaku-bun-no.
CEPENDANT, *ad.*	去リナガラ。然シナガラ	Sarinagara; Shikashinagara.
CERCLE, *sm.*	輪。圓形。集會	Wa; En-kei; Shūkwai.
CÉRÉMONIE, *sf.*	儀式。遠慮	Gi-shiki; En-ryo.
CERF, *sm.*	牡鹿。鹿	O-jika; Shika.
CERISE, *sf.*	櫻ノ實(西洋ノ)	Sakura-no mi (Seiyō no).
CERISIER, *sm.*	櫻	Sakura.
CERTAIN, E, *a.*	慥ナル。或ル	Tashika naru; Aru.
CERTAINEMENT, *ad.*	慥ニ	Tashika-ni.
CERTES, *ad.*	實ニ。必ズ	Jitsu-ni; Kanarazu.
CERVEAU, *sm.*	腦	Nō.
CESSE, *sm.*	休ミ。中止	Yasumi; Chū-shi.
sans —,	止マズニ	Yamazu-ni.
CESSER, *vn.*	止マル。休ム	Todomaru; Yamu.
— *va.*	止メル	Yameru.
CESTE, *sm.*	鉛或ハ鉄ノ筋金アル手袋。甲手ノ類	Namari aruiwa tetsu-no suji-gane aru te-bukuro; Kote-no rui.
CET, *adj.*	此	Kono.

CHACUN, E, *pro.*	各人。各	Kaku-jin ; Ono-ono.
CHAGRIN, *sm.*	悲傷。愁ヒ	Hi-shō ; Urei.
—, E, *a.*	悲シキ	Kanashiki.
CHAGRINER, *va.*	悲マスル	Kanashimasuru.
CHAÎNE, *sf.*	鎖	Kusari.
CHAIR, *sf.*	体肉。肉	Tai-niku ; Niku.
CHAISE, *sf.*	倚子	Isu.
CHALEUR, *sf.*	熱。暑氣	Netsu ; Shoki ;
CHAMBRE, *sf.*	室。院。部屋	Shitsu ; In ; Heya.
CHAMEAU, *sm.*	駱駝	Rakuda.
CHAMP, *sm.*	田野	Den-ya.
CHAMPIGNON, *sm.*	菌。松茸	Kinoko ; Matsu-da-ke.
CHANCELER, *vn.*	搖ラツク。ユラユラスル	Yuratsuku ; Yura-yura suru.
CHANDELLE, *sf.*	蠟燭	Rō-soku.
CHANGE, *sm.*	交易。兩替	Kō-eki ; Riyō-gae.
CHANGEMENT, *sm.*	變化	Hen-kwa.
CHANGER, *va.*	變ズル	Henzuru.
— *vn.*	變化スル	Hen-kwa suru.
CHANT, *sm.*	唱歌	Shō-ka ; Uta.
CHANTER, *vn.*	歌フ	Utau.
CHANVRE, *sm.*	大麻	Ō-asa.
CHAPEAU, *sm.*	帽子	Bō-shi.
CHAPELLE, *sf.*	禮拜堂	Rei-hai-dō.
CHAPON, *sm.*	太リタル牡鷄。(所謂ル睾丸ヲ裁チタル牡鷄)。	Futoritaru o-niwatori (Yawa-yuru ko-gan-wo tachi-taru o-niwatori).

CHAQUE, *a.*	各ノ	Ono-ono.
CHAR, *sm.*	二輪車	Ni-rin-sha.
CHARBON, *sm.*	炭	Sumi.
CHARBONNIER, *sm.*	炭商人。炭燒人	Sumi-akindo; Sumi-yaki nin.
CHARCUTIER, E, *sm. f.*	家猪ノ肉ヲ料理又ハ販賣スル人	Buta-no niku-wo riyō-ri matawa hambai suru hito.
CHARDON, *sm.*	薊	Azami.
CHARGE, *sf.*	荷物。責任	Nimotsu; Seki-nin.
à charge de,	....ノ約束ニテ	Nani-nani-no yaku-soku nite.
CHARGER, *va.*	荷積スル。任ズル	Ni-zumi suru; Nin-zuru.
Se — de,	務ムル。負擔スル	Tsutomuru; Fu-tan suru.
CHARITÉ, *sf.*	仁惠	Jin-kei.
CHARMANT, E, *a.*	甚ダ樂シキ	Hanahada tanoshi-ki.
CHARME, *sm.*	迷ハセル事。樹ノ名	Mayowaseru koto; Ki-no na.
CHARMER, *va.*	迷ハセル	Mayowaseru.
CHARRUE, *sf.*	鋤	Suki.
CHASSE, *sf.*	狩	Kari.
CHASSER, *va.*	獵スル。逐フ。逐ヒ出ス	Kari suru; Ōu; Oi-dasu.
CHASSEUR, *sm.*	獵者	Ryō-sha; Kariu-do.

CHASSIEUX, SE, *a,*	眼脹ノ出タル	Me-yani-no detaru.
CHÂSSIS, *sm.*	匡	Waku.
CHASTETÉ, *sf.*	貞節	Tei-setsu.
CHAT, TE, *sm. f.*	猫	Neko.
CHÂTAIGNE, *sf.*	栗	Kuri.
CHÂTAIN, *sm.*	栗色	Kuri iro.
— *a.*	栗色ノ	Kuri iro-no.
CHÂTEAU, *sm.*	城	Shiro.
CHÂTIER, *va.*	罰スル	Bassuru.
CHÂTIMENT, *sm.*	罰	Batsu.
CHATON, *sm.*	小猫	Ko-neko.
CHAUD, E, *a.*	熱キ	Atsuki.
CHAUDIÈRE, *sf.*	鑵	Kwan.
CHAUSSE, *sf.*	漉シ囊	Koshi-bukuro.
— *s. pl.*	足袋ト繼キタル股引	Tabi to tsuzuitaru momo-hiki.
CHAUSSURE, *sf.*	履キ物	Haki-mono.
CHAUVE, *a.*	禿ゲタル	Hagetaru.
CHEF, *sm.*	頭。酋長	Kashira; Shū-chō.
CHEF-D'ŒUVRE, *sm.*	名作	Mei-saku.
CHEF-LIEU, *sm.*	首府	Shu-fu.
CHEMIN, *sm.*	道路	Dō-ro.
En chemin ; chemin faisant.	途中ニテ	To-chū nite.
CHEMINER, *vn.*	歩行スル	Ho-kō suru.
CHÊNE, *sm.*	樫	Kashi.
CHER, E, *a.*	親シキ。高價ナル	Shitashiki; Kō-ka naru.

CHERCHER, *va.*	探ル。求ムル	Saguru; Motomuru.
CHÈRE, *sf.*	饗應	Kyō-ō.
CHÉRIR, *va.*	愛スル	Ai suru.
CHERTÉ, *sf.*	高直。高價	Taka-ne; Kō-ka.
CHEVAL, *sm.*	馬	Uma.
CHEVALIER, *sm.*	中士。健兒。勲爵士	Chū-shi; Ken-ji; Kun-shaku-shi.
CHEVELURE, *sf.*	頭髪	Tō-hatsu.
CHEVEU, *sm.*	髪	Kami.
CHÈVRE, *sf.*	山羊	Yagi.
CHEVREAU, *sm.*	山羊兒	Yagi-no ko.
CHEZ, *pr.*	家二	Ie-ni.
CHIEN, NE, *sm. f.*	犬	Inu.
— de fusil.	雞頭(銃ノ)	Kei-tō (Jū-no)
CHIFFON, *sm.*	小切レ。襤褸。屑	Ko-gire; Boro; Kuzu.
CHIMÉRIQUE, *a.*	妖怪ノ。基礎ナキ	Yō-kwai-no; Ki-so naki.
CHIRURGIE, *sf.*	外科	Gekwa.
CHIRURGIEN, *sm.*	外科醫	Gekwa-i.
CHOC, *sm.*	突キ	Tsuki.
Choc des idées.	討論	Tō-ron.
CHOCOLAT, *sm.*	カヽヲト砂糖ニテ製シタル飲食物	Kakao to satō nite seishitaru in-sho-ku butsu.
CHŒUR, *sm.*	唱歌人ノ群。舞踏者ノ群。唱歌	Shō-ka nin-no mu-re; Bu-tō-sha-no mure; Shō-ka.

Choir, *vn.*	落チル	Ochiru.
Choisir, *va.*	選ム	Eramu.
Choix, *sm.*	選擇	Erami.
A son choix.	隨意ニ	Zui-i-ni.
Choquer, *va.*	… ニ突キ當タル。突當テル。無禮スル	… ni tsuki-ataru; Tsuki-ateru;* Bu-rei suru.
Chose, *sf.*	物。事	Mono ; Koto.
Choyer, *va.*	注意スル。殊愛ヒガル	Chū-i suru ; Kawai-garu.
Chrétien, ne, *a.*	聖教ノ	Sei-kyō-no.
Chrysalide, *sf.*	繭。蛹	Mayu ; Nishi-no uchi.
Chute, *sf.*	零落。失策	Rei-raku ; Shissa-ku.
Chute des feuilles.	落葉	Raku-yō.
Cicatrice, *sf.*	疵痕	Kizu-ato.
Cidre, *sm.*	林檎酒	Ringo-shu.
Ciel, cieux, *sm.*	天空	Sora.
Cigale, *sf.*	蟬	Semi.
Cigogne, *sf.*	鸛	Tsuru.
Cinquante, *a,*	五十ノ	Gojū-no.

* En Japonais, "choquer quelque chose" se traduit tantôt par la forme neutre tantôt par la forme active. Ex: Le bateau à vapeur a choqué cette barque : Jōki-sen-ga kobune-ni tsuki-atatta. Choquer les verres Sakazuki-wo tsuki-ateru.

Cinquantième, *a.*	第五十ノ	Dai gojū-no.
Cinquième, *a.*	第五ノ	Dai go-no.
Circonstance, *sf.*	塲合。情狀	Ba-yai; Jōjō.
Circonvoisin, E, *a.*	近隣ノ	Kin-rin-no.
Cire, *sf.*	蠟	Rō.
Cirer, *va.*	蠟ヲ塗ル	Rō-wo nuru.
Ciseau, *sm.*	鑿	Nomi.
Ciseaux, *sm. pl.*	鋏	Hasami.
Ciseler, *va.*	金屬ニ彫ル	Kin-zoku-ni horu.
Citadelle, *sf.*	城塞	Jō-sai.
Cité, *sf.*	市街	Shi-gai.
Citer, *va.*	呼出ス。引證スル。指名スル	Yobi-dasu; In-shō suru; Shi-mei suru.
Citoyen, NE, *sm. f.*	國民	Koku-min.
Citronnier, *sm.*	橙樹	Daidai-no ki.
Citrouille, *sf.*	南瓜	Tō-nasu; Bōfū (à Kyoto.)
Civilité, *sf.*	丁寧ナル事。禮儀	Tei-nei naru koto; Rei-gi.
Civique, *a.*	國民ノ	Koku-min-no.
Claie. *sf.*	枝ニテ編タル格子ノ類	Eda nite amitaru kōshi-no rui.
Clair, E, *a.*	輝キタル。明ナル	Kagayakitaru; Akiraka naru.
Sabre au clair; *loc.*	刀ヲ拔イデ	Katana-wo nuide.

CLAIRET, TE, *a.sm.f.*	葡萄酒ノ名	Budō-shu-no na.
CLAIRVOYANT, E, *a.*	聰明ナル	Sō-mei naru.
CLARTÉ, *sf.*	光輝。明白。透明	Kō-ki; Mei-haku; Tō-mei.
CLASSE, *sf.*	階級。次第。教場	Kai-kyū; Shi-dai. Kyō-jō.
CLÉ, CLEF, *sf.*	鍵	Kagi.
CLÉMENCE, *sf.*	慈悲。厚情。堪忍	Ji-hi; Kō-jō; Kan-nin.
CLÉMENT, E, *a.*	慈悲ナル	Ji-hi naru.
— (au fig.)	温和ナル	On-wa naru.
CLIMAT, *sm.*	季候。風土	Ki-kō; Fū-do.
CLIQUETIS, *sm.*	武器ノ鳴ル音	Bu-ki-no naru oto.
CLOS, *sm.*	牆壁ヲ以テ圍ミタル耕作地	Shō-heki-wo motte kakomitaru kō-saku-chi.
COCHER, *sm.*	御者	Gyo-sha.
CŒUR, *sm.*	心臟。心	Shin-zō; Kokoro.
COFFRE, *sm.*	櫃。箱	Hitsu; Hako.
COIN, *sm.*	角隅。楔	Kado-sumi; Kusa-bi.
COL, *sm.*	頸。襟	Kubi; Eri.
COLÈRE, *sf.*	怒	Ikari.
COLLATION, *sf.*	間ノ食事。二個ノ物ヲ對照スル事。校合	Aida-no shokuji; Futatsu-no mono wo tai-shō sur koto; Kyō-gō.

COLLE, *sf.*	糊。膠	Nori ; Nikawa.
COLLÈGE, *sm,*	集會。學校。中學校	Shū-kwai ; Gakkō ; Chū-gakkō.
— électoral.	選舉人會	Sen-kiyo-nin kwai.
COLLINE, *sf.*	丘陵。岡	Kyū-ryō ; oka.
COLOMEE, *sf.*	地鳩	Ji-bato.
COLONIE, *sf.*	植民。植民地	Shoku-min ; Shoku-min chi.
COLONNE, *sf.*	柱	Hashira.
COLOSSE, *sm.*	巨像。巨人	Kyo-zō ; Kyo-jin.
COLPORTEUR, *sm.*	行商	Kō-shō ; Furi-uri.
COMBAT, *sm.*	爭鬭。戰ヒ	Sō-tō ; Tatakai.
COMBATTANT, *sm.*	戰士	Sen-shi.
COMBATTRE, *vn.*	戰爭スル	Sen-sō suru.
COMBIEN, *ad.*	幾多	Ikura.
COMBLE, *sm.*	頂上。十分	Chō-jō ; Jū-bun.
COMBLER, *va.*	滿タス。盛ル。埋メル	Mitasu; Moru; Uzumeru.
COMMANDANT, *sm.*	司令官	Shi-rei-kwan.
— de bataillon.	少佐	Shō-sa.
COMMANDEMENT, *sm.*	號令。命令	Gō-rei ; Mei-rei.
COMMANDER, *va.*	號令スル。命令スル	Gō-rei suru ; Mei-rei suru.
COMME, *ad.*	如シ。故ニ	Gotoshi ; Yue-ni.
COMMENCEMENT, *sm.*	初。元	Hajime ; Moto.

COMMENCER, *va.*	始メル	Hajimeru.
— *vn.*	始マル	Hajimaru.
COMMENT, *ad.*	如何。何故	Ikan ; Nani-yue.
COMMERÇANT, *sm.*	商人	Shō-nin.
COMMERCE, *sm.*	商賣。通商。貿易	Shōbai ; Tsu-shō ; Bō-eki.
Tribunal de —	商法裁判所	Shō-hō sai-ban-shō.
COMMETTRE, *va.*	爲ス(過ヲ)。犯ス。委任スル	Nasu (Ayamachi wo); Okasu; I-nin suru.
COMMISSION, *sf.*	委任。口錢。委員	I-nin ; Kō-sen ; * I-in.
COMMISSIONNAIRE, *sm.*	牙商。使者	Saitori ; Shi-sha.
COMMODE, *a.*	便宜ナル。便利ナル	Ben-gi naru ; Ben-ri naru.
COMMODITÉ, *sf.*	便利。機會	Ben-ri ; Ki-kwai.
COMMUN, E, *a.*	普通ノ	Fu-tsū-no.
COMMUNIQUER, *va.*	傳達スル。通ズル	Den-tatsu suru ; Tsūzuru.
COMPAGNE, *sf.*	同僚ノ婦人。妻	Dōryō-no fujin ; Sai.
COMPAGNIE. *sf.*	會。會社	Kwai ; Kwai-sha.
COMPAGNON, *sm.*	同窓。職工	Dō-ryō ; Shokkō.

* La prononciation correcte serait " i-en " mais l'habitude de dire *in* au lieu de *en* a prévalu pour ce mot ainsi que pour plusieurs autres.

COMPARABLE, *a.*	比スベキ。齊シキ	Hi-subeki ; Hitoshi-ki.
COMPARAISON, *sf.*	比較	Hi-kaku.
COMPARER, *va.*	比較スル	Hi-kaku suru.
COMPASSION, *sf.*	憐ミ	Awaremi.
COMPATISSANT, E, *a.*	憐ミアル	Awaremi aru.
COMPLAISANCE, *sf.*	信切。性質ノ溫順ナル丁	Shin-setsu ; Sei-shitsu-no on-jun naru koto.
COMPLET, E, *a.*	十分ノ。全キ	Jū-bun-no ; Matta-ki.
COMPLÉTER, *va.*	全フスル。完全ニスル	Mattō suru ; Kwan-zen-ni suru.
COMPLIMENT, *sm.*	禮儀。禮儀ノ辭	Rei-gi ; Rei-gi-no kotoba.
faire —,	祝スル。禮儀ヲ述ル	Shuku suru ; Rei-gi-wo noburu.
COMPOSER, *va.*	組立ル。編纂スル	Kumitateru ; Hen-san suru.
se —. *vr.*	組立ラル	Kumitateraruru.
COMPOSITION, *sf.*	組立。作文	Kumitate ; Saku-bun.
COMPOSTEUR, *sm.*	植字ノ圍	Shoku-ji-no waku.
COMPRENDRE, *va.*	知了スル。理解スル	Chiryō suru ; Ri-kwai suru.
COMPRIMER, *va.*	强壓スル。壓迫スル	Kyō-atsu suru ; Ap-paku suru.

COMPTE, *sm.*	計算。書付	Kei-san; Kaki-tsu-ke.
COMPTER, *va.*	計算スル。算用スル。假定スル	Kei-san suru; San-yō suru;* Ka-tei suru.
COMPULSER, *va.*	捜索スル、裁判宣告ニ據リテ帳簿ヲ撿査スル	Sō-saku suru; Sai-ban sen-koku-ni yorite chō-bo-wo ken-sa suru.
CONCEVOIR, *va.*	懷胎スル。會得スル	Kwai-tai suru; E-toku suru.
CONCITOYEN, *sm.*	同國人	Dō-koku jin.
CONCLURE, *va.*	決定スル	Kettei suru.
CONCOMBRE, *sm.*	胡瓜	Kiuri.
CONCORDE, *sf.*	一致	It-chi.
CONCOURS, *sm.*	集合。協力	Shū-gō; Kyō-ryoku.
CONDAMNATION, *sf.*	罪ヲ云ヒ渡スコ。罰	Ttsumi-wo iiwatasu koto; Batsu.
CONDAMNER, *va.*	罪ヲ云ヒ渡ス。罰スル	Tsumi-wo iiwatasu; Bassuru.
CONDITION, *sf.*	有樣。身分。條件	Arisama; Mi-bun; Jō-ken.
CONDUCTEUR, TRICE, *sm. f.*	導ク人。案內者。取行フ人	Michibiku hito; An-nai-ja; Tori-oko-nau hito.

* Se prononce San-nyô suru.

Conduire, *va.*	導ク	Michibiku;
Conduite, *sf.*	嚮導。品行。擧動	Kyō-dō; Hin-kō; Kyo-dō.
Confédération, *sf.*	連合。同盟	Ren-gō; Dō-mei.
Confession, *sf.*	懺悔。白情	Zan-ge; Haku-jō.
Confiance, *sf.*	信用。希望。信任	Shin-yō; Ki-bō; Shin-nin.
Confiant, e, *a.*	信ズル	Shinzuru.
Confier, *va.*	任ズル	Ninzuru.
Confire, *va.*	漬ル	Tsukeru.
Confirmer, *va.*	慥ムル	Tashikamuru.
Confondre, *va.*	混ズル	Konzuru.
Conforme, *a.*	一致スベキ。一樣ナル	Itchisubeki; Ichi-yō naru.
Confus, e, *a.*	混雜ナル。曖昧ナル。耻タル	Kon-zatsu naru; Ai-mai naru; Ha-jitaru.
Congé, *sm.*	休業	Kyū-gyō.
Conjurer, *va.*	徒黨スル	Totō suru.
Connaissance, *sf.*	知識。知已	Chi-shiki; Chi-ki.
Connaître, *va.*	知ル	Shiru.
Conquérant, *sm.*	奪略人	Datsu-ryaku nin.
Conquérir, *va.*	奪略スル	Datsu-ryaku suru.
Conquête, *sf.*	奪略	Datsu-ryaku.
Consacrer, *va.*	捧ル。取定ル	Sasageru; Tori-sadameru.

Conscience, *sf.*	道理。本心。良心	Dō-ri; Hon-shin; Ryō-shin.
Conseil, *sm.*	助言。説	Jo-gen; Setsu.
Conseiller, *sm.*	助言者。議官。顧問。参事官	Jo-gen sha; Gi-kwan; Ko-mon; San-ji-kwan.
Consentir, *va.*	同意スル。承諾スル	Dō-i suru; Shō-daku suru.
Conservation, *sf.*	守護。貯蓄	Shu-go; Chō-chuku.
Conserver, *va.*	保護スル。貯ヘル	Ho-go suru; Taku-waeru.
Considérable, *a.*	著シキ	Ichijirushiki.
Considérer, *va.*	熟視スル。考ヘル。尊信スル	Jukushi suru; Kan-gaeru; Son-shin suru.
Consigner, *va.*	附託スル。外出ヲ禁ズル	Futaku suru; Azu-kemono-wo suru; Gwai-shutsu-wo kinzuru.
Consister, *va.*	成立ツ	Naritatsu.
Consolation, *sf.*	幸福。慰籍	Kō-fuku; I-seki.
Consoler, *va.*	慰メル	Nagusameru.
Consommé, *sm.*	煎シ詰シ肉汁	Senji-tsumeshi niku shiru.
Consommé, e, *a.*	全キ	Mattaki.
Consommer, *va.*	消費スル。仕逐ゲル	Shō-hi suru; Shi-togeru.
Constamment, *ad.*	不断ニ	Fudan; Taedzu-ni.

CONSTANCE, *sf.*	永久。不撓心	Ei-kyū; Fu-gyō-no kokoro.
CONSTANT, E, *a.*	永久ノ。不撓心ア ル。不朽ノ	Ei-kyū-no; Fu-gyō-no kokoro aru; Fukyū-no.
CONSTERNÉ, E, *a.*	驚キテ勢ヲ落シタ ル	Odoroite ikioi-wo otoshitaru.
CONSTERNER, *va.*	落膽サセル	Rakutan saseru.
CONSTRUCTION, *sf.*	組立。建築	Kumi-tate; Kenchiku.
CONSTRUIRE, *va.*	組立ル。建築スル	Kumi-tateru; Kenchiku suru.
CONSUL, *sm.*	領事	Ryō-ji.
CONSULTER, *va.*	評議スル。參考ス ル	Hyō-gi suru; Sankō suru.
CONSUMER, *va.*	毀ツ。費ヤス。盡滅 スル	Kobotsu; Tsuiyasu; Jim-metsu suru.
CONTAGIEUX, SE, *a.*	傳染ノ	Den-sen-no.
CONTEMPLER, *va.*	熟視スル。觀察ス ル	Jukushi suru; Kan-gamiru; Kwan-satsu suru.
CONTENANCE, *sf.*	面積。容量。容体	Men-seki; Yō-ryō; Yō-tai.
CONTENIR, *va.*	含ム。保ツ	Fukumu; Tamotsu.
Se — *vr.*	堪忍スル	Kan-nin suru.
Il ne peut pas se contenir de joie.	喜ビニ堪ヘラレヌ	Yorokobi-ni taerarenu,

CONTENT, E, *a.*	滿足シタル	Man-zoku shitaru.
CONTENTER, *va.*	滿足サセル	Man-zoku saseru.
CONTINU, E, *a.*	繼續ノ。連綿シタル	Kei-zoku-no; Ren-men shitaru.
CONTINUEL, LE, *a.*	連綿ノ。間斷ナキ	Ren-men-no; Kan-dan naki.
CONTINUELLEMENT, *ad.*	連綿トシテ。間斷ナク	Ren-men to shite; Kan-dan naku.
CONTINUER, *va.*	續ヅケル。延ス	Tsuzukeru; Nobasu.
— *vn.*	續ヅク。連續スル	Tsuzuku; Renzoku suru.
CONTRACTER, *va.*	條約ヲ取結ブ。契約スル	Jō-yaku-wo tori-musubu; Kei-yaku suru.
— une habitude.	習慣ニ染ル	Shū-kan-ni somaru.
— une maladie.	病ニ罹ル	Yamai-ni kakaru.
— des dettes.	負債スル	Fusai suru.
Se — *vr.*	縮ム	Chijimu.
CONTRADICTOIRE, *a.*	眞反對	Shin-han-tai.
CONTRAINDRE, *va.*	餘議ナクスル。強ユル	Yo-gi-naku suru; Shiyuru.
CONTRASTE, *sm.*	差ヒ。反對	Chigai; Han-tai.
CONTRAIRE, *a.*	反對ノ	Han-tai-no.
CONTRE, *pr.*	向ツテ。反シテ	Mukatte; Han shite.

ci-contre.	裏ニ。對シテ。面シテ	Ura-ni; Taishite; Men-shite.
Par contre.	代ハリニ	Kawari-ni.
CONTRE-BALANCER, *va.*	平均スル	Hei-kin suru.
CONTRÉE, *sf.*	國。地方	Kuni; Chi-hō.
CONTRE-POIDS, *sm.*	對量。平均。錘	Tai-ryō; Hei-kin; Fun-dō.
CONTRIBUER, *va.*	割前ヲ出ス。租税ノ割前ヲ拂フ。共ニ勉ムル	Wari-mai-wo idasu; So-zei-no wari-mai-wo harau; To-moni tsutomuru.
CONVAINCRE, *va.*	證據ヲ以テ會得サセル	Shō-ko-wo motte etoku saseru.
CONVALESCENCE, *sf.*	病後	Byō-go.
CONVALESCENT, E, *a.*	病後ノ	Byō-go-no.
CONVENABLE, *a.*	適當ナル。相應ナル	Teki-to naru; Sō-ō naru.
CONVENIR, *vn.*	適當スル。應ズル。似合フ	Teki-tō suru; ō-zu-ru; Ni-au.
CONVOQUER, *vn.*	集會サセル。呼集ムル。呼ビ出ス	Shū-kwai saseru; Yobi-atsumuru; Yobi-dasu.
COPIEUX, SE, *a.*	澤山ナル	Takusan naru.
COQ, *sm.*	牡鷄	O-tori.
COQUE, *sf.*	殼（卵繭菓物等ノ）	Kara. (Tamago mayu kudamono tō no.)

Coquille, *sf.*	小サキ殼。貝	Chiisaki kara; Kai.
Corbeau, *sm.*	鴉	Karasu.
Corbeille, *sf.*	小籠	Chiisaki kago.
Corde, *sf.*	繩。綱	Nawa; Tsuna.
Cordier, *sm.*	綱作ル人。綱ヲ賣ル人	Tsuna tsukuru hito; Tsuna-wo uru hito.
Cordon, *sm.*	細紐	Hoso-himo.
Cordonnier, *sm.*	沓ヲ作ル人。沓屋	Kutsu-wo tsukuru hito; Kutsu-ya.
Corne, *sf.*	角。蹄	Tsuno; Hidzume.
Corps, *sm.*	體。仲間。陸軍	Karada; Nakama; Riku-gun.
— d'armée.	軍團	Gun-dan.
Correspondant, *sm.*	通信人。證人	Tsŭ-shin nin; Shô-nin.
Corriger, *va.*	改正スル。直ス	Kai-sei suru; Nao-su.
Se — *vr.*	改心スル	Kai-shin suru.
Corrompre, *va.*	腐ラセル。惡風ニスル。賄賂スル。變ズル	Kusaraseru; Aku-fŭ-ni suru; Mai-nai suru; Henzu-ru.*

---

* Ce verbe est actif et neutre en Japonais.

Corsaire, *sm.*	官許ヲ得テ特ニ軍裝シタル船。海賊	Kwan-kyo-wo ete koto-ni ikusa-jitaku shitaru fune ; Kai-zoku.
Cortège, *sm.*	供勢。行列	Tomo-zei ; Gyō-retsu.
Côte, *sf.*	肋骨。海岸。小丘	Abara-bone ; Kai-gan ; Shō-kyū.
côte à côte.	並ンデ	Narande.
Côté, *sm.*	方。黨	Hō ; Tō.
A côté.	側バニ	Soba-ni.
Côteau, *sm.*	小丘	Chiisaki oka.
Cou, *sm.*	頸	Kubi.
Coucher, *va.*	臥セシムル。寢カス	Gwaseshimuru ; Ne-kasu.
— *vn.*	宿マル	Tomaru.
Se — *vr.*	寢ル。入ル	Neru ; iru.
Couler, *vn.*	流ルヽ。過去ル。沈ムル	Nagaruru ; Sugi-sa-ru ; Shizumuru.
Couleur, *sf.*	色	Iro.
Couleuvre, *sf.*	蛇	Kuchinawa ; Hebi.
Coup, *sm.*	突キ。打チ。傷	Tsuki ; Uchi ; Kizu.
— d'œil.	一視	Isshi.
— de sang.	卒中症	Sot-chu-shō.
Coupable, *a.*	罪アル	Tsumi aru.
Coupe, *sf.*	切ルフ。盃	Kiru-koto ; Sakazu-ki.

COUPER, *va.*	斷ツ。切リ離ス。切ル	Tatsu; Kiri-hana-su; Kiru.
COUR, *sf.*	中庭。朝庭。裁判所	Naka-niwa; Chō-tei; Sai-ban-sho.
COURAGE, *sm.*	勇氣	Yū-ki.
COURAGEUSEMENT, *ad.*	勇氣ニ	Yū-ki-ni.
COURAGEUX, SE, *a.*	勇氣アル	Yū-ki aru.
COURBER. *va.*	曲ケル	Mageru.
COUREUR, *sm.*	走ル人。諸方ヲ廻ル人	Washiru hito; Sho-hō-wo meguru hito.
COURRIER, *sm.*	飛脚	Hikyaku.
COURIR, *vn.*	走ル	Washiru.
COURONNE, *sf.*	冠。褒賞。王權	Kammuri; Hō-shō; Ō-ken.
Discours de la —.	勅詞	Choku-shi.
COURONNER, *va.*	即位スル。賞スル	Soku-i suru; Shō suru.
COURROUX, *sm.*	憤怒	Fun-do.
COURS, *sm.*	行程。走リ。流レ。講義	Kō-tei; Washiri; Nagare; Kō-gi.
COURSE, *sf.*	競走。奔走	Kyō-sō; Hon-sō.
COURSIER, *sm.*	兵軍馬。駿馬	Ryō-gumba; Shum-ba.
COURT, E, *a.*	短カキ	Mijikaki.
COURT, *ad.*	短カク	Mijikaku.
COURTISAN, *sm.*	朝臣	Chō-shin.

COUSIN, E, *sm. f.*	從兄弟	Itoko.
COUTEAU, *sm.*	庖丁。小刀	Hō-chō; Ko-gata-na.
COÛTER, *va.*	價スル	Atai suru.
COUTUME, *sf.*	風習。習慣	Fū-shū; Shū-kwan.
COUVER, *va.*	孚卵スル	Tamago-wo kaesu.
COUVERT, *sm.*	蓋ヒ(食器ノ)。宿。隱所	Ōi (Shoku-ki-no); Yado; Kakure-dokoro.
COUVERTURE, *sf.*	夜具。屋脊。蓋ヒ	Yagu; Ya-no mune; Ōi.
COUVRIR, *va.*	蓋フ。隱ス。保護スル	Ōu; Kakusu; Ho-go suru.
Se — *vr.*	自ラ蓋フ。曇ル	Mizukara ōu; Kumoru.
CRAIE, *sf.*	白墨	Haku boku.
CRAINDRE, *va.*	怖レル	Osoreru.
CRAINTE, *sf.*	恐怖	Osore.
CRAINTIF, VE, *a.*	怖ルベキ	Osorubeki.
CRÂNE, *sm.*	腦蓋	Nō-zara.
CRAPAUD, *sm.*	蝦蟇	Ga-ma.
CRÉATEUR, *sm.*	造物者	Zō-butsu-sha.
CRÉDIT, *sm.*	信用。拂ヒ期限。借リ受クベキ金額。權威	Shin-yō; Harai-ki-gen; Kari-uku-beki kingaku; Ken-i.
Faire crédit.	貸賣スル	Kashi-uri suru,

Ouvrir un —	信用貸ヲ許ス	Shin-yō-gashi-wo yurusu.
CRÉDULE, a.	信用シ易キ	Shin-yo shi yasuki.
CRÉER, va.	創造スル	Sō-zō suru.
CRÊME, sf.	乳ノ上ハズミ	Chichi-no uwa-zu-mi.
CRÊTE, sf.	鶏頭。山嶺	Kei-tō; * San-ten.
CREVER, va.	破裂サセル。衝キ破ル。疲レ死ニサセル	Haretsu saseru; Tsuki-yaburu; Tsukareji-ni saseru.
— vn.	破裂スル	Ha-retsu suru; Ya-bureru.
Cela crève les yeux.	勿論ノ事デス	Mochiron-no koto desu.
CREUSER, va.	堀ル	Horu.
CREUX, sm.	穴。鋳形	Ana; I-gata.
CRI, sm.	叫ビ	Sakebi.
CRIC, sm.	萬力	Man-riki.
CRIER, vn.	叫ブ	Sakebu.
CRIME, sm.	犯罪。重罪。罪科	Hanzai; Jū-zai; Zai-kwa.
CRIMINEL, sm.	犯人。重罪人。罪人	Han-nin; Jū-zai-nin; Zai-nin.
CRIN, sm.	毛。牛馬等ノ鬣並ニ尾	Ke; Ushi uma tō-no tategami narabi-ni o.

CRINIÈRE, *sf.*	獅子又ハ馬等ノ鬣	Shishi matawa uma tō-no tategami.
CRISE, *sf.*	病ノ危篤。危険ナル時期	Yamai-no ki-toku; Ki-ken naru ji-ki.
CROASSEMENT, *sm.*	鳴ク事(鴉ノ)	Naku koto (Karasu-no.)
CROASSER, *vn.*	鳴ク(鴉ノ)	Naku (Karasu-no.)
CROIRE, *va.*	信スル。思フ	Shinzuru; Omou.
CROÎTRE, *vn.*	成長スル。増加スル	Sei-chō suru; Zō-ka suru.
CROUPE, *sf.*	獸類ノ尻。丘陵ノ頂	Jū-rui-no shiri; Kyū-ryō-no itada-ki.
Prendre en — Monter en croupe.	後鞍ニ騎セル 累騎—ル	Ato-kura-ni noseru. Rui-ki suru.
CRUAUTÉ, *sf.*	殘忍	Zan-nin.
CRUCHE, *sf.*	手ノアル瓶	Te-no aru kame.
CRUEL, LE, *a.*	殘忍ナル	Zan-nin naru.
CRUELLEMENT, *ad.*	殘忍ニ	Zan-nin-ni.
CUEILLIR, *va.*	摘ム。摘ミ取ル。收納スル。採ル	Tsumu; Tsumi-toru; Shū-nō suru; To-ru.
CUILLER, *sf.*	匙	Saji.
CUIR, *sm.*	革	Nameshigawa.
CUIRASSE, *sf.*	鎧	Yoroi.
CUIRE, *va.*	煑ル。料理スル。燒ク	Niru; Ryō-ri suru; Yaku.

CUISANT, E, *a.*	火傷シタ様ナル。堪ヘ難キ	Yakedo shita yō na-ru ; Tae-gataki.
CUISINE, *sf.*	竃所	Dai-dokoro.
CUISINIER, *sm.*	料理人	Ryō-ri nin.
CUISSE, *sf.*	腿	Momo.
CUISSON, *sf.*	煑燒ノ事	Ni-yaki-no koto.
CUIVRE, *sm.*	銅	Akagane.
CULBUTE, *sf.*	顚倒。筋斗。劇シク落チルコ	Ten-tō; Tombo-gae-ri ; Hageshiku ochiru koto.
CULTE, *sm.*	神拜。祭儀。宗旨	Shin-pai ; Sai-gi ; Shū-shi.
CULTIVATEUR, *sm.*	農夫。	Nō-fu.
CULTIVER, *va.*	耕作スル	Kō-saku suru.
CULTURE, *sf.*	耕作	Kō-saku.
CURE, *sf.*	顧慮。處方	Ko-ryo ; Sho-hō.
CURE-DENT, *sm.*	楊枝	Yō-ji.
CURIEUX, SE, *a.*	物ヲ見聞シタキ。不思議ナル。稀ナル	Mono-wo mi-kiki shitaki ; Fu-shi-gi naru ; Mezura-shiki.
CURIOSITÉ, *sf.*	物ヲ見聞シタキ事。不思議。稀ナル事。名物	Mono-wo mi-kiki shitaki koto ; Fu-shi-gi; Mare naru-koto ; Meibutsu.
CUVE, *sf.*	大樽	Ō taru.

Cyclope, *sm.*	一眼ノ巨人ノ名	Ichigan-no kyo-jin-no na.
Cygne, *sm.*	鵞ノ類	Ga-no rui.
Cynique, *a.*	恥知ラヌ	Haji shiranu.
Cyprès, *sm.*	圓柏	Byaku-shin.

D.

D'abord, *ad.*	最初	Sai-sho.
Daigner, *va.*	肯ズル。被下	Gaenzuru ; Kudasaru.
D'ailleurs, *loc. ad.*	其他	Sono ta.
Daim, *sm.*	鹿ノ類	Shika-no rui.
Damasquiner, *va.*	象眼スル	Zō-gan suru.
Dame, *sf.*	貴女。夫人	Ki-jo ; Fu-jin.
Danger, *sm.*	危難。危險	Ki-nan ; Ki-ken.
Dangereux, se, *a.*	危キ	Ayauki.
Dans, *pr.*	於テ。中ニ	Oite ; Uchi-ni.
Danse, *sf.*	躍リ	Odori.
Danser, *vn.*	舞蹈スル	Bu-tō suru.
Date, *sf.*	月日。日附	Gwappi ; Hi-zuke.
Dater, *va.*	月日ヲ記ス。日附スル	Gwappi-wo shirusu ; Hi-zuke suru.
Davantage, *ad.*	ナオ多ク。其上ニ	Nao ōku ; Sono ue ni.

DÉBARQUER, *va.*	上陸サセル	Jō-riku saseru.
— *vn.*	上陸スル	Jō-riku suru.
DÉBARRASSER, *va.*	掃除スル。自由ニスル	Sō-jo suru; Ji-yū-ni suru.
DÉBAT, *sm.*	議論。争論	Gi-ron; Sō-ron.
DÉBIT, *sm.*	小賣店	Ko-uri mise.
DÉBORDER, *vn.*	溢レル	Afureru.
DÉBOUCHER, *va.*	栓ヲ抜ク	Sen-wo nuku.
DEBOUT, *ad.*	立テ。眞直ニ	Tatte; Massugu-ni.
DÉBOURSER, *va.*	出金スル	Shukkin suru.
DÉBRIS, *sm.*	殘物。壞頽物	Zambutsu; Kwai-tai butsu.
DÉCAMPER, *vn.*	陣ヲ去ル	Jin-wo saru.
DÉCAPITER, *va.*	首ヲ斬ル	Kubi-wo kiru.
DÉCELER, *va.*	顯ハス	Arawasu.
DÉCEPTION, *sf.*	計畫ノ齟齬	Kei-kaku-no sogo.
DÉCHAÎNER, *va.*	鎖ヲ解ク。解キ放ス	Kusari-wo toku; Toki-hanasu.
Se — *vr.*	激發スル	Geki-hatsu suru.
DÉCHARGER, *va.*	荷卸スル。暇ヲ出ス。責任ヲ解ク	Ni-oroshi suru; Itoma-wo dasu; Seki-nin-wo to-ku.
— *qqn.* de ses fonctions.	人ヲ免職スル	Hito-wo men-shoku suru.
DÉCHIRER, *va.*	裂ク。破ル	Saku; Yaburu.
Se — *vr.*	裂ケル。破レル	Sakeru; Yabureru.

Décider, *va.*	決断スル。決定スル	Ketsu-dan suru; Kettei suru.
Décisif, ve, *a.*	決断スベキ。終結スベキ	Ketsu-dan su-beki; Shū-ketsu su-be-ki.
Déclamer, *va.*	高聲ニテ說ク	Taka-koe nite toku.
Déclarer, *va.*	布告スル。明言スル	Fu-koku suru; Mei-gen suru.
Décomposer, *va.*	分解スル	Bun-kai suru.
Déconcerter, *va.*	混雜サスル	Kon-zatsu sasuru.
Décorer, *va.*	飾ル。勲章ヲ與フル	Kazaru; Kun-shō-wo atōru.
Découper, *va.*	薇切スル。切リ取ル	Sai-setsu suru; Ki-ri-toru.
Découvrir, *va.*	蓋シヲ取ル。發明スル。見出フ。	Oi-wo toru; Hatsu-mei suru; Mi-idasu.
Décret, *sm.*	布告。評決	Fu-koku; Hyō-ketsu.
Décrire, *va.*	記ス。跡形ヲ付ル。描寫スル。記述スル	Shirusu; Ato-kata-wo tsukeru; Biyō-sha suru; Ki-jutsu suru.
Dédaigner, *va.*	賤シム。輕ンズル	Iyashimu; Karon-zuru.
Dédaigneux, se, *a.*	賤シムベキ	Iyashimu beki.
Dédain, *sm.*	賤ミ。輕蔑	Iyashimi; Kei-betsu.

DEDANS, *pr. ad.*	内ニ	Uchi-ni.
DÉDIER, *va.*	敬奉スル。捧グル	Kei-hō suru; Sasa-geru.
— un livre.	著書ヲ呈スル	Cho-sho-wo tei-su-ru.
DÉDOMMAGER, *va.*	償フ	Tsukunau.
DÉDOUBLER, *va.*	裏ヲ剥グ。二分ニスル	Ura-wo hagu; Ni-bun-ni suru.
Se — *va.*	二分ニサルヽ。二分ニナル	Ni-bun-ni saruru; Ni bun-ni naru.
DÉDUIRE, *va.*	引キ去ル。演繹スル	Hiki-saru; *En-yaku suru.
DÉESSE, *sf.*	女神	Jo-shin.
DÉFAILLANCE, *sf.*	失氣。落膽	Shikki; Raku-tan.
DÉFAIRE, *va.*	變改スル。壞ハス。敗北サスル	Hen-kwai suru: Ko-wasu; Hai-boku saseru.
Se défaire de.	遠ザケル	Tōzakeru.
DÉFAITE, *sf.*	敗北	Hai-boku.
DÉFAUT, *sm.*	欠乏。誤リ	Ketsu-bō; Ayamari.
Faire défaut.	欠席スル	Kesseki suru.
DÉFENDRE, *va.*	防キ守ル。保護スル。禁ズル	Fusegi-mamoru; Ho-go suru; Kin-zuru.
DÉFENSE, *sf.*	防守。禁制	Bō-shu; Kin-sei.
DÉFENSEUR, *sm.*	防守スル人。辯護人	Bō-shu suru hito; Bengo nin.
DÉFIER, *va.*	挑ム	Idomu.

Défigurer, *va.*	見苦シクスル。不具ニスル	Mi-gurushiku suru; Fu-gu-ni suru.
Dégénérer, *va.*	變性スル。衰ヘル	Hen-sei suru; Oto-roeru.
Dégoût, *sm.*	嫌し。飽キ	Kirai; Aki.
Dégoûter, *va.*	飽カセル。倦マセル	Akaseru; Umaseru.
Déguiser, *va.*	容貌ヲ變ズル	Katachi-wo kaeru.
Se — *vr.*	容貌ヲ變ズル	Sugata-wo kaeru.
Dehors, *ad. pr.*	外ニ。國外ニ	Hoka-ni; Koku-gwai-ni.
— *sm.*	外部	Gwai-bu.
Déjà, *ad.*	既ニ	Sude-ni.
Déjeuner, *sm.*	朝飯。又ハ晝飯	Asa-meshi; (Matawa) Hiru-meshi.
Déjeuner, *va.*	朝飯スル。又ハ晝飯スル	Asa-meshi suru; (Matawa) Hiru-meshi suru.
Délai, *sm.*	期限。猶豫	Ki-gen; Yū-yo.
Délassement, *sm.*	休息	Kyū-soku.
Délasser, *va.*	休メル	Yasumeru.
Se — *vr.*	休ム	Yasumu.
Délayer, *va.*	溶カス	Tokasu.
Délectable, *a.*	樂シキ。爽快ナル。喜バシキ	Tanoshiki; Sō-kwai naru; Yorokoba-shiki.

DÉLICAT, E, *a.*	旨キ。奇麗ナル。弱キ	Umaki; Ki-rei na-ru; Yowaki.
DÉLICATESSE, *sf.*	美味。淡薄。精細。奇麗	Bi-mi; Tampaku; Sei-sai; Kirei.
DÉLICES, *sf. pl.*	樂ミ	Tanoshimi.
DÉLICIEUX, SE, *a.*	甚ダ旨キ。快キ。樂シキ	Hana-hada umaki; Kokoroyoki; Ta-noshiki.
DÉLIÉ, E, *a.*	解タル。細カナル	Toketaru; Komaka naru.
DÉLIER, *va.*	解ク	Toku.
DÉLIVRANCE, *sf.*	許容。免責	Kyo-yō; Men-seki.
DÉLIVRER, *va.*	免ス。自由ニスル	Yurusu; Ji-yū-ni suru.
DÉLUGE, *sm.*	洪水。溢流	Kō-zui; Itsu-ryū.
DEMAIN, *sm. ad.*	明日	Myō-nichi.
DEMANDE, *sf.*	願ヒ。賴ミ。問題	Negai; Tanomi; Mon-dai.
DEMANDER, *va.*	願フ。賴ム。問フ	Negau; Tanomu; Tou.
DÉMANGER, *vr.*	痒クナル	Kayaku naru.
DÉMARCHE, *sf.*	歩ミ方。周旋	Ayumi-kata; Shū-sen.
DÉMÊLER, *va.*	分ツ。區別スル。解ク	Wakatsa; Kubetsu suru; Toku.
DÉMENER (Se), *vr.*	騒グ。盡力スル	Sawagu; Jin-ryoku suru.

DEMEURE, *sf.*	住所。滯留	Jū-sho; Tai-ryū.
DEMEURER, *vn.*	住ム。滯留スル	Sumu; Tai-ryū su-ru.
DEMI, E, *adj.*	半分ノ	Hambun-no.
DEMIE, *sf.*	半分	Hambun.
à demi *adv.*	半分ダケ	Hambun dake.
DÉMON, *sm.*	惡魔	Aku-ma.
DÉNOTER, *va.*	指示ス	Sashi-shimesu.
DENT. *sf.*	齒	Ha.
DENTELLE, *sf.*	糸ニテ網形ニ織リタル物	Ito nite ami-nari ni oritaru mono.
DÉPART, *sm.*	出立	Shuttatsu.
DÉPARTEMENT, *sm.*	縣	Ken.
DÉPECER, *va.*	刻ム。細カニ裂ク	Kizamu; Komaka-ni saku.
DÉPEINDRE, *va.*	言顯ハス。演ベル	Ii-arawasu; Noberu.
DÉPENDRE, *vn.*	屬スル。關係スル	Zoku suru; Kwan-kei suru.
DÉPENS, *sm. pl.*	出費。訴訟入費。	Shuppi; So-shō nyū-hi.
DÉPENSE, *sf.*	出費。食料ヲ入レオク所	Shuppi; Shoku-ryō wo ire-oku tokoro.
DÉPENSER, *va.*	費ヤス	Tsuiyasu.
DÉPIT, *sm.*	憂憤	Yū-fun.
DÉPLACER, *va.*	退クル。移ス	Shirizokuru; Utsu-su.
DÉPLAIRE, *vn.*	氣ニ入ラヌ	Ki-ni iranu.

Déplorable, *a.*	悲シムベキ。憐ム ベキ。痛マシキ	Kanashimu beki; Awaremu beki; Itamashiki.
Déplorer, *va.*	歎ク。悲シム。痛マ シク思フ	Nageku; Kanashimu; Itamashiku omō.
Déployer, *va.*	廣メル。開ク。顯ハ ス	Hiromeru; Hiraku; Arawasu.
Déposer, *va.*	措ク。附托スル。廢 位スル	Oku; Futaku suru; Hai-i suru.
Déposition, *sf.*	證人ノ陳述	Shō-nin-no chin-ju-tsu.
Dépôt, *sm.*	附托。貯蓄所。貯蓄 物	Futaku; Cho-chiku jo; Cho-chiku bu-tsu.
Dépouiller, *va.*	奪フ。皮剝ク	Ubau; Kawa-hagu.
Dépourvoir, *va.*	要用ナル物ヲ除ク	Yō-yō naru mono-wo nozoku.
Déprécier, *va.*	賤メル。ケナス	Iyashimeru; Kena-su.
Depuis, *ad. pr.*	以來。ヨリ。後ニ	Irai; Yori; Nochi-ni.
Dépuratif, ve, *a.*	清ムベキ	Kiyomu beki.
Député, *sm.*	全權。名代。代議士	Zen-ken; Myō-dai; Dai-gi-shi.
Députer, *va.*	送リ遣ル。使節ヲ 立ル	Okuri-yaru; Shi-setsu-wo tateru.

Déranger, *va.*	邪魔スル。混雑サセル	Ja-ma suru; Kon-zatsu saseru.
Dernier, e, *a.*	終ノ	Owari-no.
L'année —	昨年	Saku-nen.
Dernièrement, *ad.*	終リニ。先日	Owari-ni; Sen-jitsu.
Dérober, *va,*	窃取ル。隱ス	Nusumi-toru; Ka-kusu.
Dérobée (à la), *loc. adv.*	隱レテ	Kakurete.
Derrière, *pr.*	後ニ。後ノ方ニ	Ushiro-ni; Ushiro no hō-ni.
Dès, *pr.*	……ヨリ。カラ	……Yori; Kara.
— que, *loc. conj.*	……スルヤ否ヤ	……suruya inaya.
Désagréable, *a.*	不快ナル。面白カラザル	Fu-kwai naru; Omo-shirokarazaru.
Desappointement, *sm.*	失望	Shitsu-bō.
Désappointer, *va.*	失望サセル	Shitsu-bō saseru.
Désapprouver, *va.*	非トスル。咎メル	Hito suru; Togame-ru.
Désastre, *sm.*	禍ヒ。不幸	Wazawai; Fu-kō.
Descendant, *sm.*	子孫	Shi-son.
Descendre, *vn.*	降ル	Kudaru.
Description, *sf.*	記載。記事	Ki-sai; Ki-ji.
Désert, *sm.*	砂漠。荒原	Sabaku; Kō-gen.
Désert, e, *a.*	荒タル。寂寞ノ	Aretaru; Seki-baku no.

Désespérer, *va.*	失望サスル。甚ダ哀マスル	Shitsu-bō sasuru; Hanahada kanashimasuru.
Se —, *vr.*	失望スル。狼狽スル	Shitsu-bō suru; Rōbai suru.
Déshabiller, *va.*	着物ヲ脱ガセル	Kimono-wo nugaseru.
Déshonneur, *sm.*	耻辱。不名譽	Chi-joku; Fu-mei-yo.
Désigner, *va.*	記ス。指示スル	Shirusu; Shishi suru.
Désintéressement, *sm.*	無私	Mu-shi.
Désir, *sm.*	願ヒ。渴望	Negai; Katsu-bō.
Désirer, *va.*	願フ。望ム	Negau; Nozomu.
Dès-lors, *ad.*	其時ヨリ	Sono toki yori.
Désobéir, *vn.*	逆フ。叛ク	Sakarau; Somuku.
Désobéissance, *sf.*	不從順	Fu-jū-jun.
Désobligeant, E, *a.*	不信切ナル。無禮ナル	Fu-shin-setsu naru; Bu-rei naru.
Désolation, *sf.*	痛哀。荒スコ	Tsū-ai; Arasu koto.
Désoler, *va.*	甚ダ哀シマセル。荒ラス	Hanahada kanashimaseru; Arasu.
Désordre, *sm.*	不順序。混雜	Fu-jun-jo; Kon-zatsu.
Désormais, *ad.*	以後	Igo.
Dessécher, *va.*	凋マス。乾カス。瘦セサスル	Shibomasu; Kawakasu; Yasesasuru.

DESSEIN, *sm.*	企	Kuwadate.
DESSIN, *sm.*	繪圖	E-zu.
DESSOUS, *sm*	下部。下	Ka-bu ; Shita.
DESSOUS, *ad.*	下ニ	Shita-ni.
DESSUS, *sm.*	上部。上	Jō-bu ; Ue.
DESSUS, *ad.*	上ニ	Ue-ni.
DESTINÉE, *sf.*	天命	Temmei.
DESTINER, *va.*	定メル	Sadameru.
DESTITUER, *va.*	免職スル	Menshoku suru.
DESTRUCTION, *sf.*	滅亡	Metsu-bō.
DÉSUNION, *sf.*	分裂。不和	Bun-retsu ; Fu-wa.
DÉTACHER, *va.*	放ツ。分ツ。解ク	Hanatsu ; Wakatsu ; Toku.
DÉTAILLER, *va.*	切崩ス。小賣スル。委シク話ス	Kiri-kuzusu; Ko-uri suru ; Kuwashi-ku hanasu.
DÉTERMINÉ, E, *a.*	決定シタル	Kettei shitaru.
DÉTERMINER, *va.*	決定スル	Kettei suru.
DÉTESTABLE, *a.*	嫌フベキ	Kirau beki.
DÉTESTER, *va.*	嫌フ	Kirau.
DÉTOUR, *sm.*	廻轉。廻リ道。遁辭	Kwai-ten ; Mawari michi ; Nige-koto-ba.
DÉTOURNER, *va.*	方向ヲ變ズル。廻ハラス	Hō-kō-wo henzuru ; Mawarasu.
DÉTROIT, *sm.*	海峽	Kai-kyō.

Détruire, *va.*	打崩ス。亡ボス	Uchi-kuzusu; Horo-bosu.
Dette, *sf.*	負債	Fu-sai.
Devant, *sm.*	前部。前面	Zen-bu; Zen-men.
Devant, *prép.*	前二	Mae-ni.
Développer, *va.*	包ミヲ解ク。廣メル	Tsutsumi-wo toku; Hiromeru.
Devenir, *vn.*	……トナル	……to naru.
Deuil, *sm.*	悲傷。喪服。忌中	Hi-shō; Mo-fuku; Ki-chū.
Devin, eresse, *sm. f.*	易者	Eki-sha.
Devoir, *sm.*	勤メ。義務	Tsutome; Gi-mu.
Devoir, *va.*	要スル	Yō suru.
— Il doit être venu.	來タデアロ—	Kita de arō.
Dévorer, *va.*	貪食スル。費ヤス	Ton-shoku suru; Tsuiyasu.
Dévotion, *sf.*	信仰	Shin-kō.
Dévouer, *va.*	歸依スル。奉納スル	Ki-i suru; Hō-nō suru.
Se — *vr.*	忠ヲ盡クス	Chū-wo tsukusu.
Deux, *sm. a.*	二。二ノ	Ni; Ni-no.
Deuxième, *a. s.*	第二ノ。第二	Dai ni-no; Dai ni.
Dextérite, *sf.*	精巧。器用。巧ミ	Sei-kō; Ki-yō; Ta-kumi.
Diable, *sm.*	魔。鬼	Ma; Oni.

DIAMANT, *sm.*	金剛石	Kon-gō-seki.
DIAMÈTRE, *sm.*	直径	Chokkei.
DICTER, *va.*	書取サセル	Kaki-tori saseru.
DIÈTE, *sf.*	食物ノ節度。毒忌	Shoku-motsu-no setsu-do; Doku-imi.
DIEU, *sm.*	神。上帝	Kami; Jō-tei.
DIFFÉREMMENT, *ad.*	違フテ。別ニ	Chigō-te; Betsu-ni.
DIFFÉRENCE, *sf.*	違ヒ。區別	Chigai; Kubetsu.
DIFFÉREND, *sm.*	争論	Sō-ron.
DIFFÉRENT, E, *a.*	別ノ	Betsu-no.
DIFFÉRER, *va.*	延バス	Nobasu.
—, *vn.*	差フ	Chigau.
DIFFICILE, *a.*	難キ。六ケ敷キ	Kataki; Mutsuka-shiki.
DIFFICILEMENT, *ad.*	難ク。六ケ敷ク	Kataku; Mutsuka-shiku.
DIFFORMITÉ, *sf.*	形体ノ瑕瑾。不具	Kei-tai-no kizu; Fu-gu.
DIGESTION, *sf.*	消化	Shō-kwa.
DIGNE, *a.*	價アル	Atai aru.
DIGNITÉ, *sf.*	高官。高位。威儀	Kō-kwan; Kō-i; I-gi.
DILATER, *va.*	膨張サセル	Bō-chō saseru.
DILIGENCE, *sf.*	迅疾。乗合馬車	Jin-shitsu; Nori-ai basha.
DILIGENT, E, *a.*	迅疾ナル	Sumiyaka naru.

DIMANCHE, sm.	日曜日	Nichi-yō-bi.
DIMINUER, va.	減ラス	Herasu.
—, vn.	減ル	Heru.
DÎNER, sm.	夕飯	Yū-meshi.
DÎNER, vn.	夕飯スル	Yū-meshi suru.
DIRE, va.	言フ	Iu.
DIRECT, E, a.	直接ノ。直ノ	Choku-setsu-no ; Sugu-no.
DIRECTION, sf.	方向。管轄	Hō-kō ; Kwan-ka-tsu.
DIRIGER, va.	導ク。規則立ル。支配スル	Michibiku; Ki-soku-dateru ; Shi-hai suru.
DISCERNER, va.	仕分ル。辨別スル	Shi-wakeru ; Bem-betsu suru.
DISCIPLE, sm.	弟子	De-shi.
DISCIPLINER, va.	教導スル。誡メル	Kyō-dō suru ; Ima-shimeru.
DISCOURS, sm.	演說	En-zetsu.
DISCRÉTION, sf.	用心	Yō-jin.
à —, loc. ad.	隨意ニ。猥リニ	Zui-i-ni ; Midari-ni.
DISCUTER, va.	討論スル	Tō-ron suru.
DISETTE, sf.	欠乏。飢饉	Ketsu-bō ; Ki-kin.
DISGRÂCE, sf.	疎ンズル丁。不幸	Utonzuru koto ; fu-kō.
DISPARAÎTRE, vn.	消失セル	Kie-useru.
DISPENDIEUX, SE, a.	費多キ	Tsuie ōki.

DISPENSER, va.	免ス。免除スル	Yurusu; Men-jo suru.
DISPERSER, va.	蒔撒ラス。分配スル	Maki-chirasu; Bunpai suru.
DISPOSER, va.	整ヘル	Totonoeru.
Se — à,	用意スル	Yō-i suru.
DISPOSITION, sf.	排置。條例	Hai-chi; Jō-rei.
DISPUTE, sf.	爭論。爭ヒ	Sō-ron; Arasoi.
DISPUTER, va.	爭論スル	Sō-ron suru.
DISSERTATION, sf.	論說	Ron-setsu.
DISSIMULATION, sf.	隱蔽	In-pei.
DISSIMULER, va.	隱ス	Kakusu.
DISSIPER, va.	消費スル。消失サセル	Shō-hi suru; Shō-shitsu saseru.
Se —, vr.	消失スル。放蕩スル	Shō-shitsu suru; Hō-tō suru.
DISTANCE, sf.	距離	Hedatari; Kyo-ri.
DISTINCT, E, a.	區別シタル	Ku-betsu shitaru.
DISTINCTION, sf.	區別。仕分	Ku-betsu; Shi-wake.
DISTINGUER, va.	區別スル。仕分ル	Ku-betst suru; Shi-wakeru.
DISTRACTION, sf.	引キ離スコ。不注意。慰ミ	Hiki-hanasu koto; Fu-chū-i; Nagusami.
DISTRAIRE, va.	一部分ヲ分ツ。妨ゲル。慰メル。曲用スル	Ichi bu-bun-wo wakatsu; Samatageru; Nagusameru; Kyoku-yō suru.

DISTRIBUER, *va.*	分配スル	Bun-pai suru.
DISTRIBUTION, *sf.*	分配	Bun-pai.
DIVERS, E, *a.*	種々ノ	Shu-ju-no.
DIVERSIFIER, *va.*	違ハセル。種々ニスル	Tagawaseru ; Shu-ju-ni suru.
DIVERSITÉ, *sf.*	種々ナルコ。違ヒ	Shu-ju naru koto ; Tagai.
DIVERTIR, *va.*	樂シマセル。妨ゲル。引キ取ル	Tanoshima-seru ; Samatageru ; Hi-ki-toru.
Se —, *vr.*	樂ム。慰ム	Tanoshimu ; Nagu-samu.
DIVERTISSANT, E, *a.*	樂シキ	Tanoshiki.
DIVERTISSEMENT, *sm.*	樂ミ。慰ミ	Tanoshimi ; Nagu-sami.
DIVINITÉ, *sf.*	神タルコ。神	Kami-taru koto ; Kami.
DIVISER, *va.*	分ツ	Wakatsu.
DIVISION, *sf.*	分別。部分。割算	Bun-betsu; Bu-bun; Wari-zan.
DIX, *a.*	十。十ノ	Jū ; Jū-no.
DIXIÈME, *a.*	第十ノ	Dai-jū-no.
DIXIÈME, *sm.*	十分ノ一	Jū-bun-no ichi.
DOCILE, *a.*	從順ナル	Jū-jun naru.
DOCILITÉ, *sf.*	從順	Jū-jun.
DOGME, *sm.*	教說。教訓。認定シタル原則	Kyō-setsu ; Kyō-kun ; Nin-tei shi-taru gen-soku.

DOGUE, *sm.*	番犬或ハ喧嘩犬ノ類	Ban-ken aruiwa ken-kwa inu-no rui.
DOIGT, *sm.*	指	Yubi.
DOMESTIQUE, *a. s.*	家事ノ。僕婢。小使	Ka-ji no; Boku-hi Ko-zukai.
DOMINATION. *sf.*	支配。管轄	Shi-hai; Kwan-ka-tsu.
DOMMAGE, *sm.*	損害	Son-gai.
DOMMAGES-INTÉ-RÊTS, *sm. p.*	損害賠償	Son-gai bai-shō.
DOMPTER, *va.*	從ヘル。剛ラス	Shitagaeru; Narasu
DON, *sm.*	贈リ物	Okuri mono.
DONC, *c.*	其故ニ。然ラハ	Sono-yueni; Shika-raba.
DONNER, *va.*	與フル	Atauru.
DONT, *pro.*	其レノ。夫ニ付テ	Sore-no; Sore-ni tsui te.
DORÉNAVANT, *ad.*	以來	Irai.
DORER, *va.*	渡金スル。金色ヲ付ケル	Kin-mekki suru; Kin-iro-wo tsuke-ru.
DORMIR, *vn.*	眠ル	Nemuru.
DOS, *sm.*	脊。背	Se; Ushiro.
DOTER, *va.*	附與スル。嫁資ヲ與フル	Fu-yo suru; Ka-shi-wo atouru.
DOUBLE, *a.*	二重ノ。二倍ノ	Ni-jū-no; Ni-bai-no

DOUCEMENT, *ad.*	柔カニ。靜カニ	Yawaraka-ni; Shi-zukani.
DOUCEUR, *sf.*	甘。軟和。溫和	Amami; Nan-wa; On-wa.
DOUER, *va.*	附與スル。財産ヲ定ムル	Fu-yo suru; Zai-san-wo sadamuru.
DOULEUR, *sf.*	痛ミ。悲傷。愁ヒ	Itami; Hi-shō; Urei.
DOULEUREUX, SE, *a.*	痛ムベキ。悲シキ	Itamu-beki; Kana-shiki.
DOUTE, *sm.*	疑ヒ	Utagai.
DOUTER, *va.*	疑フ	Utagau.
DOUTEUX, SE, *a.*	疑ハシキ	Utagawashiki.
DOUX, *a.*	甘キ。旨キ。軟和ナル。溫ナル	Amaki; Umaki; Nan-wa naru; On-wa naru.
DOUZE, *a.*	十二ノ	Jū-ni no.
DOUZIÈME, *a.*	第十二ノ	Dai-jū-ni no.
DRAGON, *sm.*	龍。騎兵ノ類	Ryō; Ki-hei-no rui.
DRAP, *sm.*	羅紗	Ra-sha.
DRAPEAU, *sm.*	軍旗	Gun-ki.
DRESSER, *va.*	直立サセル。建ル。馴ス	Choku-ritsu saseru; Tateru; Narasu.
DROGUE, *sf.*	化學上ニ用ユル藥	Kwa-gaku-jō ni mo-chiuru kusuri.

Droit, e, *a.*	眞直ナル。正シキ	Massugu naru; Tadashiki.
Droit, *sm.*	權利。法律。租税。公平	Ken-ri; Hō-ritsu; So-zei; Kō-hei.
Droiture, *sf.*	正直。公平	Shō-jiki; Kō-hei.
Drôle, *a.*	滑稽ナル。面白キ	Kokkei naru; Omoshiroki.
Drôle, *sm.*	狡童。惡漢	Kō-dō; Warumono.
Dû, *sm.*	貸金	Kashi-kin.
Duc, *sm.*	公爵。公爵ヲ受ケタル人	Kō-shaku; Kō-shaku-wo uketaru hito.
Duchesse, *sf.*	公爵婦人	Kō-shaku fu-jin.
Du moins, *loc. ad.*	然レドモ	Shikaredomo.
Dupe, *sf.*	欺カレタル人。欺キ易キ人	Azamukaretaru hito; Azamuki yasuki hito.
Durant, *prép.*	間ニ	Aida-ni.
Dur, e, *a.*	硬キ。丈夫ナル。苛酷ナル	Kataki; Jō-bu naru; Ka-koku naru.
Durée, *sf.*	連續。經過。經續時間	Ren-zoku; Keikwa; Kei-zoku ji-kan.
Durer, *vn.*	引續ク。朋スル	Hiki-tsuzuku; Kisuru.
Dureté, *sf.*	堅固。殘忍	Ken-go; Zan-nin.
Duvet, *sm.*	鳥ノ初毛。初髮	Tori-no ubu-ge; Ubu-ge.

E.

EAU, *sf.*	水	Mizu.
— de vie,	燒酎	Shō-chū.
EBLOUIR, *va.*	眩マス	Kuramasu.
EBLOUISSEMENT, *sm.*	眩暈	Memai.
EBRANLER, *va.*	震動サスル	Shin-dō sasuru.
ECARTER, *va.*	遠ザケル。退ケル	Tōzakeru; Shinizo-keru.
ECHANGE. *sm.*	引替。兩替。貿易	Hiki-kae; Ryō gae; Bō-eki.
ECHANSON, *sm.*	王族ニ酌スル人	Ō-zoku-ni shaku suru hito.
ECHANTILLON, *sm.*	見本。見本切レ	Mi-hon; Mi-hon gi-re.
ECHAPPER, *vn.*	遁ゲル	Nigeru.
ECHASSES, *sf. pl.*	竹馬	Take-uma.
ECHAUFFER, *va.*	煖ムル。衝動スル。刺衝スル	Atatamuru; Shō-dō suru; Shi-shō suru.
ECHÉANCE, *sf.*	期限ノ到來	Ki-gen-no tō-rai.
ECHELLE, *sf.*	梯子	Hashigo.
ECHO, *sm.*	響。木靈	Hibiki; Ko-dama.

Echoir, *vn.*	運賦ニテ傳ハル。不意ニ至ル。投ズル	Un-pu nite tsuta-waru; Fu-i-ni ita-ru; Tōzuru.
Eclair, *sm.*	光リ。稻妻	Hikari; Inazuma.
Eclairer, *va.*	輝ヤカス。明カニスル	Kagayakasu; Aki-raka-ni suru.
Eclat, *sm.*	片。震動。光輝。名聲	Kire; Shin-dō; Kō-ki; Mei-sei.
Eclatant, e, *a.*	光輝アル	Kō-ki aru; Kagaya-kitaru.
Eclater, *vn.*	破裂スル。鳴ル。照ル。輝ク。起ル	Ha-retsu suru; Na-ru; Teru; Kaga-yaku; Okoru.
Eclipse, *sf.*	蝕	Shoku.
Eclipser, *va.*	蝕スル。超過スル	Shoku suru; Chō-kwa suru.
Eclore, *vn.*	孚化スル。開ク	Fu-kwa suru; Hira-ku.
Ecole, *sf.*	學校	Gakkō.
Ecolier, e, *sm. f.*	生徒	Sei-to.
Economie, *sf.*	儉約。經濟。理財	Ken-yaku; Kei-zai; Ri-zai.
Economiser, *va.*	儉約スル	Kenyaku suru.
Ecorce, *sf.*	樹皮	Ki-no kawa.
Ecouler, (s') *vr.*	流ルヽ。經過スル	Nagareru; Kei-kwa suru.
Ecouter, *va.*	聽ク。遵奉スル	Kiku; Jumpō suru.

ECRASER, *va.*	破ル。打崩ス゚潰ス	Yaburu; Uchi-kuzusu; Tsubusu.
ECREVISSE, *sf.*	海老ノ類	Ebi-no rui.
ECRIER, (s') *vr.*	叫ブ	Sakebu.
ECRIRE, *va.*	書ク	Kaku.
ECRIT, *sm.*	書キ物。書籍。書キ付ケ	Kaki mono; Sho-seki; Kaki-tsuke.
ECRIVAIN, *sm.*	記者。著者	Ki-sha; Cho-sha.
ECU, *sm.*	楯。銀貨ノ名(六十錢位ニ當ル)。	Tate; Gin-kwa-no na (Roku-jissen gurai-ni ataru.)
ECUREUIL, *sm.*	木鼠。栗鼠	Ki-nezumi; Risu.
ECURIE, *sf.*	厩	Umaya.
ECUYER, *sm.*	騎者	Ki-sha.
EDIFICE, *sm.*	建造物	Ken-zō butsu.
EDUCATION, *sf.*	教育	Kyō-iku.
EFFACER, *va.*	消ス	Kesu.
EFFET, *sm.*	効力。結果	Kō-ryoku; Kekkwa.
En —, *loc. ad.*	實ニ。成程	Jitsu-ni; Naru hodo.
EFFORCER, (s') *vr.*	盡力スル	Jin-ryoku suru.
EFFORT, *sm.*	盡力	Jin-ryoku.
EFFRAYER, *va.*	恐怖セシムル	Kyō-fu seshimuru; Osoreshimuru.
EFFROI, *sm.*	恐怖	Kyō-fu; Osore.
EGAL, E, *a.*	平等ナル。同ジ	Hei-tō naru; Onaji.
— *sm.*	平等	Hei-tō.

Egalement, *ad.*	同樣ニ。等シク	Dō-yō-ni; Hitoshi-ku.
Egaler, *va.*	一樣ニスル。同ク ナル	Ichi-yō-ni suru; Onajiku naru.
Egalité, *sf.*	平等ナル事。同樣	Hei-tō naru koto; Dō-yō.
Egard, *sm.*	重ンズル事。尊敬。理由	Omonzuru koto; Son-kei; Ri-yu.
Avoir — à,	考ヘル。氣ヲ付ケル	Kangaeru; Ki-wo tsukeru.
Eu —,	考ヘテ	Kangaete.
Al' — de,	…ニ付テ	… ni tsuite.
Egarement, *sm.*	謬誤。迷ヒ	Ayamari; Mayoi.
Egarer, *va.*	迷ハス	Mayowasu.
Egayer, *va.*	悦バス。樂マス	Yorokobasu; Tano-shimasu.
Egayer, (s'), *vr.*	慰ム	Nagusamu.
Eglise, *sf.*	寺院。敎會	Ji-in; Kyō-kwai.
Eglogue, *sf.*	山家歌	Yamaga uta.
Egorger, *va.*	喉ヲ切ル。屠ル	Nodo-wo kiru; Ho-furu.
Elancement, *sm.*	刺痛	Shi-tsū.
Elancer, (s'), *vr.*	急進スル。飛ビ掛ル。投スル	Kyū-shin suru; To-bi-kakaru; Tō-zu-ru.
Electeur, *sm.*	選擧人	Sen-kyo nin.
Elément, *sm.*	元素	Gen-so.

ELÉPHANT, *sm.*	象	Zō.
ELÉVATION, *sf.*	高サ	Takasa.
ELÈVE, *sm.*	書生	Sho-sei.
ELEVER, *va.*	高メル。建テル。養育スル	Takameru; Tateru; Yō-iku suru.
ELIRE, *va.*	選ム	Eramu.
ELOGE, *sm.*	祝詞。賞詞	Shuku-shi; Home kotoba.
ELOIGNER, *va.*	移ス。遠ザケル	Utsusu; Tōzakeru.
s'—, *vr.*	去ル。遠ザカル	Saru; Tōzakaru.
ELOQUENCE, *sf.*	能辯	Nō-ben.
ELOQUENT, E, *a.*	能辯ナル	Nō-ben naru.
ELU, E, *a.*	選マレタル	Eramaretaru.
EMAILLER, *va.*	玻璃質ノ物ヲ被セル	Ha-ri shitsu-no mo-no-wo kiseru.
EMBARQUER, *va.*	船積スル	Funa-tsumi suru.
s'—, *vr.*	出立スル。乗船スル	Shuttatsu suru; Jō-sen suru.
EMBARRAS, *sm.*	妨害。困却	Bō-gai; Samatage; Kon-kyaku.
EMBARRASSER, *va.*	妨ゲル。困ラセル	Samatageru; Koma-raseru.
EMBAUCHER, *va.*	雇フ	Yatou.
EMBELLIR, *va.*	奇麗ニスル	Kirei-ni suru.
EMBRASSEMENT, *sm.*	抱着	* Hō-chaku; Idaku koto.

EMBRASSER, *va.*	抱ク。口接スル	Idaku; Kō-setsu suru.
EMERVEILLER, *va.*	驚カシムル	Odorokashimuru.
— s,' *vr.*	驚ク	Odoroku.
EMIGRER, *vn.*	移住スル	I-jū suru.
EMINENT, E, *a.*	拔ンデタル。高キ	Nukindetaru; Taka-ki.
EMMENER, *va.*	導ク。伴フ	Michibiku; Tomo-nau.
EMOUVOIR, *va.*	動カス。感ゼシムル	Ugokasu; Kanzeshi-muru.
EMPARER, (s') *vr.*	奪フ。捕ヘル	Ubau; Toraeru.
EMPÊCHER. *va.*	妨害スル。妨ケル	Bō-gai suru; Sama-tageru.
EMPEREUR, *sm.*	帝	Tei.
EMPESER, *va.*	糊付ル	Nori tsukeru.
EMPESTER, *va.*	惡病ヲ傳染サスル。惡臭ヲ傳播スル	Aku-byō-wo den-sen saseru; Aku-shū-wo dempan suru.
EMPÊTRER, *va.*	妨ゲル。困ラセル	Samatageru; Koma-raseru.
EMPILER, *va.*	積重子ル	Tsumi-kasaneru.
EMPIRE, *sm.*	帝國。威權	Tei-koku; I-ken.
EMPLACEMENT, *sm.*	建築場。場邊	Ken-chiku-jō; Ba-sho.
EMPLIR, *va.*	充タス	Mitasu.

EMPLOI, *sm.*	用。職	Yō; Shoku.
EMPLOYER, *va.*	用ユル。使フ	Mochiyuru; Tsukau.
EMPOISONNER, *va.*	毒殺スル。毒ヲ入レル	Doku-satsu suru; Doku-wo ireru.
EMPORTER, *va.*	持行ク	Mochi-yuku.
s'— *vr.*	忿怒スル	Fun-do suru.
EMPREINTE, *sf.*	形。跡。判形	Kata; Ato; Han-gyō.
EMPRESSÉ, E, *a.*	急込ミタル。急ガシキ	Sekikomitaru; Iso-gashiki.
EMPRESSEMENT, *sm.*	急ク事。熱心	Isogu koto; Nes-shin.
EMPRESSER (s') de, *vr.*	急ク	Isogu.
EMPRUNT, *sm.*	借ルフ。借用	Kariru koto; Shaku-yō.
EMPRUNTER, *va.*	借リル	Kariru.
EMU, E, *a.*	感動シタル	Kan-dō shitaru.
EN, *pr.*	於テ。ニ	Oite; Ni.
EN, *pro.*	夫ニ付テ	Sore-ni tsuite.
ENCADRER, *va.*	緣ヲ付ル	Heri-wo tsukeru.
ENCAN, *sm.*	公賣。競賣	Kō-bai; Seri-uri.
ENCHAÎNER, *va.*	鎖ヲ付ル	Kusari-wo tsukeru.
s'— *vr.*	連續スル	Ken-zoku suru.
ENCHÂSSER, *va.*	嵌メル	Hameru.
ENCLIN, E, *a.*	傾ヒタル	Katamuitaru.

ENCLOS, *sm.*	圍イ地	Kakoi-chi.
ENCORE, *ad.*	猶。又	Nao ; Mata.
ENCOURAGER *va.*	奬勵スル	Shō-rei suru.
ENCRE, *sf.*	墨汁。墨	Sumi-shiru ; Sumi.
ENDORMIR, (s'), *vr.*	眠ル。睡ヲ催ス	Nemuru ; Nemuri-wo moyōsu.
ENDROIT, *sm.*	塲所	Basho.
ENDURER, *va.*	堪ヘル。忍ブ	Taeru ; Shinobu.
ENERGIE, *sf.*	勢力。氣力	Sei-ryoku ; Ki-ryoku.
ENERVER, *va.*	衰ヘシムル。弱ラス	Otoroeshimuru ; Yowarasu.
ENFANCE, *sf.*	幼年	Yō-nen.
ENFANT, *sm.*	小兒	Kodomo.
ENFANTER, *va.*	産ム	Umu.
ENFER, *sm.*	地獄	Ji-goku.
ENFERMER, *va.*	鎖ス。閉込メル	Tozasu ; Toji-kome-ru.
s'— *vr.*	閉籠モル	Toji-komoru.
ENFILER, *va.*	糸ヲ徹ス	Ito-wo tōsu.
ENFIN, *ad.*	終ニ	Tsui-ni.
ENFLAMMER, *va.*	燃ヤス	Moyasu.
ENFLER, *va.*	膨起スル	Bō-ki suru.
— *vn.*	膨レル。腫レル	Fukureru ; Hareru.
ENFONCER, *va.*	衝キ込ム。入レル	Tsuki-komu ; Ireru.
s'— *vr.*	沈ム。没スル	Shizumu ; Bossuru.
ENFOUIR, *va.*	埋メル	Uzumeru.

ENFOURNER, *va.*	竈ニ入レル	Kamado-ni ireru.
ENFUIR, (s') *vr.*	脱走スル。遁ルヽ	Dassō suru; Noga-ruru.
ENFUMER, *va.*	煙タクスル	Kemutaku suru.
ENGAGEMENT, *sm.*	抱ヘ入レルフ。約束。小戰	Kakae-ireru koto; Yakusoku; Shō-sen.
ENGAGER, *va.*	質ニ入レル。誘引スル。抱ヘ入レル。約スル	Shichi-ni ireru; Yū-in suru; Kakae-ireru; Yaku suru.
ENGENDRER, *va.*	生ズル	Shōzuru.
ENGLOUTIR, *va.*	嚥下ス	Nomi-kudasu.
ENGOURDIR, *va.*	感覺ヲ失ハス。鈍クスル	Kan-kaku-wo ushi-nawasu; Nibuku suru.
ENGRAIS, *sm.*	肥料	Koyashi.
ENGRAISSER, *va.*	肥ス	Koyasu.
ENHARDIR, *va.*	大膽ニスル	Dai-tan-ni suru.
s' — *vr.*	大膽ニナル	Dai-tan-ni naru.
ENIVRER, *va.*	酩酊サセル。醉ハセル	Mei-tei saseru; Yo-waseru.
s' — *vr.*	醉フ	You.
ENIGME, *sf.*	謎	Nazo.
ENJAMBER, *va.*	跨ギ越ユル	Matagi-koeru.
— *vn.*	大股ニ歩行スル	Ō-mata-ni aruku.
ENJOLIVER, *va.*	飾リ立ル	Kazari-tateru.

ENJOUÉ, E, *a.*	愉快ナル。面白キ	Yu-kwai naru; Omoshiroki.
ENJOUEMENT, *sm.*	愉快。面白キ事	Yu-kwai; Omoshiroki koto.
ENLEVER, *va.*	取上ル。奪フ。取除ク	Tori-ageru; Ubau; Tori-nozoku
ENNEMI, E, *sm. f.*	敵	Teki.
— *a.*	反對ノ	Hantai-no.
ENNUI, *sm.*	退屈。憂欝。疲勞	Tai-kutsu; Yū-utsu; Hi-rō.
ENNUYER, *va.*	退屈サセル。疲勞サセル	Tai-kutsu saseru; Hi-rō saseru.
s'—, *vr.*	退屈スル。疲勞スル	Tai-kutsu suru; Hi-rō suru.
ENONCER, *va.*	言現ハス	Ii-arawasu.
ENORME, *a.*	廣大ナル	Kō-dai naru.
ENQUÊTE, *sf.*	證人尋問	Shō-nin jin-mon.
ENRACINER, *va.*	根ヲ生ヤス	Ne-wo hayasu.
s'—, *vr,*	根ガ生ヘル	Ne-ga haeru.
ENRICHIR, *va.*	富マス	Tomasu.
s'—, *vr.*	富ム	Tomu.
ENSEIGNER, *va.*	教育スル。示諭ス	Kyō-iku suru; Oshieru; * Shi-yu su.
ENSEMBLE, *ad.*	一所ニ	Issho-ni.
ENSEMENCER, *va.*	蒔ク	Tane maku.
ENSEVELIR, *va.*	埋メル。蓋フ	Umeru; Ōu.
s'— *vr.*	沈ム	Shizumu.

ENSUITE, *ad.*	其後	Sono nochi.
ENTASSER, *va.*	聚メル。聚積スル	Atsumeru; Shū-seki suru.
ENTENDRE, *va.*	聽ク。會得スル	Kiku; Etoku suru.
ENTERRER, *va.*	埋メル	Uzumeru.
ENTHOUSIASME, *sm.*	感動 熱心	Kandō; Nesshin.
ENTHOUSIASMER, *va.*	感動サセル。熱心サセル	Kan-dō saseru; Nesshin saseru.
ENTIER, E, *a.*	全キ	Mattaki.
ENTIÈREMENT, *ad.*	全ク	Mattaku.
ENTONNOIR, *sm.*	漏斗	Jō-go.
ENTORTILLER, *va.*	卷キ付ケル	Maki-tsukeru.
ENTOURER, *va.*	圍繞スル	*I-jō suru; Tori-mawasu.
ENTRAILLES, *sf. pl.*	腸	Harawata.
ENTRAÎNER, *va.*	引ク。引摺ル	Hiku; Hiki-zuru.
ENTRAVER, *va.*	足械ヲ入レル。妨ゲル	Ashi-kase-wo ireru; Samatageru.
ENTRE, *pr.*	間。中ニ	Aida; Uchi-ni.
ENTRÉE, *sf.*	入リ口。初メ	Iri-guchi; Hajime.
ENTRE-MÊLER, *va.*	攪和スル。混ズル	Kaku-wa suru; Kon-zuru.
s'—, *vr.*	雜ジル。加ハル。關係スル	Majiru; Kuwawaru; Kwan-kei suru.
ENTREPRENDRE, *va.*	企ツル。起作スル	Kuwadatsuru; Ki-saku suru.
ENTREPRISE, *sf.*	企。起作	Kwadate; Ki-saku.

ENTRER, *vn.*	入ル	Iru.
ENTRETENIR, *va.*	維持スル	I-ji suru.
ENTRETIEN, *sm.*	維持	I-ji.
ENTREVOIR, *va.*	不十分ニ見ル。瞥見スル	Fu-jū-bun-ni miru; Bekken suru.
ENTREVUE, *sm.*	會合。應接	Kwai-gō; Ō-setsu.
ENVELOPPE, *sf.*	蓋。狀袋	Ōi; Jō-bukuro.
ENVELOPPER, *va.*	包ム。蓋フ。圍ム	Tsutsumu; Ōu; Kakomu.
ENVI, (à l'), *ad.*	相競テ	Ai-kisōte.
ENVIE, *sf.*	希望。嫉ミ。人ノ善事ニ付テ憂ルフ	Ki-bō; Sonemi; Hito-no zen-ji-ni tsuite uryōru koto.
Porter —,	善事ヲ希望スル。嫉ム	Zen-ji-wo ki-bō suru; Sonemu.
ENVERS, *pr.*	方ニ。…ニ向テ	Hō-ni; … ni mukatte.
ENVIER, *va.*	人ノ利益ニ付テ悲ム。嫉ム。欲スル	Hito-no ri-eki-ni tsuite kanashimu; Sonemu; Hossuru.
ENVIEUX, SE, *a.*	望ミタル。熱望ナル	Nozomitaru; Netsu-bō naru.
ENVIRON, *ad.*	大約	Ō-yoso,
ENVIRONS, *sm. pl.*	近隣	Kin-rin.
ENVIRONNER, *va.*	圍繞スル。取リ巻ク	I-jō suru; Tori-maku.

Envoler, (s') *vr.*	飛去ル	Tobi-saru.
Envoyer, *va.*	送ル。遣ハス	Okuru; Tsukawasu.
Epagneul, *sm.*	西班牙種ノ長キ毛アル犬	Ispania-dane-no na-gaki ke aru inu.
Epais, se, *a.*	厚キ	Atsuki.
Epaissir, *va.*	厚クスル	Atsuku suru.
Epamprer, *va.*	葡萄ノ惡葉ヲ取ル	Bu-dō-no waru ha wo toru.
Epanouir (s'), *vr.*	開ク	Hiraku.
Epargner, *va.*	儉約スル	Ken-yaku suru.
Epars, se, *a.*	此處彼處ニ廣ガリタル。此處彼處ニ散リタル	Koko kashiko-ni hi-rogaritaru; Ko-ko kashiko-ni chi-ritaru.
Epaule, *sf.*	肩。脇	Kata; Waki.
Epée, *sf.*	劍	Ken.
Epervier, *sm.*	鷹ノ一種。投網	Taka-no isshu; Na-ge-ami.
Epi, *sm.*	穀類ノ穗	Koku-rui-no ho.
Epice, *sf.*	香味	Kō-mi.
Epicier, e, *sm.f.*	香味ヲ小賣スル人	Kō-mi-wo ko-uri su-ru hito.
Epine, *sf.*	刺アル木。刺	Toge-aru ki; Toge.
Epineux, se, *a.*	刺アル	Toge-aru.
Epingle, *sf.*	留針	Tome-bari.
Episcopal, e, *a.*	僧正ノ	Sō-jō-no.
Epoque, *sf.*	時代。期限	Ji-dai; Ki-gen.

ÉPOUSER, *va.*	婚姻スル	Kon-in suru.
ÉPOUVANTER, *va.*	驚怖サセル	Kyō-fu saseru.
ÉPOUX, SE, *sm. f.*	夫婦。夫。妻	Fū-fu; Otto; T'su ma.
ÉPROUVER, *va.*	試ミル。吟味スル。感ズル	Kokoromiru; Gimmi suru; Kanzuru.
— de la joie.	愉快ヲ感ズル	Yu-kwai-wo kanzuru.
ÉPREUVE, *sf.*	吟味。試ミ。校正刷リ	Gimmi; Kokoromi; Kō-sei zuri.
ÉPUISER, *va.*	汲盡ス。費ヤス	Kumi-tsukusu; T'suiyasu.
ÉQUATEUR, *sm.*	赤道	Seki-dō.
ÉQUIPAGE, *sm.*	乗組人。供ノ人及ビ車馬	Nori-kumi nin; Tomo-no hito oyobi sha-ba.
ÉQUITABLE, *a.*	公平ナル	Kō-hei naru.
ÉRABLE, *sm.*	楓樹	Momiji.
ÉRIGER, *va.*	建立スル	Kon-ryū suru; Tateru.
ERRANT, E, *a.*	徘徊シタル	Hai-kwai shitaru.
ERRER, *vn.*	徘徊スル。誤ル。迷フ	Hai-kwai suru; Ayamaru; Mayou.
ERREUR, *sf.*	過失。間違ヒ。迷ヒ	Kwa-shitsu; Machigai; Mayoi.
ÉRUDITION, *sf.*	博學	Haku-gaku.

Eruption, *sf.*	噴火	Fun-kwa.
Escalader, *va.*	乗越ス	Nori-kosu.
Escalier, *sm.*	梯子	Hashi-go.
Escamoter, *va.*	手品スル	Te-jina suru.
Escamoteur, *sm.*	手品師	Te-jina shi.
Escarpé, e, *a.*	懍シキ。聳ヘタル	Kewashiki; Sobie-taru.
Esclavage, *sm.*	奴隷ノ勤メ	Do-rei-no tsutome.
Esclave, *sm. f.*	奴隷	Do-rei.
Espace, *sm.*	間。空	Aida; Kū.
Espèce, *sf.*	種類	Shū-rui.
Espérance, *sf.*	希望	Ki-bō.
Espérer, *va.*	希望スル	Ki-bō suru.
Espiègle, *sm.*	徒ラスル人	Itazura suru hito.
—. *a.*	理發ナル	Ri-hatsu naru.
Espoir, *sm.*	希望	Ki-bō.
Esprit, *sm.*	精神。才智。魂魄	Sei-shin; Sai-chi Kompaku.
Esquisse, *sf.*	下画。雛形。圖取	Shita-e; Hina-gata; Zu-dori.
Esquiver, *va.*	巧ニ避ル	Takumi-ni sakeru.
s'—, *vr.*	巧ニ遁ル	Takumi-ni nigeru.
Essai, *sm.*	試ミ	Tameshi; Kokoro-mi.
Essayer, *va.*	試ミル。企ル	Kokoromiru; Kuwa-dateru.
Essor, *sm.*	飛揚。進步	Hi-yō; Shimpo.

ESSOUFFLER, *va.*	息ガ切レソ━ニス ル	Iki-ga kire sō-ni su-ru.
EST, *sm.*	東	Higashi.
ESTAMPE, *sf.*	版影	Hau-ei.
ESTIMABLE, *a.*	尊ブベキ。價アル	Tattoun beki; Atai-aru.
ESTIME, *sf.*	尊敬。計算	Son-kei; Kei-san.
ESTIMER, *va.*	尊敬スル。計算ス ル	Son-kei suru; Kei-san suru.
ESTOMAC, *sm.*	胃	I.
ETABLIR, *va.*	立ル。定メル。片付 ル。顯ハス	Tateru; Sadame-ru; Kata-tsuke-ru; Arawasu.
ETABLISSEMENT, *sm.*	建物。建ルコ	Tate-mono; Tateru koto.
ETAIN, *sm.*	錫。盤陀	Suzu; Handa.
ETALER, *va.*	商品ヲ店ニ排列ス ル	Shō-hin-wo mise-ni naraberu.
ETAMER, *va.*	錫ヲ布ク	Suzu-wo hiku.
ETANCHER, *va.*	流レヲ止メル	Nagare-wo todome-ru.
ETANG, *sm.*	池	Ike.
ETAT, *sm.*	國。政府。有樣。目 錄	Kuni; Sei-fu; Ari-sama; Moku-ro-ku.
ETÉ, *sm.*	夏	Natsu.
ETEINDRE, *va.*	消ス	Kesu.

Etendre, *va.*	擴ゲル。延バス	Hirogeru; Nobasu.
Etendue, *sf.*	廣サ	Hirosa.
Eternel, le, *a.*	永久ノ	Ei-kyū-no.
Etinceler, *vn.*	輝ク	Kagayaku.
Etincelle, *sf.*	火花。光輝	Hi-bana; Kō-ki.
Etiquette, *sf.*	銘札。儀式	Mei-satsu; Gi-shiki.
Etoffe, *sf.*	織物	Ori-mono.
Etoile, *sf.*	星	Hoshi.
Etonnant, e, *a.*	驚クベキ	Odoroku beki.
Etonnement, *sm.*	驚駭	Kei-gai; Odoroki.
Etonner, *va.*	驚カス	Odorokasu.
s'—, *vr.*	驚ク	Odoroku.
Etouffer, *va.*	閉塞スル。呼吸ヲ止メル	Hei-soku suru; Ko-kyū-wo tomeru.
Etourderie, *sf.*	粗忽	So-kotsu.
Etourdi, e, *a.*	粗忽ナル。不注意ナル	So-kotsu naru; Fu-chūi naru.
Etourdiment, *ad.*	粗忽ニ	So-kotsu-ni.
Etrange, *a.*	奇怪ナル	Ki-kwai naru.
Etrangement, *ad.*	奇怪ニ	Ki-kwai-ni.
Etranger, e, *s.*	外國人	Gwai-koku-jin.
— *a.*	外國ノ	Gwai-koku-no.
Etrangler, *va.*	咽ヲシメル	Nodo-wo shimeru.
Etre, *vn.*	アル。存スル	Aru; Son suru.
Etre, *sm.*	存在	Son-zai.
Etrenne, *sf.*	初賣リ。年玉	Hatsu-uri; Toshi-dama.

Étriller, *va.*	馬ヲ梳ル	Uma-wo kushikezu-ru.
Étroit, e, *a.*	狹キ	Semaki.
Étroitement, *ad.*	狹ク	Semaku.
Étude, *sf.*	學問。勉强	Gaku-mon; Ben-kyō.
Étudiant, *sm.*	學生。	Gaku-sei.
Étudier, *va.*	勉强スル。學問スル.習フ	Ben-kyō suru; Ga-ku-mon suru; Na-rau.
Évanouissement, *sm.*	失氣。失踪	Shikki; Shissō.
Évasion, *sf.*	脫去。逃レルコ	Dakkyo; Nogareru koto.
Éveiller, *va.*	起ス。覺ス	Okosu; Samasu.
Événement, *sm.*	出來事。成果	Deki-goto; Sei-kwa.
Éventail, *sm.*	扇子。團扇	Ōgi; Uchiwa.
Évêque, *sm.*	高位ノ僧官。僧正	Kō-i-no sō-kwan; Sō-jō.
Évidemment, *ad.*	明白ニ。勿論	Mei-haku-ni; Mo-chiron.
Évident, e, *a.*	明白ナル。勿論ノ	Mei-haku naru; Mo-chiron-no.
Éviter, *va.*	避ル	Sakeru.
Exact, e, *a.*	精密ナル。正シキ	Sei-mitsu naru; Ta-dashiki.

Exactement, *ad.*	精密ニ。正シク	Sei-mitsu-ni; Tadashiku.
Exactitude, *sf.*	精密。正當	Sei-mitsu; Sei-tō.
Examen, *sm.*	驗査。試驗	Ken-sa; Shi-ken.
Examiner, *va.*	驗査スル。試驗スル	Ken-sa suru; Shi-ken suru.
Excéder, *va.*	過ル。越ス	Suguru; Kosu.
Excellence, *sf.*	秀デタルフ。閣下	Hiidetaru koto; Kakka.
Excellent, e, *a.*	秀デタル	Hiidetaru.
Excepter, *va.*	取除ク	Tori-nozoku.
Exception, *sf.*	取除ケ。例外	Tori-noke; Rei-gwai.
Excès, *sm.*	過度。過分	Kwa-do; Kwa-bun.
Excessif, ve, *a.*	過度ノ	Kwa-do-no.
Exciter, *va.*	勵マス	Hagemasu.
Excuse, *sf.*	免許。詫言。言譯	Men-kyo; Daku-gen; Ii-wake.
Exécuter, *va.*	施行スル。成就スル。死罪ニスル	Shi-kō suru; Jō-ju suru; Shi-zai-ni suru.
Exécution, *sf.*	執行。成就。死罪	Shikkō; Jō-ju; Shi-zai.
Lieu d'—	處刑場	Shi-oki-ba.
Exemple, *sm.*	例。手本	Rei; Te-hon.
Exempt, e, *a.*	自由ナル。免レタル	Ji-yū naru; Manu-karetaru.

EXEMPTER, *va.*	免ズル	Menzuru.
EXERCER, *va.*	調練サセル。行フ 熟練サセル	Chō-ren saseru; Okonau; Juku-ren saseru.
s'—, *vr.*	調練スル。熟練スル	Chō-ren suru; Ju-ku-ren suru.
EXERCICE, *sf.*	調練。温習	Chō-ren; On-shū.
EXHALAISON, *sf.*	蒸發氣	Jō-hakki.
EXHALATION, *sf.*	蒸發	Jō-hatsu.
EXHALER, *va.*	蒸發サセル	Jō-hatsu saseru.
s'—, *vr.*	蒸發スル	Jō-hatsu suru.
EXHORTATION, *sf.*	奬勵ニ係ル演說	Shō-rei-ni kakaru en-zetsu.
EXHORTER, *va.*	勵マス。諫メル。勸メル	Hagemasu; Isame-ru; Susumeru.
EXIGER, *va.*	請求スル	Sei-kyū suru.
EXILER, *va.*	國拂ニスル	Kuni-barai-ni suru.
EXISTER, *va.*	存在スル	Son-zai suru.
EXORBITANT, E, *a.*	法外ナル。度外ノ	Hō-gwai naru; Do-gwai-no.
EXPATRIER, (s') *vr.*	國ヲ去ル	Kuni-wo saru.
EXPÉRIENCE, *sf.*	試驗。經驗	Shi-ken; Kei-ken.
EXPÉRIMENTÉ, E, *a.*	經驗ニ富ミタル。熟練シタル	Kei-ken-ni tomita-ru; Juku-ren shi-taru.
EXPERT, *sm.*	鑑定人	Kan-tei-nin.
EXPERTISE, *sf.*	鑑定	Kan-tei.

EXPIER, va.	刑ニ因テ罪科ヲ償フ	Kei-ni yotte zai-kwa-wo tsukunau.
EXPIRER, vn.	死スル。盡ル。終ル	Shi suru; Tsukuru; Owaru.
—, va.	息ヲ吹キ出ス	Iki-wo fuki-idasu.
EXPLIQUER, va.	說明スル。理解セシムル	Setsu-mei suru; Ri-kai seshimuru.
EXPLOITER, va.	耕作スル。鑿ツ。開拓スル	Kō-saku suru: Uga-tsu; Kai-taku su-ru.
EXPOSER, va,	露ハス。知ラシムル。晒ス	Arawasu; Shira-shimuru; Sarasu
EXPRÈS, ad.	態ニ	Waza-ni.
EXPRÈS, SE, a.	俉乎タル	Kakko taru.
EXPRESSÉMENT, ad.	明白ニ。態ニ。礁乎トシテ	Mei-haku-ni; Wa-za-ni; Kakka to shite.
EXPRIMER, va.	辯明スル。壓搾スル	Ben-mei suru; As-saku suru.
EXQUIS, E, a.	結搆ナル。秀デタル	Kekkō naru; Hiide-taru.
EXTASIER, (s') vr.	感喜スル	Kan-ki suru.
EXTÉNUER, va.	衰弱サスル	Sui-jaku sasuru.
EXTÉRIEUR, E, a.	外面ノ。外部ノ	Gwai-men-no; Gwai-bu-no.
EXTÉRIEUR, sm.	外面。外部	Gwai-men; Gwai-bu.

EXTÉRIEUREMENT, ad.	外面ニ	Gwai-men-ni.
EXTERMINER, va.	全滅サスル	Zen-metsu sasuru.
EXTINCTION, sf.	消滅	Shō-metsu.
EXTORQUER, va.	嚇得スル	Kaku-toku suru.
EXTRAORDINAIRE, a.	非常ノ。不思議ナル	Hi-jō-no; Fu-shi-gi naru.
EXTRAORDINAIRE-MENT, ad.	非常ニ。不思議ニ	Hi-jō-ni; Fu-shi-gi-ni.
EXTRÊME, a.	至極ノ	Shi-goku-no.
EXTRÊMEMENT, ad.	至極ニ	Shi-goku-ni.
EXTRÉMITÉ, sf.	極點、端、危篤	Kyoku-ten; Hashi; Kitoku.
EXUBÉRANT, E, a.	豐カナル	Yutaka naru.

F.

FABLE, sf.	小說。造咄	Shō-setsu; Tsuku-ri-banashi.
FABRICANT, sm.	製造人	Sei-zō-nin.
FABRICATION, sf.	製造	Sei-zō.
FABRIQUE, sf.	製造塲	Sei-zō-ba.
FABRIQUER, va.	製造スル	Sei-zō suru.
FACE, sf.	顏。容貌。方角	Kao; Yō-bō; Hō-gaku.

En —, *loc. adv.*	向ツテ	Mukatte.
FÂCHÉ, E, *a.*	怒リタル。不満足ノ	Ikaritaru ; Fu-man-zoku-no.
FÂCHER, *va.*	怒ラセル。不満足サセル	Ikaraseru ; Fu-man-zoku saseru.
Se —, *vr.*	怒ル	Ikaru.
FÂCHEUX, *sm.*	困ラセル人	Komaraseru hito.
—, *a.*	悲ムベキ	Kanashimu beki.
FACILE, *a.*	容易ナル	Tayasuki.
FACILEMENT, *ad.*	容易ク	Tayasuku.
FACILITÉ, *sf.*	容易キコ	Tayasuki koto.
FACTEUR, *sm.*	製造人。配達夫	Sei-zō nin ; Hai-ta-tsu-fu.
FAÇON, *sf,*	仕方	Shi-kata.
—, *sf. pl.*	遠慮	En-ryo.
FAÇONNER, *va.*	形作ル。馴ラス	Katachi-zukuru ; Narasu.
FACULTÉ, *sf.*	才能。權能	Sai-nō ; Ken-nō.
FAGOT, *sm.*	束	Taba.
FAIBLE, *a.*	弱キ。不充分ナル	Yowaki ; Fu-jūbun naru.
FAIBLEMENT, *ad.*	弱ク。不充分ニ	Yowaku ; Fu-jūbun-ni.
FAIBLESSE, *sf.*	弱サ	Yowasa.
FAÏENCE, *sf.*	陶器	Tō-ki.
FAIM, *sf.*	飢	Ue.
FAIRE, *va.*	成ス。爲ス	Nasu ; Suru.

FAIT, *sm.*	仕業。事實	Shiwaza ; Ji-jitsu.
Voies de —.	暴行	Bō-kō.
FALLOIR, *v. unip.*	要スル	Yō suru.
FALSIFICATEUR, *sm.*	變造者	Hen-zō-sha.
FALSIFICATION, *sf.*	變造	Hen-zō.
FAMEUX, SE, *a.*	名高キ	Na-dakaki.
FAMILIARITÉ, *sf.*	親和	Shin-wa; Najimi.
FAMILLE, *sf.*	眷屬。親類	Ken-zoku ; Shin-rui.
FAMINE, *sf.*	飢饉	Ki-kin.
FANFAN, *sm.*	小兒	Kodomo.
FANTAISIE, *sf.*	氣儘。想像	Ki-mama ; Sō-zō.
FANTÔME, *sm.*	幽靈。妖怪	Yū-rei ; Yō-kwai.
FARDEAU, *sm.*	荷物。積荷	Ni-motsu ; Tsumi-ni.
FARINE, *sf.*	粉（穀物ノ）	Kona (Koku-motsu-no.)
FAROUCHE, *a.*	馴レザル。荒キ	Narezaru ; Araki.
FASTE, *sm.*	華美。飾	Kwa-bi ; Kazari.
FATAL, E, *a.*	宿命ノ。不幸ナル	Shuku-mei-no ; Fu-kō naru.
FATIGANT, E, *a.*	疲ル可キ	Tsukaru beki.
FATIGUE, *sf.*	疲勞	Hi-rō ; Tsukare.
FATIGUER, *va.*	疲ラス	Tsukarasu.
FAUBOURG, *sm.*	郭外。町ハヅレ	Kwaku-gwai ; Ma-chi-hazure.
FAUCHER, *va.*	刈ル	Karu.

Faucille, *sf.*	鎌	Kama.
Faucon, *sm.*	鶻	Taka.
Fauve, *a.*	赤鳶色ノ	Aka-tobi iro-no.
Faux, sse, *a.*	詐リノ。欺キノ	Itsuwari-no; Aza-muki-no.
—, *sm.*	欺造	Gi-zō.
S'inscrire en —	欺造ヲ訴ル	Gi-zō-wo uttaeru.
Faux-fuyant, *sm.*	言ヒ抜ケ	Ii-nuke.
Faveur, *sf.*	惠。信切	Megumi; Shin-se-tsu.
En —, *loc. prép.*	爲メ二	Tame-ni.
A la —,	爲メ二	Tame-ni.
Favorable, *a.*	惠アル。都合ヨキ	Megumi aru; Tsu-gō yoki.
Favorablement, *ad.*	惠ニテ。信切二。都合ヨク	Megumi nite; Shin-setsu-ni; Tsu-gō yoku.
Favori, te, *a.*	惠マレタル	Megumaretaru.
—, *sm. f.*	寵人	Chō-jin.
Favoriser, *va.*	惠ム。庇護スル。深切ニスル	Megumu; Hi-go suru; Shin-setsu-ni suru.
Fécond, e, *a.*	豐饒ナル。富タル	Hō-jō naru; Tomi-taru.
Fécondité, *sf.*	豐饒	Hō-jō.
Fédération, *sf.*	聯邦	Rempō.
Feindre, *va.*	…ノ振リヲスル	…no furi-wo suru.

—, *va.*	詐ル	Itsuwaru.
FÉLICITÉ, *sf.*	最上ノ幸福	Sai-jō-no kō-fuku.
FÉLICITER, *va.*	祝スル	Shuku suru.
Se —, *vr.*	喜ブ	Yorokobu.
FEMELLE, *sf.*	牝	Me.
FEMME, *sf.*	婦人。妻	Fu-jin ; Sai.
FENDRE, *va.*	割ル。割リ通ス	Waru ; Wari-tōsu.
FENÊTRE, *sf.*	窓	Mado.
FENTE, *sf.*	割レ目	Ware-me.
FÉODALITÉ, *sf.*	封建	Hō-ken.
FER, *sm.*	鉄。鏝。武器	Tetsu ; Kote ; Bu-ki.
FERS, *sm. pl.*	鏈。獄舎。奴隷	Kusari ; Goku-sha ; Do-rei.
FERME, *sf.*	賃地。賃地人ノ家。小作地。小作人ノ家	Chin-chi ; Chin-chi nin-no iye ; Ko-saku-chi ; Ko-saku nin-no iye.
FERME, *a.*	固キ。強キ	Kataki ; Tsuyoki.
FERME, *ad.*	固ク。強ク	Kataku ; Tsuyoku.
FERMENT, *sm.*	麴	Kōji.
FERMENTATION, *sf.*	沸騰	Futtō.
FERMENTER, *vn.*	沸騰スル	Futtō suru.
FERMER, *va.*	閉ル。塞ク	Tozuru ; Fusagu.
FERMETÉ, *sf.*	竪トシタルフ。堅固ナルフ。勇氣	Shika-to shitaru ko-to ; Ken-go naru koto ; Yū-ki.

FERMIER, E, *sm. f.*	賃地人。小作人。事業ノ賃傭人	Chin-chi nin; Ko-saku nin; Ji-gyō-no chin-yō nin.
— général.	收稅ノ受負人	Shū-zei-no uke-oi nin.
FÉROCE, *a.*	荒キ。殘酷ナル。野蠻ナル	Araki; Zan-koku naru; Ya-ban na-ru.
FÉROCITÉ, *sf.*	猛惡。殘酷。野蠻	Mō-aku; Zan-koku; Ya-ban.
FERREMENT, *sm.*	金物	Kana-mono.
FERRUGINEUX, SE, *a.*	鐵氣ヲ合ミタル	Tekki-wo fukumita-ru.
FERRURE, *sf.*	金物	Kana-mono.
FERTILE, *a.*	豐饒ナル。實ルベキ	Hō-jō naru; Mino-ru beki.
FERTILITÉ, *sf.*	豐饒。潤澤	Hō-jō; Jun-taku.
FERVENT, E, *a.*	宗旨ニ熱心ナル	Shū-shi-ni nesshin naru.
FESTIN, *sm.*	立派ナル馳走	Rippa naru chisō.
FÊTE, *sf.*	祭日。祝日	Sai-jitsu; Shuku-jitsu.
FÉTU, *sm.*	藁屑	Wara-kuzu.
FEU, *sm.*	火。火事。熱心	Hi; Kwaji; Nesshin.
FEUILLAGE, *sm.*	木ノ總体ノ葉	Ki-no sō-tai-no ha.
FEUILLE, *sf.*	葉。一枚	Ha; Ichi-mai.
FÈVE, *sf.*	蠶豆	Sora-mame.

FICELLE, *sf.*	細キ繩又ハ綱	Hosoki nawa mata-wa tsuna.
FICTION, *sf.*	小說物。想像。假定	Shō-setsu mono; Sō-zō; Ka-tei.
FIDÈLE, *a.*	忠實ナル	Chū-jitsu naru.
— *sm.*	信仰者	Shin-kō sha.
FIDÉLITÉ, *sf.*	忠實	Chū-jitsu.
FIDÈLEMENT, *ad.*	忠實ニ	Chū-jitsu-ni.
FIEF, *sm.*	判領地	Han-ryō chi.
FIER, *va.*	委子ル	Yudaneru.
Se —, *vr.*	任カセル。信ズル	Makaseru; Shinzuru.
FIER, E, *a.*	高ブリタル。押柄ナル	Takaburitaru; Ō-hei naru.
FIÈREMENT, *ad.*	高ブリテ。見下ゲテ	Takaburite; Mi-sagete.
FIÈVRE, *sf.*	熱病。瘧	Netsu-byō; Gyaku.
FIGUE, *sf.*	無花菓	Ichijiku.
FIGURE, *sf.*	形像。顏色。顏。形容。圖	Kei-zō; Gan-shoku; Kao; Kei-yō; Zu.
FIGURER, *va.*	顯ハス。形容スル	Arawasu; Kei-yō suru.
Se — *vr.*	想像スル。思フ	Sō-zō suru; Omou.
FIL, *sm.*	糸。續キ	Ito; Tsuzuki.
FILASSE, *sf.*	麻屑	Asa-kuzu.
FILER, *va.*	紡ムグ。引延バス	Tsumugu; Hiki-no-basu.

FILLE, *sf.*	娘	Musume.
Jeune —	處女	Sho-jo.
FILS, *sm.*	子息	Musuko.
FIN, *sf.*	終リ。目的	Owari; Moku-teki.
FIN, E, *a.*	結構ナル。細キ。狡猾ナル	Kekkō naru; Hoso-ki; Kō-katsu na-ru.
FINANCES, *sm. pl.*	財政。會計	Zai-sei; Kwai-kei.
FINANCIER, *sm.*	會計掛。財政家	Kwai-kei-gakari; Zai-sei-ka.
FINESSE, *sf.*	結構。細キフ。狡猾	Kekkō; Hosoki ko-to; Kō-katsu.
FINIR, *va.*	終ル。遂ル	Owaru; Togeru.
FIOLE, *sf.*	小キ德利	Chiisaki tokuri.
FISCAL, *a.*	國庫ノ	Kokko-no.
FIXE, *a.*	極リタル。睆トシタル	Kimaritaru; Shika-to shitaru.
FIXEMENT, *ad.*	睆ト。極メテ	Shika to; Kimete.
FIXER, *va.*	極メル。定メル	Kimeru; Sadameru.
FLAGRANT, E, *a.*	現行ノ	Gen-kō-no.
— délit.	現行犯	Genkō-han.
FLAIRER, *va.*	臭ギ附ル	Kagi-tsukeru.
FLAMBEAU, *sm.*	手燭	Te-shoku.
FLAMME, *sf.*	焰	Honō.
FLATTER, *va.*	追從ヲ云フ。非常ニ譽ムル。愛撫スル	Tsui-shō-wo iu; Hi-jō-ni homuru; Ai-bu suru.

Se —, *vr.*	自負スル。誤解スル	Ji-fu suru; Go-kai-suru.
FLATTERIE, *sf.*	追從ヲ云フコ。諂ヒ	Tsui-shō-wo iu ko-to; Hetsurai.
FLATTEUR, SE, *sm.*	追從ヲ云フ人。諂人	Tsui-shō-wo iu hito; Hetsurai nin.
FLÉAU, *sm.*	連枷。秤竿。禍	Kara-sao; Hyō-kan; Wazawai.
FLÈCHE, *sf.*	矢	Ya.
FLÉCHIR, *va.*	曲ゲル。屈スル。和ゲル(怒リヲ)	Mageru; Kussu-ru; Yawarageru (Ikari-wo).
— *vn.*	曲ガル。屈ル	Magaru; Soru.
FLEUR, *sf.*	花	Hana.
FLEURET, *sm.*	劍	Ken.
FLEURIR, *vn.*	花咲ク。繁榮スル	Hana-saku; Han-ei suru.
FLEUVE, *sm.*	大河。河	Ōkawa; Kawa.
FLEXIBLE, *a.*	曲リ易キ	Magari-yasuki.
FLEXIBILITÉ, *sf.*	曲リ易キコ	Magari-yasuki koto.
FLORISSANT, E, *a.*	繁榮ナル	Han-ei naru.
FLOTTE, *sf.*	船隊。艦隊	Sen-tai; Kan-tai.
FLOTTER, *vn.*	浮ブ	Ukabu.
FLUIDE, *a.*	流体ノ。液体ノ	Ryū-tai-no; Eki-tai-no.
— *sm.*	液体。流体	Eki-tai; Ryū-tai.
FLÛTE, *sf.*	笛	Fue.

Foi, *sf.*	信用。信實	Shin-yō; Shin-jitsu.
Mauvaise —.	不信實	Fu-shin-jitsu.
Foin, *sm.*	秣	Magusa.
Fois, *sf.*	度	Tabi.
Une fois, deux —.	一度。二度	Ichi-do; Ni-do.
Une autre —.	他ノトキ	Ta-no toki.
Folâtrer, *vn.*	遊ブ。戲ル丶	Asobu; Tawamuru-ru.
Folie, *sf.*	狂氣	Kyō-ki.
Fonction, *sf.*	職業。勤メ。役	Shoku-gyō; Tsuto-me; Yaku.
Fonctionnaire, *sm.*	役人	Yaku nin.
Fond, *sm.*	底。基礎	Soko; Ki-so.
A —, *loc. ad.*	全ク	Mattaku.
Fondateur, trice, *sm. f.*	設立人。發起人	Setsu-ritsu nin; Hokki nin.
Fondement, *sm.*	基礎。土臺。礎石	Ki-so; Do-dai; So-seki.
Fonder, *va.*	設立スル。礎ヲ置ク。發起スル	Setsu-ritsu suru; Ishizue-wo oku; Hokki suru.
Fondre, *va.*	鎔カス。鑄ル。合併サセル	Tokasu; Iru; Gap-pei saseru.
— *vn.*	融解スル。飛掛カル	Tokeru; Tobi-kaka-ru.
Fonds, *sm.*	土地。資本。商家	To-chi; Shi-hon; Shō-ka.
A fonds perdu.	終身年金ノ資本トシテ	Shū-shin nenkin-no shi-hon to shite.

FONTAINE, *sf.*	泉	Izumi.
FORCE, *sf.*	勢力。力	Sei-ryoku; Chikara.
A — de,	……ノ爲メニ	……no tame-ni.
FORCE MAJEURE,	抗拒スベカラザル事故	Kō-kyo subekara-zaru jiko.
FORCER, *va.*	餘義ナクスル。破ル	Yo-gi-naku suru; Yaburu.
FORÊT, *sf.*	森	Mori.
FORGER, *va.*	鍛フ。造ル。發明スル	Kitau; Tsukuru; Hatsu-mei suru.
FORME, *sf.*	形容。方式	Kei-yō; Hō-shiki.
FORMEL, LE, *a.*	精密ナル。明カナル。適法ナル	Sei-mitsu naru; Akiraka naru; Teki-hō naru.
FORMELLEMENT, *ad.*	明カニ。適法ニ	Akiraka-ni; Teki-hō-ni.
FORMER, *va.*	形作ル。爲ス。組成スル	Katachi-zukuru; Nasu; So-sei suru.
FORT, E, *a.*	強キ	Tsuyoki.
FORT, *sm.*	臺塲	Dai-ba.
FORT, *ad.*	甚ダ。多ク。強ク	Hanahada; Ōku; Tsuyoku.
FORTEMENT, *ad.*	堅固ニ。強ク	Ken-go-ni; Tsuyo-ku.
FORTERESSE, *sf.*	砦	Toride.
FORTIFIER, *va.*	砦ニテ堅固ニスル。強メル	Toride nite ken-go-ni suru; Tsuyo-meru.

FORTUNE, *sf.*	運命。資産	Un-mei ; Shi-san.
FORTUNÉ, E, *a.*	幸運ナル。富タル	Kō-un naru ; Tomi-taru.
FOSSÉ, *sm.*	溝。堀	Mizo ; Hori.
FOU, FOL, LE, *a.*	愚ナル。亂心シタル	Gu naru; Ran-shin-shitaru.
FOUDRE, *sf.*	電。雷火。雷	Inabikari ; Inazuma ; Rai.
Coup de —	雷擊	Rai-geki.
FOUETTER, *va.*	鞭ツ	Muchiutsu.
FOUGÈRE, *sf.*	蕨	Warabi.
FOUGUE, *sf.*	烈キコ。性急	Hageshiki koto ; Sei-kyū.
FOUGUEUX, SE, *a.*	烈キ。性急ナル	Hageshiki ; Sei-kyū naru.
FOULE, *sf.*	群集。夥多	Gun-shū ; Amata.
FOULER, *va.*	踏ム。押付ル	Fumu ; Oshi-tsuke-ru.
FOUR, *sm.*	竈。麵包等ヲ燒ク具	Kamado; Pan tō-wo yaku utsuwa.
FOURBE, *sm.*	欺ク人。僞計ヲスル人	Azamuku hito ; Gi-kei-wo suru hito.
FOURBERIE, *sf.*	僞計。欺	Gi-kei ; Azamuku.
FOURGON, *sm.*	長キ車ノ一種。長キ火箸	Nagaki kuruma-no isshū ; Nagaki hi-bashi.
FOURMI, *sf.*	蟻	Ari.

Fourmiller, va.	攋レル。充満スル	Shibireru; Jū-man suru.
Fourmilière, sf.	蟻ノ巣。群	Ari-no su; Mure.
Fournir, va.	備ユル。供スル	Sonayuru; Kyō suru.
Fourrage, sm.	獸ノ飼料	Kemono-no kai-ryō.
Fracas, sm.	音ノシタル破裂。響	Oto-no shitaru ha-retsu; Hibiki.
Fracasser, va.	微塵ニ破壊スル	Mijin-ni ha-kwai-suru.
Fragile, a.	脆キ。カケヤスキ。弱キ	Moroki; Kakeyasu-ki; Yowaki.
Fraîcheur, sf.	涼シキコ。新鮮	Suzushiki koto; Shin-sen.
Frais, fraîche, a.	涼キ。新鮮ナル	Suzushiki; Shin-sen naru.
Frais, sm. pl.	費用	Hi-yō.
Fraise, sf.	草覆盆子	Kusa-ichigo.
Franc, che a.	自由ナル。打明タル。廉直ナル。全キ	Ji-yū naru; Uchi-aketaru; Ren-choku naru; Mat-taki.
Franchement, ad.	心ヲ打明ケテ。有體ニ	Kokoro-wo uchi-akete; Aritei-ni.
Franchir, va.	飛越ス	Tobi-kosu.
Frapper, va.	打ツ。敲ク	Utsu; Tataku.

— monnaie.	貨幣ニ形ヲ打ツ	Kahei-ni kata-wo utsu.
FRAUDE, *sf.*	詐欺	Sa-gi.
FRAUDULEUX, SE, *a.*	詐欺ノ	Sa-gi-no.
FRAYEUR, *sf.*	恐怖	Kyō-fu.
FREIN, *sm.*	轡。車ヲ止メル木	Kutsuwa; Kuruma-wo tomeru ki.
FRELON, *sm.*	黄蜂	Kō-hō.
FRÉMIR, *vn.*	震慄スル。沸騰シカヽル	Shin-ritsu suru; Futtō shi-kakaru.
FRÉQUENT, E, *a.*	屢々ノ	Shiba-shiba-no.
FRÉQUENTER, *va.*	屢々行ク。……ニ交ル	Shiba-shiba yuku; …… ni majiwaru.
FRÈRE, *sm.*	兄第	Kyō-dai.
FRET, *sm.*	船ノ賃貸。船賃。積ミ荷	Fune-no chin-ga-shi; Funa-chin; Tsumi-ni.
FRÉTER, *va.*	船ヲ賃貸又ハ賃借スル	Fune-wo Chin-ga-shi matawa chin-gari suru.
FRIABLE, *a.*	壊レ易キ	Kuzure-yasuki.
FRIAND, E, *a.*	美食好キノ	Bi-shoku zuki-no.
FRIANDISE, *sf.*	美食。菓子	Bi-shoku; Kwashi.
FRIPON, NE, *sm. f.*	巧盗。狡兒。騙者	Kō-tō; Waru-mono; Katari-mono.
Petit —	徒ラナル小兒	Itazura naru shō-ni.

FRISER, *va.*	捲縮スル	* Ken-shuku suru - Maki-chijimeru.
FRISÉ, E, *a.*	チヾレタル	Chijiretaru.
FRIVOLE, *a.*	無用ナル。無益ナル事ヲ好ミタル	Mu-yō naru; Mu-yeki-no koto-wo konomitaru.
FROID, E, *a.*	寒キ。冷キ。平氣	Samuki; Tsumetaki; Hei-ki-no.
FROID, *sm.*	寒キコ。平氣	Samuki koto; Hei; ki.
de sang-froid, *loc. ad.*	自若トシテ	Ji-jaku to shite.
FROIDEMENT, *ad.*	寒ク。感動ナク。平氣ニ	Samuku; Kan-dō naku; Hei-ki-ni.
FROMAGE, *sm.*	乾酪	Kan-raku.
FRONT, *sm.*	額。前面	Hitai; Zen-men.
FROTTER, *va.*	摩擦スル。拭ク。拂ク	Ma-satsu suru; Fuku; Haku.
FRUGAL, E, *a.*	質素ナル	Shisso naru.
FRUGALITÉ, *sf.*	質素	Shisso.
FRUIT, *sm.*	果物。利益。結果	Kuda-mono; Ri-eki; Kekka.
FRUITIER, ÈRE, *sm. f.*	果物ヲ賣ル人	Kuda-mono-wo uru hito.
FRUSTRER, *va.*	空クスル。無クスル	Munashiku suru; Naku suru.
FUGITIF, VE, *a.*	逃レタル	Nogaretaru.
— *sm. f.*	逃ルヽ人	Nogaruru hito.

Fuir, *va. n.*	逃レル。脱走スル	Nogareru; Dassō suru.
Fuite, *sf.*	逃レルフ。脱走	Nogareru koto; Dassō.
Fumée, *sf.*	烟	Kemuri.
Fumer, *va.*	燻ス	Ibusu.
— (une terre)	肥ス	Koyasu.
— (du tabac)	喫烟スル	Nomu; Kitsu-en suru.
— *vn.*	煙ル	Kemuru.
Fumier, *sm.*	肥料	Koyashi
Funèbre, *a.*	葬式ノ。悲シキ	Sō-shiki-no; Kana-shiki.
Funérailles, *sf. pl.*	葬式	Sō-shiki.
Funeste, *a.*	災害ノ	Sai-gai-no.
Fureter, *vn.*	探索スル	Tan-saku suru.
Fureur, *sf.*	暴怒	Bō-do.
Furieux, se, *a.*	狂怒シタル。暴怒シタル	Kyō-do shitaru; Bō-do shitaru.
Fusil, *sm.*	銃	Teppō.
Fusion, *sf.*	鎔解。合併	Yō-kai; Gappei.
Futile, *a.*	無智ノ	Mu-chi-no.
Futur, *sm.*	未來	Mi-rai.
— *a.*	未來ノ	Mirai-no.
Futurs, *sm. pl.*	夫婦トナルベキ者	Fū-fu to naru beki mono.

G.

GABELLE, *sf.*	鹽稅	En-zei.
GÂCHER, *va.*	捏子ル	Koneru.
GAFFE, *sf.*	鈎ノ付タル棹	Kagi-no tsuitaru sao.
GAGE, *sm.*	動産質。抵當。給金	Dō-san-shitsu; Tei-tō; Kyū-kin.
GAGER, *va.*	賭スル	Kake suru.
GAGNER, *va.*	得ル。利益スル	Uru; Ri-eki suru.
GAI, E, *a.*	愉快ナル。賑ヤカナル	Yu-kwai naru; Ni-giyaka naru.
GAIEMENT, *ad.*	愉快二	Yu-kwai-ni.
GAIETÉ, ou GAÎTÉ, *sf.*	愉快	Yu-kwai.
GAIN, *sm.*	勝利。益	Shō-ri; Eki.
GALÈRES, *sf. p'.*	徒刑	To-kei.
GALERIE, *sf.*	廊下。地下ノ道	Rō-ka; Chi-ka-no michi.
GALOP, *sm.*	馬ノ駈ケ	Uma-no kake;
GANT, *sm.*	手套	Te-bukuro.
GARANT, *sm.*	探訪者	Tampō-sha.

GARANTIR, *va.*	請合フ。擔保スル	Uke-au; Tampo su-ru.
Se — *vr.*	防グ	Fusegu.
GARÇON, *sm.*	少年。職人。未婚人	Shō-nen; Shoku-nin; Mi-kon-jin.
GARDE, *sf. m.*	守衛。看護人	Shu-ei; Kan-go nin.
GARDER, *va.*	守衛スル。貯蓄スル	Shu-ei suru; Cho-chiku suru.
GARE, *sf.*	停車場	Tei-sha-ba.
GARER, (Se) *vr.*	避ケル	Sakeru.
GARDIEN, NE, *sm. f.*	番人	Ban-nin.
GARGARISME, *sm.*	含漱劑	Gan-sō-zai.
GARGARISER (Se) *vr.*	含漱スル	Gan-sō suru.
GARNIR, *va.*	備ヘ付ケル。飾ル	Sonae-tsukeru; Ka-zaru.
GARNISON, *sf.*	戍卒。戍卒ノ居ル街	Yu-sotsu; Yu-sotsu-no oru chimata.
GÂTEAU, *sm.*	菓子	Kwa-shi.
GÂTER, *va.*	汚ス。腐敗スル	Kegasu; Fu-hai su-ru.
GAUCHE, *a.*	左ノ。下手	Hidari-no; Heta.
GAUCHER, ÈRE, *a.*	左ギキノ	Hidari-giki-no.
GAZON, *sm.*	芝地。芝	Shiba-chi; Shiba.
GAZOUILLER, *vn.*	囀ル	Saizuru.
GEAI, *sm.*	鵲ノ類	Kasasagi-no rui.
GÉANT, *sm.*	巨人	Kyo-jin.
GELÉE, *sf.*	嚴寒。霜	Gen-kan; Shimo.

GELER, *va.*	凍ラセル	Kōraseru.
—, *vn.*	凍ル	Kōru.
GEMISSEMENT, *sm.*	哀ハレニ呻クヿ	Aware-ni naku ko-to.
GENDARME, *sm.*	憲兵	Kempei.
GENDRE, *sm.*	婿	Muko.
GÊNER, *va.*	煩ス	Wazurawasu; Sa-matageru.
GÉNÉRAL, *sm.*	将帥。将官	Shō-sui; Shō-kwan.
GÉNÉRAL, E, *a.*	一般ノ	Ippan-no.
GÉNÉRALEMENT, *ad.*	一般ニ。概シテ	Ippan-ni; Gai-shite.
GÉNÉRATION, *sf.*	生殖。血統。後胤	Sei-shoku; Kettō; Kō-in.
GÉNÉREUSEMENT, *ad.*	大量ニ。物愛ミセズニ	Tai-ryō-ni; Mono-oshimi sezu-ni.
GÉNÉREUX. SE, *a.*	大量ナル。物愛ミセザル	Tai-ryō naru; Mo-no oshimi sezaru.
GÉNÉROSITÉ, *sf.*	大量。物愛ミセザルヿ	Dai-ryō; Mono-oshi-mi sezaru koto.
GÉNIE, *sm.*	鬼神。大才。大智	Ki-shin; Dai-sai; Tai-chi.
GÉNISSE, *sf.*	小サキ牝牛	Chii-saki me-ushi.
GENOU, *sm.*	膝	Hiza.
GENRE, *sm.*	種類。系。性	Shū-rui; Kei; Sei.
— masculin.	男性	Dan-sei.
— féminin.	女性	Jo-sei.
GENS, *sm.*	人。人民	Hito; Jim-min.

GENTIL, LE, *a.*	可愛キ	Kawayuki.
GENTILLESSE, *sf.*	愛媚	Ai-bi.
GÉOGRAPHIE, *sf.*	地理。地理書	Chi-ri ; Chi-ri-sho.
GÉOMÈTRE, *sm.*	幾何學者	Kika-gaku-sha.
GÉOMÉTRIE, *sf.*	幾何學	Kika-gaku.
GÉRANCE, *sf.*	管理	Kan-ri.
GÉRANT, *sm.*	管理人	Kan-ri nin.
GERBE, *sf.*	把°束	Taba ; Soku.
GERCÉ, E, *a.*	皸ガキレタル	Hibi-ga kiretaru.
GERÇURE, *sf.*	皸	Hibi.
GERME, *sm.*	芽。元	Me ; Moto.
GERMAIN, E, *a.*	同父母ノ	Dō-fubo-no.
Cousin —	從兄弟	Jū-keitei.
GESTE, *sm.*	手眞似。身体ノ作用	Te-mane ; Shin-tai-no sa-yō.
GIBET, *sm.*	縊臺	Kubiri-dai.
GIBIER, *sm.*	獲物(狩リノ)	Emono (Kari-no).
GIROUETTE, *sf.*	風見	Kaza-mi.
GÎTE, *sm.*	兎ノ栖。旅人ノ止宿	Usagi-no su ; Ryo-jin-no shi-shiku.
GLACE, *sf.*	氷。玻璃	Kōri ; Hari.
GLACIAL, E, *a.*	凍リタル。嚴寒ナル	Kōritaru ; Gen-kan naru.
GLAIVE, *sm.*	利劍	Ri-ken.
GLAND, *sm.*	樫ノ實	Kashi-no mi.
GLISSANT, E, *a.*	滑リ易キ	Suberi yasuki.
GLISSER, *vn.*	滑ル	Suberu.

GLOBE, *sm.*	地球。世界。球	Chikyū; Se-kai; Kyū.
GLOIRE, *sf.*	名譽。榮譽	Mei-yo; Ei-yo.
GLORIEUSEMENT, *ad.*	名譽多ク	Mei-yo ōku.
GLORIEUX, SE, *a.*	名譽アル。高ブリタル	Mei-yo aru; Taka-buritaru.
GLORIFIER, *va.*	譽メル。名譽ヲ顯ス	Homeru; Mei-yo-wo arawasu.
GOBELET, *sm.*	金屬製ノ杯	Kin-zoku sei-no sakazuki.
GOLFE, *sm.*	灣	Wan.
GONFLER, *va.*	膨張サセル	Fukuraseru.
GORGE, *sf.*	喉	Nodo.
GORGER, *va.*	呑込マセル	Nomi-komaseru.
GOSIER, *sm.*	咽喉。氣管	Nodo; Ki-kan.
GOUFFRE, *sm.*	淵。深坑	Fuchi; Shin-kō.
GOULOT, *sm.*	德利ノ頸	Tokuri-no kubi.
GOURMAND, E, *a.*	大食ナル	Tai-shoku naru.
GOÛT, *sm.*	味。食慾	Ajiwai; Aji; Shoku-yoku.
GOÛTER, *sm.*	間食	Aida-gui.
GOÛTER, *va.*	味フ。間食スル	Ajiwau; Aida-gui suru.
GOUTTE, *sf.*	滴。飮物ノ小量	Shitatari; Nomi-mono-no shō-ryō.
Une —	一滴	Itteki.

GOUTTE À GOUTTE, loc. ad.	一滴一滴二	Itteki itteki-ni.
GOUVERNAIL, sm.	柁	Kaji.
GOUVERNEMENT, sm.	政府。政事。支配スル丁	Sei-fu ; Sei-ji ; Shi-hai suru koto.
GOUVERNER, va.	支配スル。治ムル	Shi-hai suru ; Osa-muru.
GOUVERNEUR, sm.	知事。總理。支配人	Chi-ji ; Sō-ri ; Shi-hai nin.
GRÂCE, sf.	仁惠。恩赦。溫雅。愛敬	Jin-kei ; Ou-sha ; On-ga ; Ai-kyō.
GRACIER, va.	特赦スル	Toku-sha suru.
GRADUEL, LE, a.	遞增ノ	Tei-zō-no.
GRADUELLEMENT, ad.	遞增二	Tei-zō-ni.
GRAIN, sm.	穀物。實。種子	Koku-motsu ; Mi ; Tane.
GRAINE, sf.	種子	Tane.
GRAISSE, sf.	脂	Abura.
GRAMMAIRE, sf.	文與	Bun-ten.
GRAND, E, a.	大ナル	Ōi naru.
GRAND, sm.	高位ノ人。大家	Kō-i-no hito ; Tai-ka.
GRAND-MÈRE, sf.	祖母	Sobo.
GRAND-ONCLE, sm.	伯祖父	Haku-sofu.
GRAND-PÈRE, sm.	祖父	Sofu.

Grandeur, *sf.*	大サ。高サ。尊大	Ōi-sa; Takasa; Son-dai.
Grandir, *vn.*	長スル	Chō zuru.
Grange, *sf.*	小舍（穀物ノ）	Koya (Koku-motsu-no.)
Grappe, *sf.*	把。束	Taba; Soku.
Gras, se, *a.*	脂ノ多キ。肥タル	Abura-no ōki; Koe-taru.
Gratitude, *sf.*	感恩	Kan-on.
Gratuit, e, *a.*	無酬ノ	Mu-shū-no.
Gratuité, *sf.*	無酬	Mu-shū.
Grave, *a.*	重大ナル。重劇ナル	Jū-dai naru; *Jū-geki naru.
Gravement, *ad.*	嚴重ニ	Gen-jū-ni.
Graver, *va.*	刻画スル。彫刻スル	Koku-gwa suru; Chō-koku suru.
Graveur, *sm.*	彫刻人	Chō-koku nin.
Gravir, *va.*	攀登ル	Yoji-noboru.
Gravité, *sf.*	嚴重。重力	Gen-jū; Jūryoku.
Gravure, *sf.*	彫刻。画	Chō-koku; E.
Gré, *sm.*	望ミ	Nozomi.
Greffe, *sm.*	書記局	Shoki kyoku.
Greffe, *sf.*	接木	Tsugi-ki.
Greffier, *sm.*	書記	Shoki.
Grêle, *sf.*	霰	Arare.
Grelot, *sm.*	小鈴	Ko-suzu.
Grenadier, *sm.*	柘榴樹	Zakuro-no ki.

GRENIER, *sm.*	穀物ヲ貯ヘ置ク處	Koku-motsu-wo ta-kuwae-oku toko-ro.
GRÉSIL, *sm.*	粒霰	Tsubu arare.
GRÈVE, *sf.*	就業拒絶	Shū-gyo kyo-zetsu.
GRENOUILLE, *sf.*	蛙	Kaeru.
GRIEF, *sm.*	損害。不平	Son-gai ; Fu-hei.
GRIÈVEMENT, *ad.*	重ク	Omoku.
GRIFFE, *sf.*	禽獸ノ握リ爪	Kin-jū-no nigiri-tsume.
GRIL, *sm.*	焙子	Aburi-ko.
GRILLER, *va.*	焙ル。急ニ燒ク	Aburu ; Kyū-ni ya-ku.
GRIMACER, *vn.*	顔ヲシカメル	Kao-wo shikameru.
GRIMPER, *vn.*	木登リスル。攀登ル	Ki-nobori suru; Yo-ji-noboru.
GRINCER, *vn.*	轢ル	Kishiru.
— des dents.	切齒スル	Sesshi suru.
GRIS, E. *a.*	鼠色	Nezumi iro.
GRISER, *va.*	醉ハセル	Yowaseru.
Se — *vr.*	醉フ	You.
GRONDER, *vn.*	吼鳴ル。鳴ル	Unaru ; Naru.
— *va.*	叱カル	Shikaru.
GROS, SE, *a.*	大ナル。太キ	Ōi naru ; Futoki.
GROSSEUR, *sf.*	太サ。大キサ	Futosa ; Okisa.
GROSSIER, E, *a.*	麁末ナル。惡質ノ。無禮ナル	Somatsu naru ; Aku shitsu-no ; Bu-rei naru.

Grossièrement, *ad.*	粗漏ニ。惡質ニ。不禮ニ	So-rō-ni; Aku-shi-tsu-ni; Burei-ni.
Grotesque, *a.*	滑稽ナル	Kokkei naru.
Grotte, *sf.*	洞	Hora-ana.
Groupe, *sm.*	群	Mure.
Grouper, *va.*	群集サセル	Gun-shū saseru.
Grue, *sf.*	鶴。重荷ヲ上ゲル機械	Tsuru; Omo-ni-wo ageru kikai.
Gué, *sm.*	淺瀨	Asase.
Guéable, *a.*	淺瀨アル	Asase aru.
Guenille, *sf.*	古切レ	Furu-gire.
Guêpe, *sf.*	蜂	Hachi.
Guère, *ad.*	纔カニ	Wazuka-ni.
Guérir, *va.*	痊ヤス。治スル	Iyasu; Ji suru.
— *vn.*	全快スル。癒ユル。治スル	Zen-kwai suru; Iyuru; Ji suru.
Guérison, *sf.*	全快	Zen-kwai.
Guerre, *sf.*	戰爭	Sen-sō.
— civile.	內亂	Nai-ran.
Conseil de —	軍法會議	Gumpō kwai-gi.
Guerrier, *sm.*	軍人	Gun-jin.
Guerroyer, *vn.*	戰フ	Tatakau.
Guetter, *va.*	的フ	Nerau.
Guêtre, *sf.*	脚半	Kya-han.
Gueule, *sf.*	獸魚ノ口	Jū-gyo-no kuchi.
Guichet, *sm.*	受附窓	Uketsuke mado.
Guide, *sm.*	案內者	Annai-sha.

GUIDER, va.	案内スル。導ク	Annai suru; Michi-biku.
GUIRLANDE, sf.	花葉ノ飾リアル飾縄ノ類	Ka-yō-no kazari aru shime-no rui.
GUITARE, sf.	琵琶ノ類	Biwa-no rui.
GYMNASTIQUE, sf.	體操	Tai-sō.

H.

HABILE, a.	巧ナル	Takumi naru.
HABILEMENT, ad.	巧ニ	Takumi-ni.
HABILETÉ, sf.	巧ミ。手際ヨキ丁	Takumi; Tegiwa yoki koto.
HABILLEMENT, sm.	衣服。服ヲ着ルフ	I-fuku; Fuku-wo kiru koto.
HABILLER, va.	衣ヲ着セル	Kimono-wo kiseru.
S'— vr.	衣ヲ着ル	Kimono-wo kiru.
HABIT, sm.	衣服。禮服	I-fuku; Rei-fuku.
HABITANT, sm.	住民	Jū-min.
HABITATION, sf.	住所。住家。住居	Jū-sho; Sumi-ka; Jū-kyo.
HABITUDE, sf.	風習。習慣	Fū-shū; Shū-kwan.
HABITUELLEMENT, ad.	常ニ。風習ニテ	Tsune-ni; Fū-shū nite.
HABITUER, va.	馴ラス	Narasu.

S — *vr.*	馴レル	Nareru.
" HACHE, *sf.*	斧。鉞	Ono ; Masakari.
" HAIE, *sf.*	生墻	Ike-gaki.
" HAINE, *sf.*	恨ミ。惡ミ	Urami ; Nikumi.
" HAÏR, *va.*	恨ム。避ケ嫌フ	Uramu ; Sake-kirau.
HALEINE, *sf.*	呼吸ノ氣	Ko-kyū-no ki.
" HALTE, *sf.*	止マルフ	Tomaru koto.
— là.	止マレ	Tomare.
" HAMEAU, *sm.*	小村	Ko mura.
" HAPPER, *va.*	嚙ミ付ク	Kami-tsuku.
" HARANGUE, *sf.*	演說。戒勅	En-zetsu ; Kai-cho-ku.
" HARANGUER, *vn.*	演說スル	En-zetsu suru.
" HARASSER, *va.*	非常ニ勞ラス	Hi-jō-ni tsukarasu.
" HARCELER, *va.*	困ラス	Komarasu.
" HARDES, *sf. pl.*	衣料ニ關スル必要物	I-ryō-ni kwan suru hitsu-yō butsu.
" HARDI, E, *a.*	大胆ナル。勇氣アル	Dai-tan naru ; Yū-ki aru.
" HARDIESSE, *sf.*	大胆。勇氣	Dai-tan ; Yū-ki.
" HARDIMENT, *ad.*	大胆ニ。勇マシク	Dai-tan-ni ; Isama-shiku.
" HARENG, *sm.*	鯡魚	Nishin.
" HARGNEUX, SE, *a.*	根性惡キ。交際爲シ難キ。口論好キナル	Kon-jō waruki ; Ko-sai nashi-gataki ; Kō-ron zuki naru.
" HARICOT, *sm.*	菜豆	In-gen mame.

HARMONIE, *sf.*	調子ノ揃フタルコ	Chō-shi-no sorōtaru koto.
HARMONIEUX, SE, *a.*	符合シタル。調和シタル	Fu-gō shitaru; Chō-wa shitaru.
" HARNACHER, *va.*	馬具ヲ着ケル	Ba-gu-wo tsukeru.
" HARNAIS, *sm.*	馬具	Ba-gu.
" HARPE, *sf.*	立琴ノ類	Tate-koto-no rui.
" HASARD, *sm.*	偶然ノコ。危難。運命	Gū-zen-no koto; Ki-nan; Ummei.
" HASARDER, *va.*	運命ニ任カセル。賭ル	Ummei-ni makaseru; Kakeru.
Se — *vr.*	難ヲ犯ス	Nan-wo okasu.
" HASARDEUX, SE, *a.*	偶然ナル。危キ	Gū-zen naru; Ayauki.
" HÂTER, *va.*	捗取ラセル。急カス	Haka-doraseru; Iso-gasu.
Se —, *vr.*	急ク	Isogu.
" HATIF, VE, *a.*	早キ	Hayaki.
" HAUSSE, *sf.*	騰貴	Tō-ki.
" HAUSSEMENT, *sm.*	高メルコ	Takameru koto.
" HAUSSER, *va.*	打擧スル。高メル	Kō-kyo suru; Taka-meru.
— *vn.*	高クナル。騰貴スル	Takaku naru; Tō-ki suru.
" HAUT, E, *a.*	高キ。上ノ	Takaki; Ue-no.
" HAUT, *ad.*	高ク。上ニ	Takaku; Ue-ni.

" HAUTAIN, E, *a.*	押柄ナル。傲慢ナ ル	Ō-hei naru; Gō-man naru.
HAUTAINEMENT, *ad.*	押柄二	Ō-hei-ni.
" HAUTEMENT, *ad.*	大胆二。自由二。公然二	Dai-tan-ni; Ji-yū-ni; Kō-zen-ni.
" HAUTEUR, *sf.*	高サ。小丘。傲慢	Takasa; Shō-kyū; Gō-man.
HEBDOMADAIRE, *a.*	毎週ノ	Mai-shū-no.
HÉLAS! *int.*	嗚呼	À.
" HÉLER, *va.*	呼ブ(舟ヲ)	Yobu (Fune-wo).
HÉLICE, *sf.*	螺旋。螺旋板	Ra-sen; Ra-sen ban.
HÉMISPHÈRE, *sm.*	半球	Han-kyū.
HERBE, *sf.*	草	Kusa.
HÉRÉDITAIRE, *a.*	世襲ノ	Sei-shū-no.
" HÉRISSER, *va.*	起ス(髪毛ナドヲ)	Okosu (Kami-no ke nado-wo).
Se —, *vr.*	立ツ	Tatsu.
HÉRITAGE, *sm.*	遺留財産。不動産	I-ryū-zai-san; Fu-dō-san.
HÉRITER, *vn.*	相續スル	So-zoku suru.
HÉRITIER, *sm.*	相續人	Sō-zoku nin.
HÉROÏQUE, *a.*	豪氣ナル	Gō-ki naru.
HÉROÏSME, *sm.*	豪氣	Gō-ki.
" HÉRON, *sm.*	鷺	Sagi.
" HÉROS, *sm.*	英雄	Ei-yū.
" HERSE, *sf.*	城門ノ落シ戸。馬把	Jō-mon-no otoshi-do; Ma-guwa.

Hésitation, *sf.*	躊躇	Chū-cho.
Hésiter, *vn.*	躊躇スル	Chū-cho suru.
'' Hêtre, *sm.*	ブナノ木	Buna-no ki
Heure, *sf.*	時	Toki.
De bonne — *loc. ad.*	早ク	Hayaku.
Heureusement, *ad.*	幸ニ。無事ニ	Saiwai-ni; Bu-ji-ni.
Heureux, se, *a.*	幸ナル	Saiwai naru.
'' Heurter, *va.*	…ニ衝突スル。衝キ當ル	…ni shō-totsu suru; Tsuki-ataru.
— *vn.*	戸ヲ敲ク	To-wo tataku.
'' Hibou, *sm.*	鵩梟	Fukurō.
'' Hideux, se, *a.*	非常ニ見苦ルシキ	Hi-jō-ni mi-guru-shiki.
Hier, *ad.*	昨日	Saku-jitsu.
Hirondelle, *sf.*	燕	Tsubame.
'' Hisser, *va.*	引上ゲル	Hiki-ageru.
Histoire, *sf.*	歴史	Reki-shi.
Historien, e, *sm. f.*	歴史家	Reki-shi-ka.
Hiver, *sm.*	冬	Fuyu.
Hiverner, *vn.*	冬ヲ越ス	Fuyu-wo kosu.
Homicide, *sm.*	殺人罪	Satsu-jin-zai.
Hommage, *sm.*	尊敬。捧グルコ。禮	Son-kei; Sasageru koto; Rei.
Homme, *sm.*	人	Hito.
Honnête, *a.*	正直ナル。叮嚀ナル	Sei-choku naru; Tei-nei naru.

HONNEUR, *sm.*	名譽。面目	Mei-yo; Memboku.
HONNIR, *va.*	辱シムル	Hazukashimuru.
HONORABLE, *a.*	名譽アル。尊敬スベキ	Mei-yo aru; Son-kei su beki.
HONORAIRE, *a.*	名譽ノ	Mei-yo-no.
HONORAIRES, *sm. pl.*	謝金	Sha-kin.
HONORER, *va.*	尊敬スル	Son-kei suru.
" HONTE, *sf.*	耻辱	Chi-joku; Haji.
" HONTEUSEMENT, *ad.*	耻ヅベク	Hazu beku.
" HONTEUX, SE, *a.*	耻ヅベキ。臆病ナル	Hazu beki; Okubyō naru.
HÔPITAL, *sm.*	病院。貧院	Byō-in; Hin-in.
HORIZON, *sm.*	天涯。地平。水平	Ten-gai; Chi-hei; Sui-hei.
HORIZONTAL, E, *a.*	水平ノ	Sui-hei-no.
HORIZONTALE-MENT, *ad.*	水平ニ	Sui-hei-ni.
HORLOGE, *sf.*	掛時計	Kake-dokei.
HORREUR, *sf.*	戦慄。驚怖	Sen-ritsu; Kyō-fu.
HORRIBLE, *a.*	恐ロシキ。驚クベキ。嫌ハシキ	Osoroshiki; Odoroku beki; Kirawashiki.
HORRIBLEMENT, *ad.*	恐ロシク	Osoroshiku.
" HORS, *pr.*	外ニ。……ヲ除ヒテ	Hoka-ni; …… wo nozoite.

— de saison.	時ニ外レタル	Toki-ni (1) hazure-taru.
— de mode.	風ニ外レタル	Fū-ni hazuretaru.
HOSPICE, sm.	養育院。施済所	Yō-iku-in; Shi-sei-jo.
HOSPITALIER, E, a.	懇ニ客ヲ過ス	Nengoro-ni kyaku-wo motenasu.
HOSPITALITÉ, sf.	待過。接待	Tai-gū; Settai.
HOSTILE, a.	敵ノ。反シタル	Teki-no; Hanshita-ru.
HOSTILITÉ, sf.	敵ノ所為。掠奪。遺恨	Teki-no sho-i; Ryō-datsu; I-kon.
HÔTE, sm.	客。旅舎ノ主	Kyaku; Ryo-sha-no aruji.
HÔTEL, sm.	宿泊屋。旅舘。舘	Yadoya; Ryo-kwan; Yakata.
HÔTELIER, sm.	旅舎ノ主人	Hatagoya-no shu-jin.
HÔTELLERIE, sf.	旅舎。旅店	Ryo-sha; Ryo-ten; Hatagoya.
" HOTTE, sf.	籠（脊ニ荷フベキ）	Kago (Se-ni ou be-ki).
" HOUBLON, sm.	葎	Mugura.
" HOUILLE, sf.	石炭	Seki-tan.

---

(1) Le mot saison a dans cette expression le sens de temps convenable pour faire quelque chose.

" Houle, *sf.*	大浪	Ō-nami.
" Houlette, *sf.*	牧人ノ用ユル捧	Boku-jin-no mochi-yuru bō.
" Houppe, *sf.*	刷毛。眉刷	Hake; Mayu-hake.
" Houx, *sm.*	柊	Hiragi.
Huile, *sf.*	油	Abura.
Huis, *sm.*	戶	To.
à huis clos.	傍聽禁止	Bō-chō kin-shi.
Huissier, *sm.*	使吏	Shi-ri.
" Huit, *a.*	八ノ	Hachi-no.
Huitaine, *sf.*	凡八日。一週間	Oyoso hachi nichi; Isshū kan.
Huitième, *a.*	第八ノ	Dai hachi-no.
Huître, *sf.*	蠣	Kaki.
Humain, e, *a.*	人体ノ。人情深キ。仁惠アル	Jin-tai-no; Nin-jō fukaki; Jin-kei aru.
Humains, *sm. pl.*	人	Hito.
Humanité, *sf.*	人情。人間	Nin-jō; Nin-gen.
Humble, *a.*	謙遜ナル。服從シタル	Ken-son naru; Fu-ku-jū shitaru.
Humblement, *ad.*	謙遜シテ。服從シテ	Ken-son shite; Fu-ku-jū shite.
Humecter, *va.*	潤ス	Uruosu.
Humeur, *sf.*	液汁。不滿足	Eki-shu; Fu-man-zoku.
Humide, *a.*	濕リタル	Shimeritaru.

HUMIDITÉ, *sf.*	濕潤	Shitsu-jun.
HUMILIANT, E, *a.*	辱シムベキ	Hazukashimu beki.
HUMILIATION, *sf.*	謙遜。服從。混雜	Ken-son; Fuku-jū; Kon-zatsu.
HUMILIER, *va.*	辱シムル	Hazukashimuru.
S'— *vr.*	謙遜スル	Ken-son suru.
HUMILITÉ, *sf.*	謙遜	Ken-son.
" HURLEMENT, *sm.*	遠吠	Tō-boe.
" HURLER, *va.*	遠吠スル	Tō-boe suru.
" HUTTE, *sf.*	小舍	Koya.
HYACINTHE, *sf.*	水仙花ノ類	Sui-sen-no rui.
HYDROPISIE, *sf.*	脹滿	Chō-man.
HYMNE, *sm. f.*	神詩。祝歌	Shin-shi; Shuku-ka.
HYSOPE, *sf.*	牛膝草	Gyu-hitsu-sō.

I.

ICI, *ad.*	此處ニ	Koko-ni.
IDÉE, *sf.*	思考。說	Shikō; Kangae; Setsu.
IDENTIQUE, *a.*	等シキ。同樣ナル	Hitoshiki; Dō-yō naru.
IDENTITÉ, *sf.*	同一	Dō-itsu.
IDOLÂTRE, *a.*	偶像ヲ拜シタル	Gū-zō-wo hai shitaru.

— sm.	偶像ヲ拜スル人	Gū-zō-wo hai suru hito.
IDOLÂTRIE, sf.	偶像ヲ拜スルコ	Gū-zo-wo hai suru koto.
IGNOMINIE, sf.	恥辱。大ナル不名譽	Chi-joku; Ōi naru fu-mei-yo.
IGNOMINIEUSEMENT, ad.	恥ヅベク	Hazu beku.
IGNOMINIEUX, SE, a.	恥ヅベキ	Hazu beki.
IGNORANCE, sf.	無學	Mu-gaku.
IGNORANT, E, a.	無學ノ	Mu-gaku-no.
— sm.	無學ナル人。愚人	Mu-gaku naru hito; Gu-jin.
IGNORER, va.	知ラヌ	Shiranu.
IL, pro.	彼レ。其レ	Kare; Sore.
ILE, sf.	島	Shima.
Presqu île.	半島	Han-tō.
ILLÉGAL, E, a.	違法ノ	I-hō-no.
ILLÉGALEMENT, ad.	法ニ違ヒテ	Hō-ni tagaite.
ILLÉGALITÉ, sf.	違法	I-hō.
ILLÉGITIME, a.	不正當ノ	Fu-sei-tō-no.
ILLICITE, a.	不法ノ	Fu-hō-no.
ILLUSTRE, a.	高名ナル。貴キ	Kō-mei naru; Tat-toki.
ILLUSTRER, va.	高名ニナス。圖畫ニテ粧飾スル	Kō-mei-ni nasu; Zu-ga nite sō-shoku suru.

IMAGE, *sf.*	肖像。圖画。影	Shō-zō; Zu-ga; Kage.
IMAGINER, *va.*	想像スル。發明スル	Sō-zō suru; Hatsu-mei suru.
IMBÉCILE, *a.*	愚ナル	Gu naru.
— *sm. f.*	愚人	Gu-jin.
IMBU, E, *a.*	入リ込タル。滿タル	Iri-komitaru; Mi-chitaru.
IMITATEUR, TRICE, *sm. f.*	似セル人。眞似スル人	Niseru hito; Mane-wo suru hito.
IMITATION, *sf.*	眞似。僞物	Mane; Gi-butsu; Nise mono.
IMITER, *va.*	似セル。眞似スル	Niseru; Mane suru.
IMMATRICULATION, *sf.*	登簿	Tō-bo.
IMMATRICULER, *va.*	登簿スル	Tō-bo suru.
IMMENSE, *a.*	無量ノ。廣大ナル	Mu-ryō-no; Kō-dai naru.
IMMERSION, *sf.*	沈メルコ	Shizumeru koto.
IMMEUBLE, *sm.*	不動產	Fu-dō-san.
IMMISCER, (s') *vr.*	干涉スル	Kanshō suru.
IMMOBILE, *a.*	動カヌ。變ズ可ラザル	Ugokanu; Henzu bekarazaru.
IMMOBILIER, ÈRE, *a.*	不動產ノ	Fu-dō-san-no.
IMMOLER, *va.*	供ヘル。贄ニスル。殺ス	Sonaeru; Nie-ni suru; Korosu.

IMMORTALITÉ, *sf.*	不死。不朽	Fu-shi; Fu-kyū.
IMMORTEL, LE, *a.*	不死ノ。不朽ノ	Fu-shi-no; Fu-kyū-no.
IMMORTELLE, *sf.*	長ク凋マザル花ノ名	Nagaku shibomaza-ru hana-no na.
IMMUABLE, *a.*	變ラザル	Kawarazaru.
IMMUNITÉ, *sf.*	免役	Men-eki.
IMPALPABLE, *a.*	手ニ觸レテモ知レザル	Te-ni sawatte-mo shirezaru.
Poudre —	細末	Sai-matsu.
IMPARTIAL, E, *a.*	偏ラザル。無偏頗	Katayorazaru; Eko nashi.
IMPATIEMMENT, *ad.*	短氣ニ。堪ヘ難ク	Tan-ki-ni; Tae-ga-taku.
IMPATIENCE, *sf.*	短氣。堪ヘラレヌコ。不勘忍	Tan-ki; Taerarenu koto; Fu-kan-nin.
IMPÉRATIF, *sm.*	命令法	Mei-rei-hō.
IMPÉRATIF, VE, *a.*	命令ノ	Mei-rei-no.
IMPÉRATRICE, *sf.*	后。皇后	Kisaki; Kō-gō.
IMPÉRIAL, E, *a.*	帝ノ	Tei-no.
IMPÉTUEUX, SE, *a.*	烈シキ。性急ナル	Hageshiki; Sei-kyū naru.
IMPÉTUOSITÉ, *sf.*	烈シキコ。性急	Hageshiki koto; Sei-kyū.
IMPIE, *a.*	宗教ニ反シタル。不信心ナル	Shū-kyō-ni hanshi-taru; Fu-shin-jin naru.

IMPIÉTÉ, *sf.*	宗教ニ反スルコ。不信心ナル事	Shū-kyō-ni han suru koto; Fu-shin-jin naru koto.
IMPITOYABLE, *a.*	慈悲心ナキ。不人情ナル	Ji-hi-shin naki; Fu-nin-jō naru.
IMPITOYABLEMENT, *ad.*	慈悲心ナク。不人情ニ	Ji-hi-shin naku; Fu-nin-jō-ni.
IMPLACABLE, *a.*	講和シ難キ	Kō-wa shi-gataki.
IMPLICITE, *a.*	暗ニ含ミタル	An-ni fukumitaru.
IMPLICITEMENT, *ad.*	暗然	An-zen.
IMPLIQUÉ, E, *a.*	連累ニナル	Makizoe-ni naru.
IMPLORER, *va.*	歎願スル。希フ	Tan-gwan suru; Koi-negau.
IMPORTANCE, *sf.*	要用。大切	Yō-yō; Tai-setsu.
IMPORTANT, E, *a.*	大切ナル	Tai-setsu naru.
IMPORTATEUR, *sm.*	輸入者	Yu-nyū-sha.
IMPORTATION, *sf.*	輸入	Yu-nyū.
IMPORTER, *vn.*	要スル	Yō suru.
— *va.*	輸入スル	Yu-nyū suru.
IMPORTUN, E, *a.*	煩ハシキ。五月蠅キ	Wazurawashiki; Urusaki.
IMPORTUNER, *va.*	切願スル。五月蠅ガラセル	Setsu-gwan suru; Urusagaraseru.
IMPOSANT, E, *a.*	敬フベキ。尊威ナル	Uyamau beki; Son-i naru.
IMPOSER, *va.*	乗セル。命ズル。税ヲ蒙ラセル	Noseru; Mei-zuru; Zei-wo kōmuraseru.

IMPOSITION, *sf.*	課税	Ka-zei.
IMPOSSIBLE, *a.*	出來可ラサル。不能ノ	Deku bekarazaru; Fu-nō-no.
IMPOSSIBILITÉ, *sf.*	不能	Fu-nō.
IMPOSTEUR, *sm.*	欺騙者。欺ク人	Katari; Azamuku hito.
IMPOSTURE, *sf.*	欺ク コ。誣告。欺騙	Azamuku koto; Fu-koku; Katari.
IMPÔT, *sm.*	租税	So-zei.
IMPRATICABLE, *a.*	實行シ難キ	Jikkō shi-gataki.
IMPRESCRIPTIBLE, *a.*	經時效ナキ	Kei-ji-kō naki.
IMPRESSION, *sf.*	跡。版行。感動	Ato; Han-kō; Kan-dō.
IMPRIMERIE, *sf.*	活版。活版所	Kwappan; Kwappan-jo.
IMPRIMEUR, *sm.*	活版師	Kwappan-shi.
IMPRODUCTIF, VE, *a.*	不生產ノ	Fu-sei-san-no.
IMPRUDENCE, *sf.*	不用心	Fu-yō-jin.
IMPRUDENT, E, *a.*	不用心ノ。注意ナキ	Fu-yō-jin-no; Chū-i naki.
IMPUDENCE, *sf.*	不品行。破廉耻	Fu-hin-kō; Ha-ren-chi.
IMPUDENT, E, *a.*	不品行ナル。破廉耻ナル	Fu-hin-kō naru; Ha-ren-chi naru.
IMPUISSANCE, *sf.*	脆弱	Zei-jaku.

Impuni, e, *a.*	無罪ナル	Mu-zai naru.
Imputable, *a.*	塡充ス可キ	Ten-jū su-beki.
Imputer, *va.*	歸スル。罪科ヲ云ヒカクル。塡充スル	Ki suru; Zai-kwa-wo ii-kakuru; Ten-jū suru.
Inaliénable, *a.*	讓リ渡ス可カラザル	Yuzuri-watasu be-karazaru.
Inamovible, *a.*	轉免ス可カラザル	Ten-men su-bekara-zaru.
Inappréciable, *a.*	眞價ノ斗リ難キ	Ne-uchi-no hakari gataki.
Inattention, *sf.*	不注意	Fu-chū-i.
Incapable, *a.*	不適當ナル。能力ナキ	Fu-teki-tō naru; Nō-ryoku naki
Incapacité, *sf.*	實リナキ	Mi-nori naki.
Incarcération, *sf.*	監禁	Kan-kin.
Incendiaire, *sm.*	放火人	Hō-kwa nin.
Incendie, *sm.*	火事	Kwa-ji.
Incendier, *va.*	放火スル。燒ク	Tsuke-bi suru; Ya-ku.
Incertain, e, *a.*	疑ワシキ。慥ナラザル。不確知ノ	Utagawashiki; Ta-shika narazaru; Fu-kakuchi-no.
Incertitude, *sf.*	疑ヒ。不慥ナルコ	Utagai; Fu-tashika naru koto.
Incessamment, *ad.*	間モ無ク。止マズニ	Ma mo naku; Ya-mazu-ni.

INCESSIBLE, *a.*	譲リ渡ス可カラザル	Yuzuri-watasu be-karazaru.
INCIDENT, E, *a.*	不意ノ。附帶ノ	Fu-i-no ; Fu-tai-no.
INCIDEMMENT, *ad.*	附帶シテ	Fu-tai shite.
INCLINATION, *sf.*	傾向。尊敬ノ意ヲ表シテ頭ヲ下ゲルコ	Kei-kō ; Son-kei-no i-wo hyō-shite atamawo sageru koto.
INCLINER, *va.*	傾ケル	Katamukeru.
— *vn.*	傾ク	Katamuku.
INCLUS, E, *a.*	含マレタル	Fukumaretaru.
INCOMMODE, *a.*	不都合ナル。不便利ナル	Fu-tsu-gō naru ; Fu-ben-ri naru.
INCOMPATIBLE, *a.*	不調合ノ。兼務スベカラザル	Fu-chō-gō-no ; Kemmu su-bekarazaru.
INCOMPATIBILITÉ, *sf.*	不和。兼務スベカラザル事	Fu-wa ; Kemmu su-bekara-zaru koto.
INCOMPÉTENCE, *sf.*	管轄差ヒ	Kan-katsu chigai.
INCOMPÉTENT, E, *a.*	管轄差ヒノ	Kan-katsu chigai-no.
INCONNU, E, *a.*	知レザル	Shirezaru.
— *sm.*	知ラザル人	Shirazaru hito.
INCONSTANCE, *sf.*	取極ナキコ。愛心シ易キコ	Tori-kime naki ko-to ; Hen-shin shi-yasuki koto.
INCONVÉNIENT, *sm.*	不都合。妨碍	Fu-tsu-gō ; Bō-ge.
INCROYABLE, *a.*	信ジ難キ	Shinji-gataki.

INCULPATION, *sf.*	有罪トスルコ	Yū-zai to suru koto.
INCULTE, *a.*	耕サヾル	Tagaesazaru.
INDÉCIS, E, *a.*	不定ナル	Fu-jō naru.
INDEMNE, *a.*	損害ヲ蒙ラサル	Son-gai-wo kōmura-zaru.
INDEMNISER, *va.*	賠償スル	Bai-shō suru.
INDEMNITÉ, *sf.*	賠償。償金	Bai-shō; Shō-kin.
INDIFFÉRENCE, *sf.*	區別ナキコ。彼是撰ヲナサヾルコ	Ku-betsu naki koto; Kare-kore erami-wo nasazaru koto.
INDIFFÉRENT, E, *a.*	區別ナキ。彼是撰ヲナサヾル	Ku-betsu naki; Kare kore erami-wo nasazaru.
INDIGENCE, *sf.*	貧窮	Hin-kyū.
INDIGENT, E, *a.*	貧シキ	Mazushiki.
INDIGESTE, *a.*	消化シ難キ	Shō-kwa shi-gataki.
INDIGNE, *a.*	直ウチナキ。不適當ノ。嫌ハシキ	Ne-uchi naki; Fu-teki-tō-no; Kira-washiki.
INDIGNATION, *sf.*	憤怒。輕蔑	Fun-do; Kei-betsu.
INDIQUER, *va.*	指示ス	Sashi-shimesu.
INDIRECT, E, *a.*	間接ノ	Kan-setsu-no.
INDIVIS, E, *a.*	分レザル	Wakarezaru.
INDIVISIBILITÉ, *sf.*	分ツベカラザルコ	Wakatsu bekaraza-ru koto.
INDOCILE, *a.*	教ヘ難キ。愚鈍ナル	Oshie-gataki; Gu-don naru.

INDOCILITÉ, *sf.*	教ヘ難キフ。愚鈍ナルフ	Osh ie-gataki koto; Gudon naru ko-to.
INDOMPTABLE, *a.*	馴ラシ難キ	Narashi-gataki.
INDULGENCE, *sf.*	宥免シ易キフ。堪忍シ易キフ。寛裕	Yū-men shi-yasuki koto; Kan-nin shi-yasuki koto; Kwan-yū.
INDULGENT, E, *a.*	宥免シ易キ。堪忍シ易キ。寛裕ナル	Yū-men shi-yasuki; Kan-nin shi-yasu-ki; Kwan-yū na-ru.
INDURATION, *sf.*	塊。シコリ	Katamari; Shikori.
INDUSTRIE, *sf.*	巧者ナルフ。職業。工業	Kō-sha naru koto; Shoku-gyō; Kō-gyō.
INDUSTRIEL, *sm.*	工業者	Kō-gyō sha.
INDUSTRIEUX, SE, *a.*	出精ナル。巧者ナル	Shussei naru; Kō-sha naru.
INÉBRANLABLE, *a.*	動カシ難キ。堅固ナル	Ugokashi-gataki; Ken-go naru.
INÉLIGIBLE, *a.*	撰擧スベカラザル	Sen-kyo su-bekara-zaru.
INEXCUSABLE, *a.*	宥恕スベカラザル	Yū-jo su-bekaraza-ru.
INFAILLIBLEMENT, *ad.*	慥カニ。誤ナク	Tashika-ni; Ayama-ri naku.

INFAMANT, E, a.	加辱ノ	Ka-joku no.
INFÂME, a.	耻辱ノ	Chi-joku-no.
— sm.	不名譽ノ人	Fu-mei-yo-no hito.
INFATIGABLE, a.	疲勞セザル	Hi-rō sezaru ; Tsu-karezaru.
INFECTER, va.	惡臭スル。傳染スル。惡風ニスル	Aku-shū suru; Den-sen suru; Aku fū-ni suru.
INFÉRIEUR, E, a.	劣リタル。下等ノ	Otoritaru ; Ka-tō-no.
Qualité —	下品	Ge-hin.
INFIDÉLITÉ. sf.	不忠義	Fu-chū-gi.
INFINI, E, a.	限リナキ	Kagiri naki.
INFIRMER, va.	取リ消ス。弱ハメル	Tori-kesu ; Yowa-meru.
INFLEXIBLE, a.	曲ケ難キ	Mage-gataki.
INFORMATION, sf.	参考。探索。知ラセ。證人陳述調書	San-kō ; Tan-saku ; Shirase ; Shō-nin chin-jutsu chō-sho.
INFORMER, va.	告知スル。知ラセル。審問スル	Koku-chi suru; Shi-raseru; Shin-mon suru.
S'— vr.	参考スル。尋ル。吟味スル	San-kō suru ; Tazu-neru ; Gimmi su-ru.
INFORTUNE, sf.	不幸。不運	Fu-kō ; Fu-un.

INFORTUNÉ, E, *a.*	不運ナル。不幸ナル	Fu-un naru; Fu-kō naru.
— *sm.*	不幸ナル人	Fu-kō naru hito.
INFRACTION, *sf.*	犯罪	Han-zai.
INFRUCTUEUX, SE, *a.*	實ラザル。無盆ノ	Minorazaru; Mu-eki-no.
INGÉNIEUR. *sm.*	技術者。技師	Gi-jutsu-sha; Gi-shi.
INGÉNIEUSEMENT, *ad.*	巧ミニ	Takumi-ni.
INGÉNIEUX, SE, *a.*	才智アル。巧ミナル	Sai-chi aru; Taku-mi naru.
INGÉNU, E, *a.*	生ナル。有體ナル	Ubu naru; Aritei naru.
INGÉNUMENT, *ad.*	打明テ。有體ニ	Uchi-akete; Ari-tei-ni.
INGRAT, E, *a,*	恩ヲ知ラザル	On-wo shirazaru.
— *sm.*	恩ヲ知ラザル人	On-wo shirazaru hi-to.
INGRATITUDE, *sf.*	恩ヲ知ラザル事	On-wo shirazaru ko-to.
INHABILE, *a.*	無奇用ナル。能力ナキ	Bu-kiyō naru; Nō-ryoku naki.
INHUMAIN, E, *a.*	不人情ナル。猛惡ナル。苛酷ナル	Fu-nin-jō naru; Mō-aku naru; Ka-ko-ku naru.

INHUMAINEMENT, *ad.*	不人情ニ。猛悪ニ。苛酷ニ	Fu-nin-jô-ni; Mô-aku-ni; Kakoku-ni.
INHUMANITÉ, *sf.*	不人情。猛悪。苛酷	Fu-nin-jô; Mô-aku; Ka-koku.
INIMITIÉ, *sf.*	繼續スベキ怨恨	Kei-zoku subeki en-kon.
INIQUE, *a.*	不公平ナル。大不正ノ	Fu-kô-hei naru; Dai-fu-sei-no.
INIQUITÉ, *sf.*	不公平。大不正	Fu-kô-hei; Dai-fu-sei.
INITIATIVE. *sf.*	發案權	Hatsu-an-ken.
INITIER, *va.*	仲間ニ入レル。教ヘル	Nakama-ni ireru; Oshieru.
INJURE, *sf.*	誹謗。罵詈。侮辱	Hi-bô; Bari; Bu-joku.
INJURIER, *va.*	罵詈スル。侮辱スル	Bari suru; Bu-joku suru.
INJURIEUX, SE, *a.*	罵詈ノ。侮辱ノ	Bari-no; Bu-joku-no.
INJUSTE, *a.*	不公平ナル。不正ナル	Fu-kô-hei naru; Fu-sei naru.
INJUSTEMENT, *ad.*	不正ニ	Fu-sei-ni.
INJUSTICE, *sf.*	不義。不公平。不正	Fu-gi; Fu-kô-hei; Fu-sei.
INJUSTIFIABLE, *a.*	證明スベガラザル	Shô-mei su-bekara-zaru.

Inné, e, *a.*	生付タル。天賦ノ	Umare-tsuitaru ; Tempu-no.
Innocence, *sf.*	無罪。悪心ナキ事	Mu-zai ; Aku-shin naki koto.
Innocent, e, *a.*	無罪ナル。悪心ナキ	Mu-zai naru ; Aku-shin naki.
Innombrable, *a.*	無数ノ	Mu-sū-no.
Inondation, *sf.*	洪水	Kō-zui.
Inonder, *va.*	浸ス。被フ（水ガ）	Hitasu ; Ou (Mizu ga).
La rivière ayant débordé a inondé la ville.	河ガ溢レテ町ニ出水セシ	Kawa-ga afurete machi-ni (1) shus-sui seshi.
Inopiné, e, *a.*	思ヒヨラヌ。不意ノ	Omoi-yoranu ; Fu-i-no.
Inquiet, e, *a.*	穏カナラヌ。憂苦シタル。心配シタル	Odayaka naranu ; Yū-ku shitaru ; Shimpai shitaru.
Inquiéter, *va.*	妨ゲル。心配サスル	Samatageru ; Shim-pai saseru.
S'— *vr.*	心配スル。案ジル	Shimpai suru ; An-jiru.
Inquiétude, *sf.*	憂苦。穏ナラヌ事。心配	Yū-ku ; Odayaka na-ranu koto ; Shim-pai.

____

(1) Le verbe INONDER ne s'emploie pas à la forme active en Japonais.

INSAISISSABLE, *a.*	捕ヘラレザル。差シ押フベカラザル	Toraerarezaru; Sashi-osō bekarazaru.
INSCRIRE, *va.*	書付ル。記入スル	Kaki-tsukeru; Kinyū suru
INSECTE, *sm.*	昆虫	Kon-chū.
INSENSÉ, E, *a.*	愚ナル。ツマラヌ	Gu naru; Tsumaranu.
— *sm.*	愚人	Gu-jin.
INSENSIBLE, *a.*	感覺テキ	Kan-kaku naki.
INSENSIBLEMENT, *ad.*	感覺ナク。極纔カヅヽ	Kan-kaku naku; Goku wazuka zutsu.
INSIDIEUX, E, *a.*	詐欺アル。陷レントスル	Sa-gi aru; Otoshi-iren to suru.
INSINUATION, *sf.*	當付テ言フコ	Atetsukete yū koto.
INSINUER, *va.*	當付テ言フ	Atetsukete yū.
INSINUER, (s') *vr.*	加入スル。巧ニ入リ込ム	Ka-nyū suru; Takumi-ni iri-komu.
INSISTER, *vn.*	云ヒ張ル。固守スル	Ii-haru; Ko-shū suru.
INSOLITE, *a.*	無使用ノ	Mu-shi-yō-no.
INSOLVABLE, *a.*	無資力ノ	Mu-shi-ryoku-no.
INSPECTEUR, *sm.*	監督人	Kantoku nin.
INSPECTION, *sf.*	監督	Kantoku.
INSPIRER, *va.*	吹キ込ム。起ス	Fuki-komu; Okosu.

INSTANCE, *sf.*	懇願スルコ。懇求。訴訟	Hitasura-ni tano-mu koto; Kon-kyū; So-shō.
Tribunal de pre-mière —	始審裁判所	Shi-shin sai-ban-sho.
INSTANT, *sm.*	須臾。瞬間	Shu-yu; Shun-kan.
INSTITUER, *va.*	設定スル。作リ立ル	Settei suru; Tsuku-ri tateru.
INSTITUTION, *sf.*	設定スルコ。學校。教育所	Settei suru koto; Gakkō; Kyō-iku-jo.
INSTRUIRE, *va.*	教授スル	Kyō-ju suru.
INSTRUMENT, *sm.*	器械。道具	Ki-kai; Dō-gu.
INSULTE, *sf.*	誹謗。不禮	Hi-bō; Bu-rei.
INSULTER, *va.*	誹ル。謗ル。不禮スル	Soshiru; Nonoshi-ru; Bu-rei suru.
INSURGER, (s') *vr.*	暴動スル	Bō-dō suru.
INSURRECTION, *sf.*	暴動	Bō-dō.
INTACT, E, *a.*	觸レザル。純粹ナル	Furezaru; Jun-sui naru.
INTÈGRE, *a.*	廉直ナル	Ren-choku naru.
INTÉGRITÉ, *sf.*	廉直。清淨ナルコ。義氣	Ren-choku; Sei-jō naru koto; Gi-ki.
INTELLIGENCE, *sf.*	才智	Sai-chi.
INTELLIGENT, *a.*	才智アル	Sai-chi aru.
INTENDANT, *sm.*	支配人。監督人。執事	Shi-hai nin; Kan-toku nin; Shitsu-ji.

INTENTER, *va*.	起ス	Okosu.
— un procès.	起訴スル	Ki-so suru.
INTENTION, *sf*.	意。考。企	I; Kangae; Kuwa-date.
INTERCEPTER, *va*.	裁ル。止ル	Kiru; Todomuru; Sashi-tomuru.
INTERDIRE, *va*.	禁スル	Kinzuru.
INTÉRESSANT, E. *a*.	重要ナル。面白キ	Chō-yō naru; Omo-shiroki.
INTÉRESSÉ, *sm*.	關係人	Kan-kei nin.
INTÉRESSER, *va*.	利益サセル。關係サセル。面白ク思ハセル	Ri-eki saseru; Kan-kei saseru; Omo-shiroku omowaseru.
INTÉRÊT, *sm*.	利益。利息。利害	Ri-eki; Ri-soku; Ri-gai.
— par jour.	日分。日割	Hi-bu; Hi-wari.
— par an.	年利	Nen-ri.
— composé.	重利	Jū-ri.
— public.	公益	Kō-eki.
INTÉRIEUR, E, *a*.	內部ノ	Nai-bu-no.
INTÉRIEUR, *sm*.	內部。家內	Nai-bu; Ka-nai.
INTÉRIEUREMENT, *ad*.	內部ニ。內ニ	Nai-bu-ni; Naka-ni.
INTÉRIMAIRE, *a*.	代理ノ	Dai-ri-no.
INTERJETER *appel*,	控訴スル	Kō-so suru.

INTERNATIONAL,	國際ノ	Koku-sai-no.
Droit —	萬國公法	Ban-koku kō-hō.
INTERMINABLE, *a.*	絶ヘザル	Taezaru.
INTERPOLER, *va.*	書キ入レル	Kaki-ireru.
INTERPOSER, *va.*	間ニ入レル	Aida-ni ireru.
S'— *vr.*	仲ニ立ツ。間ニ居ル	Naka-ni tatsu ; Ai-da-ni iru.
INTERPOSITION, *sf.*	間ニ入ルコ	Aida-ni iru koto.
INTERPRÈTE, *sm.*	通辭, 通辯	Tsū-ji ; Tsū-ben.
INTERPRÉTER, *va.*	通辯スル。説明スル	Tsū-ben suru ; Se-tsu-mei suru.
INTERROGATION, *sf.*	疑問	Gi-mon.
INTERROGATOIRE, *sm.*	尋問	Jimmon.
INTERROGER, *va.*	問フ。聞ク。疑問スル	Tou ; Kiku ; Gi-mon suru.
INTERROMPRE, *va.*	中絶スル。中止スル	Chū-zetsu suru ; Chū-shi suru.
INTERRUPTION, *sf.*	中絶。中止	Chū-zetsu ; Chū-shi.
INTERSTICE, *sm.*	間隙	Suki-ma.
INTERVALLE, *sm.*	間。間隙。時間	Aida ; Kan-geki ; Ji-kan.
INTERVENIR, *vn.*	立入ル。中立ツ	Tachi-iru ; Naka-datsu.
INTERVENTION, *sf.*	立入ル事	Tachi-iru koto.
INTESTAT, *a.*	遺言ナシニ	Yui-gon nashi-ni.
INTIME, *a.*	親キ。睦キ。	Shitashiki ; Mutsu-mashiki.

— sm.	親友	Shin-yū.
INTIMIDER, va.	恐怖サセル	Kyō-fu saseru.
INTRÉPIDE, a.	危險ヲ恐レザル。勇猛ナル	Ki-ken-wo osoreza-ru; Yū-mō naru.
INTRÉPIDITÉ, sf.	危險ヲ恐レザル丁。勇猛	Ki-ken-wo osoreza-ru koto; Yū-mō.
INTRINSÈQUE, a.	固有ノ。內部ノ	Ko-yū-no; Nai bu-no.
INTRODUIRE, va.	誘ヒ入レル。入レル。照會スル	Izanai-ireru; Ireru; Shō-kwai suru.
INVALIDER, va.	無効トスル	Mu-kō to suru.
INVENTAIRE, sm.	目錄	Moku-roku.
INVENTER, va.	發明スル	Hatsu-mei suru.
INVENTEUR, TRICE, sm. f.	發明人	Hatsu-mei nin.
INVENTION, sf.	發明	Hatsu-mei.
Brevet d'—	專賞特許	Sembai tokkyo.
INVESTIR, va.	任ズル。權利ヲ有セシムル。圍ム	Nin zuru; Ken-ri-wo yū-seshimuru; Kakomu.
INVINCIBLE, a.	打勝チガタキ	Uchi-kachi gataki.
INVIOLABLE, a.	破リ難キ。犯シ難キ	Yaburi gataki; Oka-shi gataki.
INVISIBLE, a.	見エヌ	Mienu.
INVITATION, sf.	請待。招キ	Shō-dai; Maneki.
INVITER, va.	招ク。賴ム	Maneku; Tanomu.
INVOLONTAIRE, a.	無意ノ。不隨意ノ	Mu-i-no; Fu-zui-i-no.

INVOQUER; *va.*	助ヲ願フ。救助ヲ乞フ	Tasuke-wo negau; Kyū-jo-wo kou.
INUTILE, *a.*	不用ナル。無益ナル	Fu-yō naru; Mu-eki naru.
INUTILEMENT, *ad.*	不用ニ。無益ニ	Fu-yō-ni; Mu-eki-ni.
INVARIABLE, *a.*	變ラザル	Kawarazaru.
IRRÉCUSABLE, *a.*	忌避スベカラザル	Ki-hi su-bekarazaru.
IRRÉGULIER, E, *a.*	不規則ナル。不正ナル	Fu-kisoku naru; Fu-sei naru.
IRRÉPRÉHENSIBLE, *a.*	非難ス可カラザル	Hi-nan su-bekarazaru.
IRRÉSOLU, E, *a.*	氣ガ定ラザル。決定ナキ	Ki-ga uwatsuite iru; Ketsu-jō naki.
IRRÉVOCABLE, *a.*	罷免スベカラザル。廢棄スベカラザル	Hi-men su-bekarazaru; Hai-ki su-bekarazaru.
IRRÉVOCABLEMENT, *ad,*	確定ニ	Kakutei-ni.
IRRITER, *va.*	怒ラセル。勵マス	Ikaraseru; Hage-masu.
IRRUPTION, *sf.*	溢レ込ム丁	Afure-komu koto.
ISSU, E, *a.*	後胤ナル。生ゼラレタル	Kō-in naru; Shō-zeraretaru.
ISSUE, *sf.*	出口。通行口	De-guchi; Tsū-kō-guchi.
ISTHME, *sm.*	地峽	Chi-kyō.

Ivoire, *sm.*	象牙	Zō-ge.
Ivoirier, *sm.*	象牙細工スル人	Zō-ge zai-ku suru hito.
Ivraie, *sf.*	麥ノ中ニ生シタル惡シキ草	Mugi-no uchi-ni shōjitaru ashiki kusa.
Ivre, *a.*	酩酊ノ	Mei-tei-no.
Ivresse, *sf.*	酩酊	Mei-tei.

J.

Jadis, *ad.*	昔時	Mukashi.
Jalousie, *sf.*	嫉妬。妬ミ	Shitto; Netami.
Jaloux, se, *a.*	嫉妬深キ。妬ム	Shitto-fukaki; Netamu.
Jamais, *ad.*	始終。嘗テナシ。決シテ	Shi-jū; Katsute nashi; Kesshite.
Jambe, *sf.*	脚	Kyaku; Sune.
Jambon, *sm.*	鹽豕。ラカン	Shio-buta; Rakan.
Janvier, *sm.*	正月。一月	Sho-gwatsu; Ichi-gwatsu.
Jardin, *sm.*	花園。庭。中庭	Kwa-en; Niwa; Naka-niwa.
Jardinier, *sm.*	庭作リ。園丁	Niwa-tsukuri; En-tei.

Javelot, *sm.*	短鎗(投用スル)	Tan-sō (Tō-yō su-ru).
Jaunâtre, *a.*	黄色ノ	Ki-iro-no.
Jaune, *a.*	黄ナル	Ki naru.
— *sm.*	黄色	Ki-iro.
Jeter, *va.*	投ル	Nageru.
Jeu, *sm.*	遊戯。勝負遊	Yū-gi; Shō-bu aso-bi.
Jeudi, *sm.*	木曜日	Moku-yō-bi.
Jeune, *a.*	若キ	Wakaki.
Jeunesse, *sf.*	少年。幼少	Shō-nen; Yō-sho.
Joaillier, *ère, sm. f.*	金銀寶石ヲ細工スル人。玉匠	Kin-gin hō-seki-wo saiku suru hito; Gyoku-shō.
Joie, *sf.*	喜ビ	Yorokobi.
Joindre, *va.*	接ヘル。合スル。副ヘル	Sessuru; Gassuru; Soeru.
Joli, *e, a.*	奇麗ナル	Ki-rei naru.
Joliment, *ad.*	奇麗ニ	Ki-rei-ni.
Jonction, *sf.*	併合	Hei-gō.
Joue, *sf.*	頬	Hō.
Jouer, *vn, a.*	戯レル。弄ブ。勝負スル	Tawamureru; Mo-teasobu; Shō-bu suru.
Jouet, *sm.*	小供ノ手遊物	Kodomo-no te-asobi mono.
Joug, *sm.*	軛。服從	Kubiki; Fuku-jū.

JOUJOU, *sm.*	翫物	Moteasobi mono.
JOUIR, *vn.*	喜ブ。樂ム。收益ス ル	Yorokobu; Tanoshi-mu; Shū-eki suru.
JOUISSANCE, *sf.*	占有權。收益スル ヿ。樂ミ	Sen-yū-ken; Shū-eki suru koto; Tanoshimi.
JOUR, *sm.*	晝。日	Hiru; Hi.
JOURNAL, *sm.*	新聞紙。日記	Shimbun-shi; Nik-ki.
Tenir un —	日記ヲツケル	Nikki-wo tsukeru.
JOURNÉE, *sf.*	日	Hi.
Toute la —	終日	Shū-jitsu.
JOURNELLEMENT, *ad.*	日日	Hibi.
JUDICIEUX, SE, *a.*	明斷ナル。思慮ア ル	Mei-dan naru; Shi-ryo aru.
JUGE, *sm.*	判斷人。判事。裁判 官	Han-dan nin; Han-ji; Sai-ban-kwan.
JUGEMENT, *sm.*	裁判。裁判言ヒ渡 シ	Sai-ban; Sai-ban-ii-watashi.
JUGER, *va.*	裁判スル	Sai-ban suru.
JUILLET, *sm.*	七月	Shichi-gwatsu.
JUIN, *sm.*	六月	Roku-gwatsu.
JUMENT, *sf.*	牝馬	Me-uma.
JURÉ, *sm.*	陪審官	Bai-shin-kwan.
JURER, *va.*	宣誓スル	Sen-sei suru; Chi-kau.

Juridiction, *sf.*	裁判權。裁判管轄	Sai-ban-ken; Sai-ban kwan-katsu.
Juridique, *a.*	法律上ノ	Hō-ritsu jō-no.
Jurisconsulte, *sm.*	法律學者	Hō-ritsu gaku-sha.
Jury, *sm.*	倍審	Bai-shin.
Jusque, *prép.*	迄	Made.
Juste, *a.*	正シキ。正直ナル	Tadashiki; Shō-jiki naru.
Justice, *sf.*	裁判。法廳。正理	Sai-ban; Hō-chō; Sei-ri.
Justificatif, ve, *a.*	辯明スベキ。證明スベキ	Bemmei su-beki; Shō-mei su-beki.
Justification, *sf.*	辯明。證明	Bemmei; Shō-mei.
Justifier, *va.*	辯明スル。證明スル	Bemmei suru; Shō-mei suru.
Juvénile, *a.*	幼少ノ。幼キ	Yō-shō-no; Itoke-naki.

L.

La, *pro.*	夫ヲ	Sore-wo.
Là, *ad.*	彼處ニ。其處ニ	Achira-ni; Soko-ni.
Labeur, *sm.*	働キ。勞力	Hataraki; Rō-ryo-ku.

Laborieux, se, *a.*	出精ナル	Shussei naru.
Labour, *sm.*	耕作	Kō-saku.
Labourer, *va.*	耕作スル	Kō-saku suru.
Laboureur, *sm.*	耕作人	Kō-saku nin.
Lac, *sm.*	湖	Mizu-umi.
Lacération, *sf.*	毀折	Ki-setsu.
Lacérer, *va.*	毀折スル	Ki-setsu suru.
Lâche, *a.*	綏キ。臆病ナル。昇怯	Yuruki; Oku-byō naru; Hi-kyō naru.
Lâcher, *va.*	綏ニスル。放ツ	Yuruyaka-ni suru; Hanatsu.
Lâcheté, *sf.*	臆病。遲徐。昇怯	Oku-byō; Chi-jo; Hi-kyō.
Laconique, *a.*	短キ	Mijikaki.
Laie, *sf.*	牝猪。森林中ノ細キ路	Me-inoshishi; Shin-rin chū-no hosoki michi.
Laine, *sf.*	毛。羊毛	Yō-mō.
Laisser, *va.*	殘ス。其儘置ク。忘ルヽ	Nokosu; Sono mama oku; Wasururu.
Lait, *sm.*	乳汁	Nyū-jū.
Laitue, *sf.*	萵ノ類	Chisa-no rui.
Lambin, e, *a.*	怠惰ナル	Tai-da naru.
Lambris, *sm.*	壁ヲ藍フ板	Kabe-wo ou ita.

Lame, *sf.*	金属ノ薄板。波浪。刀抔ノ鐵	Kin-zoku-no usu-ita; Ha-rō; Kata-na nado-no tetsu.
Lamentable, *a.*	歎ズベキ。哀哭スベキ	Tanzubeki; Ai-koku subeki.
Lamentation,	哀哭	Ai-koku.
Lamenter, (Se) *vr.*	哀哭スル	Ai-koku suru.
Lance. *sf.*	鎗(騎兵ノ用ユル)	Yari (Ki-hei-no mo-chiyuru).
Lancer, *va.*	投ゲル。射ル	Nageru; Iru.
Langage, *sm.*	國語。語	Koku-go; Kotoba.
Langouste. *sf.*	鰕	Ebi.
Langue. *sf.*	舌。國語	Shita; Koku-go.
Langueur, *sf.*	衰弱	Sui-jaku.
Languir, *vn.*	衰弱スル	Sui-jaku suru.
Languissant, E, *a.*	衰弱シタル。不活潑ナル	Sui-jaku shitaru; Fu-kwappatsu naru.
Lanterne, *sf.*	挑燈	Chō-chin.
Lapidaire, *sm.*	寳石工	Hō-seki-kō.
Lapider, *va.*	石ヲ投テ殺ス	Ishi-wo nagete ko-rosu.
Laps, *sm.*	間	Aida.
Laquais, *sm.*	大家ノ從者	Tai-ke-no jū-sha.
Laque. *sf.*	漆	Urushi.
Large, *a.*	廣キ	Hiroki.
Largement, *ad.*	廣ク	Hiroku.

LARGESSE, *sf.*	仁惠。恩惠	Jin-kei ; On-kei.
LARME, *sf.*	涙	Namida.
LARYNGITE, *sf.*	喉頭燉衝	Kō-tō kin-shō.
LARYNX, *sm.*	喉頭	Kō-tó.
LARRON, *sm.*	盜賊	Tō-zoku.
LAS, LASSE, *a.*	疲勞シタル。倦キタル	Hirō shitaru ; Aki-taru.
LASSER, *va.*	疲勞サセル。困ラセル	Hi-rō saseru ; Komaraseru.
LASSITUDE, *sf.*	疲レ	Tsukare.
LATIN, E, *a.*	羅甸ノ	Latin-no.
LAVER, *va.*	洗フ	Arau.
LATITUDE, *sf.*	廣サ。緯度	Hirosa ; I-do.
LAURIER, *sm.*	桂	Katsura.
LE, *pro.*	夫ヲ	Sore-wo.
LEÇON, *sf.*	教。課目	Oshie ; Kamoku.
LECTEUR, TRICE, *sm. f.*	讀者	Toku-sha.
LECTURE, *sf.*	誦讀	Shō-doku.
LÉGAL, E, *a.*	適法ノ	Teki-hō-no.
LÉGALEMENT, *ad.*	法ニ適シテ	Hō-ni teki shite.
LÉGALISATION, *sf.*	是認	Zenin.
LÉGALISER, *va.*	是認スル	Zenin suru.
LÉGALITÉ,	適法	Teki-hō.
LÉGATAIRE, *sm.*	遺贈ヲ受ル人	Izō-wo ukeru hito.
LÉGER, E, *a.*	輕キ	Karoki.

Légèrement, *ad.*	輕ク	Karoku.
Légèreté, *sf.*	輕サ。輕卒	Karosa; Kei-sotsu.
Légion, *sf.*	聯隊	Ren-tai.
Législateur, trice, *sm. f.*	立法官	Rippō-kwan.
Législatif, ve. *a.*	立法ノ	Rippō-no.
Légitime, *a.*	適正ノ。正當ノ	Teki-sei-no; Sei-tō-no.
— défense.	正當防禦	Sei-tō bō-gyo.
Enfant —	正當ノ子	Sei-tō-no ko.
Légitimement, *ad.*	正當ニ	Sei-tō-ni.
Légitimer, *va.*	正當トスル	Sei-tō to suru.
Légitimité, *sf.*	正當	Sei-tō.
Legs, *sm.*	遺贈	Izō.
Léguer, *va.*	遺贈スル	Izō suru.
Légume, *sm.*	野菜	Yasai.
Lendemain, *sm.*	翌日	Yoku-jitsu.
Lent, e, *a.*	徐ナル。遲キ	Shizuka naru; Oso-ki.
Lentement, *ad.*	徐ニ。遲ク	Shizuka-ni; Oso-ku.
Léopard, *sm.*	豹	Hyō.
Lèpre, *sf.*	癩病	Rai-byō.
Lequel, *pro. m.*	夫ハ	Sore-wa.
— *pro inter.*	何レ	Izure.
Léser, *va.*	害スル	Gai suru.
Lésion, *sf.*	損害	Son-gai.

Lestement, *ad.*	輕巧ニ。速巧ニ。氣輕ク	Kei-kō-ni; Sokkō-ni; Ki-garuku.
Léthargie, *sf.*	昏睡病	Kon-sui-byō.
Lettre, *sf.*	書翰。文字	Tegami; Mon-ji.
— de change.	爲換手形	Kawase tegata.
— de condolé-ance.	見舞ノ狀	Mimai-no jō.
— de voiture.	送リ狀	Okuri jō.
Levain, *sm.*	浮粉（パン等ヲ脹スニ用ユル物）。麴ノ類	Uki-ko (Pan tō-wo fu-kurasu-ni mo-chi-yuru mono); Kō-ji-no rui.
Levant, *sm.*	東方	Tō-hō.
Levée, (des lettres) *sf.*	開翰	Kai-kan.
Lever, *va.*	揚ゲル。起ス	Ageru; Okosu.
Se — *vr.*	起キル	Okiru.
Leur, *a. poss. sm. f.*	彼等ノ	Karera-no.
— *pron. pers.*	彼等ニ	Karera-ni.
Lèvre, *sf.*	唇	Kuchibiru.
Levier, *sm.*	木挺	Teko.
Lévrier, *sm.*	兎獵ニ用ユル足ノ長キ犬	Usagi kari-ni mochi yuru ashi-no na-gaki inu.
Levure, *sf.*	酒泡	Shu-hō.
Lézard, *sm.*	壁虎	Yamori.
Liaison, *sf.*	連接。合スルコ	Ren-setsu; Gassu-ru koto.

LIASSE, sf.	捆ゲ	Karage.
LIBELLER, va.	書狀ヲ認ム	Sho-jō-wo shitata-mu.
LIBÉRAL, E, a.	物愛ミセヌ。自由好キノ	Mono oshimi senu; Jiyū zuki-no.
Parti —	自由黨	Ji-yū-tō.
LIBÉRALITÉ, sf.	贈物。恩惠。物愛ミセヌ丁	Okuri mono; On-kei; Mono oshimi senu koto.
LIBÉRATEUR, TRICE, sm. f.	自由ヲ與フル人。救助人	Ji-yū-wo atōru hito; Kyū-jo nin.
LIBÉRATION, sf.	免責	Men-seki.
LIBÉRER, va.	免責スル	Men-seki suru.
LIBERTÉ, sf.	自由	Ji-yū.
— de conscience.	信仰ノ自由	Shin-kō-no ji-yū.
— individuelle.	身体ノ自由	Shin-tai-no ji-yū.
LIBERTIN, E, a.	不品行ナル。不序ナル	Fu-hin-kō naru; Fu-jo naru.
LIBRAIRE, sm.	書商	Hon-ya.
LIBRAIRIE, sf.	書肆	Hon-ya.
LIBRE, a.	自由ナル	Ji-yū naru.
LIBREMENT, ad.	自由ニ	Ji-yū-ni.
LICE, sf.	競馬ノ競爭又ハ運動遊戯ニ供スル場所	Kei-ba-no kyō-sō matawa un-dō yū-gi-ni kyō suru ba-sho.
LICITE, a.	適法ノ	Teki-hō-no.

LICENCE, *sf.*	自由。免許。學位ノ名	Ji-yū; Men-kyo; Gaku-i-no na.
LIÈGE, *sm.*	塞子木ノ皮	Sai-shi-gi-no kawa.
LIER, *va.*	連接スル。結ブ。繫グ	Ren-setsu suru; Musubu; Tsunagu.
LIERRE, *sm.*	蘿	Tsuta.
LIEU, *sf.*	場所	Ba-sho.
LIEUE, *sf.*	一里	Ichi ri.
LIÈVRE, *sm.*	野兎	No-usagi.
LIEUTENANT, *sm.*	副官	Fuku-kwan.
LIGNE, *sf.*	線。鎖兵線	Sen; Shō-hei-sen.
LIGUEUR, *sm.*	連合黨員	Ren-gō-tō-in.
LIMAÇON, *sm.*	蝸牛	Katatsumuri.
LIMITE, *sf.*	境界	Sakai.
— *pl.*	範圍	Han-i.
LIMONADIER, *sm.* E, *f.*	レモン水等ヲ商フ人	Lemon-sui tō-wo akinou hito.
LIMPIDE, *a.*	清潔ナル	Sei-ketsu naru.
LIN, *sm.*	亞麻	Ama.
Graine de —	亞麻仁	Ama-nin.
LINGE, *sm.*	布。片	Nuno; Kire.
LINGOT, *sm.*	金屬ノ小塊	Kin-zoku-no shō-kwai.
LION, *sm.*	獅子	Shishi.
LIQUEUR, *sf.*	流動物。甘キ酒ノ總名	Ryū-dō-butsu; Amaki sake-no sō myō.

Liquide, *a.*	流動シタル	Ryū-dō shitaru.
Lire, *va.*	誦讀スル	Yomu; Shō-doku suru.
Lis, *sm.*	百合艸	Yuri.
Liste, *sf.*	人名表。物品表	Jimmei hyō; Buppin hyō.
Lit, *sm.*	寢臺	Ne-dai.
Lithographie, *sf.*	石版術	Seki-ban jutsu.
Lithographier, *va.*	石版摺ニスル	Seki-ban zuri-ni suru.
Littéralement, *ad.*	文字通リニ	Moji dōri-ni,
Littérature, *sf.*	文學	Bun-gaku.
Livre, *sm.*	書籍	Sho-seki.
Livrer, *va.*	渡ス	Watasu.
Locataire, *sm.*	店子。借家人	Tanako; Shaku-ya nin.
Logement, *sm.*	住處	Jū-sho.
Loger, *vn.*	居住スル	Kyo-jū suru.
— *va.*	泊メル	Tomeru.
Logique, *sf.*	論理學	Ron-ri gaku.
— *a.*	論理上ノ	Ron-ri-jō-no.
Logis, *sm.*	住居。客舍	Jū-kyo; Kakusha.
Loi, *sf.*	法。規則	Hō; Ki-soku.
Loin, *ad.*	遠ク	Tōku.
Loisir, *sm.*	閑暇。暇	Kan-ka; Hima.
Long, ue, *a.*	長キ	Nagaki.
Longer, *va.*	傍フテ行ク。傍フ	Sōte yuku; Sou.

LONGTEMPS, ad.	久シク	Hisashiku.
LORGNER, va.	透シ見ル。目鏡デ見ル	Sukashi miru; Megane-de miru.
LORSQUE, c.	時ニ	Toki-ni.
LOUABLE, a.	譽ムベキ	Homu beki.
LOUANGE, sf.	賞美。賞詞	Shō-bi; Home-kotoba.
LOUER, va.	賃傭スル。貸ス。借リル	Chin-yō suru; Kasu; Kariru.
LOUP, sm.	狼	Ōkami.
LOURD, E, a.	重キ	Omoki.
LOUVE, sf.	牝狼	Me-ōkami.
LOYER, sm.	家賃	Ya-chin.
LUI, pro.	彼レ。彼ニ	Kare; Kare-ni.
LUIRE, vn.	輝ク	Kagayaku.
LUMIÈRE, sf.	光輝。明リ	Ko-ki; Akari.
LUMINEUX, SE, a.	光輝アル	Kō-ki aru.
LUNE, sf.	太陰	Tsuki.
LUNETTE, sf.	眼鏡	Megane.
— d'approche.	望遠鏡	Tō-megane.
LUTIN, sm.	稍ヤ狂フタル精神。徒ラ者	Yaya kurūtaru seishin; Itazura mono.
LUTTE, sf.	相撲。爭鬭	Su-mō; Sō-tō.
LUTTER, vn.	相撲ヲトル。爭フ	Su-mō-wo toru; Arasou.
LUTTEUR, sm.	相撲士	Su-mō-tori.

Luxe, *sm.*	贅澤。奢侈	Zei-taku; Sha-shi.
Lycée, *sm.*	アテーヌノ教育所。中學校。希臘ニテアリストトガ哲學ヲ講ゼシ地	Athenu-no kyō-iku-jo; Chū-gakkō; Girishia nite Ari-sutōte-ga tetsu-gaku-wo kō-zeshi tokoro.
Lyre, *sf.*	小琴ノ類	Shō-kin-no rui.

M.

Machine, *sf.*	機械	Ki-kai.
Machoire, *sf.*	頤骨	*Ki-kotsu; Ago-no hone.
Maçon, *sm.*	泥工	Sa-kwan.
Madame, *sf.*	夫人	Fu-jin.
Mademoiselle, *sf.*	令嬢	Rei-jō.
Magasin, *sm.*	庫。武器庫。賣店	Kura; Bu-ki gura; Uri-mise.
Mage, *sm.*	百爾失亞ノ僧	Persia-no sō.
Magistrat, *sm.*	法官。行政權又ハ司法權ヲ有スル文官	Hō-kwan; Gyō-sei-ken mata-wa shi-hō-ken-wo yū su-ru bun-kwan.

Magnanime, *a.*	大胆ナル。豪毅ナル。大量ナル	Dai-tan naru; Gō-ki naru; Dai-ryō naru.
Magnificence, *sf.*	結構。華麗	Kekkō; Kwa-rei.
Magnifique, *a.*	結構ナル。華麗ナル	Kekkō naru; Kwa-rei naru.
Magnifiquement, *ad.*	結構ニ。麗ニ	Kekkō-ni; Kwa-rei-ni.
Maigre, *a.*	瘦セタル。膏少キ	Yasetaru; Abura sukunaki.
Jour —	精進日	Shō-jin bi.
Main, *sf.*	手	Te.
— levée.	除去	Jo-kyo.
Maint, e, *a.*	數多ノ	Amata-no.
Maintenir, *va.*	維持スル。守ル	I-ji suru; Mamoru.
Maintien, *sm.*	保守。容貌	Ho-shū; Mi-nari.
Maire, *sm.*	戸長。區長	Ko-chō; Ku-chō.
Mairie, *sf.*	戸長役塲	Ko-chō yaku ba.
Mais, *c.*	然レドモ	Shikaredomo.
Maison, *sf.*	家屋。家族	Ka-oku; Ka-zoku.
— de correction.	輕罪既決監	Kei-zai ki-ketsu kan.
Maître, *sm.*	主人。持主。先生	Shu-jin; Mochi-nu-shi; Sen-sei.
Maîtresse, *sf.*	女主。情婦。女教師	Jo-shu; Jō-fu; Jō-kyō-shi
Majesté, *sf.*	尊威	Son-i.

Sa —	陛下	Hei-ka.
MAJESTUEUX, SE, *a.*	尊威ナル	Son-i naru.
MAJEUR, E, *a.*	丁年者	Tei-nen sha.
Force —	抗拒ス可カラザル事故	Kō-kyo su-bekara-zaru ji-ko.
MAJORITÉ, *sf.*	丁年。多數	Tei-nen; Ta-sū.
MAL, *sm.*	惡。疾病。損傷。疼痛	Aku; Yamai; Son-shō; Tō-tsū.
MAL, *ad.*	惡ク	Ashiku.
MALADE, *a.*	病ミタル。不快ナル	Yamitaru; Wazura-ttaru; Fukwai na-ru.
— *sm.*	病人	Byō-nin.
MALADIE, *sf.*	病患。病氣	Yamai; Byō-ki.
— contagieuse.	傳染病	Den-sen-byō.
MALADRESSE, *sf.*	拙劣。不器用	Setsu-retsu; Bu-ki-yō.
MALADROIT, E, *a.*	拙キ。不器用ナル	Tsutanaki; Bu-ki-yō naru.
MÂLE, *sm.*	雄。牡	O; Osu.
MALGRÉ, *pr.*	……ニ係ハラズ	…… ni kaka-wara-zu.
MALHEUR, *sm.*	不運。災害	Fu-un; Sai-gai.
MALHEUREUX, *sm.*	不幸ナル人。貧者	Fu-kō naru hito; Hin-sha.
MALHONNÊTE, *a.*	粗暴ナル。無禮ナル。不正直ナル	So-bō naru; Bu-rei naru; Fu-shō-jiki naru.

MALHONNÊTETÉ, sf.	粗暴。不禮。不正直	So-bō; Bu-rei; Fu-shō-jiki.
MALICE, sf.	惡性	Aku-shō; Aku-shin.
MALLE, sf.	箱（旅人ノ用ユル）	Hako (Ryo-jin-no mochiyuru).
MALPROPRE, a.	不潔ナル	Fu-ketsu naru; Ki-tanaki.
MALPROPRETÉ, sf.	不潔	Fu-ketsu.
MALTRAITER, va.	惡ク取扱フ	Waruku tori-atsu-kau.
MAMAN, sf.	母（子供ノ語）	Haha (Kodomo-no go).
MAMELLE, sf.	乳房	Chi-busa.
MANCHE, sm.	柄	E.
MANCHE, sf.	袖	Sode.
MANDAT, sm.	委任。令狀	Inin; Rei-jō.
— sur la poste.	郵便爲替	Yū-bin kawase.
MANDATAIRE, sm.	代理人	Dai-ri nin.
MANDER, va.	呼出ス。通信スル	Yobi-dasu; Tsū-shin suru.
MANGER, va.	食フ	Kurau.
Le boire et le —	飲食	*On-jiki; In-sho-ku.
MANIER, vn.	取扱フ。攪ム。取ル	Tori-atsukau; Tsu-kamu; Toru.
MANIÈRE, sf.	仕方。身振リ	Shikata; Mi-buri.
MANIFESTER, va.	顯ハス	Arawasu.

MANQUER, *vn.*	無クナル。誤ル。仕損フ	Naku naru; Ayama-ru; Shi-sokonau.
MANTEAU, *sm.*	外套	Gwai-tō.
MANUFACTURE, *sf.*	製造。製造塲	Sei-zō; Sei-zō-ba.
MANUFACTURER, *va.*	製造スル	Sei-zō suru.
MARÂTRE, *sf.*	繼母	Kei-bo.
MARAUD, *sm.*	無賴人	Bu-rai-jin.
MARAUDER, *vn.*	掠略スル	Rō-ryaku suru.
MARBRE, *sm.*	蠟石。大理石	Rō-seki; Dai-ri se-ki.
MARBRIER, *sm.*	大理石ヲ賣ル人。大理石ノ職工	Dai-ri-seki-wo uru hito; Dai-ri-seki-no shokkō.
MARC, *sm.*	粕。八オンスノ量	Kasu; Hachi onsu-no ryō.
MARCHAND, *sm.*	商人	Shō-nin.
MARCHANDER, *va.*	直ギル	Negiru.
MARCHANDISE, *sf.*	商賣品	Shō-bai-hin.
MARCHE, *sf.*	行進。行軍。進步	Ko-shin; Kō-gun; Shimpo.
MARCHÉ, *sm.*	市。賣買。約定	Ichi; Uri-kai; Ya-ku-jō.
MARCHER, *vn.*	行進スル	Kō-shin suru; Ayu-mu.
MARI, *sm.*	夫	Otto.
MARIAGE, *sm.*	婚姻	Kon-in.

MARIER, (Se), *vr.*	婚姻スル	Kon-in suru.
MARINIER, *sm.*	河ノ舟人	Kawa-no sen-dō.
MARITAL, *c.*	夫ノ	Otto-no.
MARITIME, *a.*	海上ノ。海ニ關シタル	Kai-jō-no; Umi-ni kwan-shitaru.
MARMITE, *sf.*	釜	Kama.
MARMITON, *sm.*	厨僕	Chū-boku.
MARQUE, *sf.*	記號。記章。標點。印影	Shirushi; Ki-shō; Hyō-ten; In-hei.
— de fabrique.	商標	Shō-hyō.
MARQUER, *va.*	印スル。記章スル。記スル	In suru; Ki-shō suru; Ki suru.
MARS, *sm.*	三月	San-gwatsu.
MARTEAU, *sm.*	槌。金槌	Tsuchi; Kana-zuchi.
MASQUE, *sm.*	假面	Ka-men.
MASQUER (Se), *vr.*	面ヲ被ル	Men-wo kaburu.
MASSACRER, *va.*	殺害スル	Satsu-gai suru.
MASSE, *sf.*	塊	Katamari.
MASSIF, VE, *a.*	塊リタル。重キ	Katamaritaru; Omoki.
MASSUE, *sf.*	先太ノ棒	Saki-futo-no bō.
MÂT, *sm.*	檣	Hobashira.
MATELAS, *sm.*	蒲團（西洋ノ）	Fu-ton (Sei-yō-no).
MATELOT, *sm.*	水夫	Sui-fu.
MATERNEL, LE, *a.*	母ノ。母方ノ	Haha-no; Haha kata-no.

MATERNITÉ, *sf.*	母タル丅	Haha taru koto.
MATHÉMATIQUE, *a.*	數學ノ	Sū-gaku-no.
MATIÈRE, *sf.*	材料。實体。物質。事件	Sai-ryō; Jittai; Busshitsu; Ji-ken.
— première.	原品	Gempin.
MATIN, *sm.*	朝	Asa.
MÂTIN, *sm.*	大ナル番犬	Ōi naru ban-inu.
MATRICULE, *sf.*	名簿	Mei-bo.
MATRIMONIAL, E, *a.*	婚姻ノ	Kon-in-no.
MAUDIRE, *va.*	不幸ヲ祈ル	Fu-kō-wo inoru.
MAUVAIS, E, *a.*	惡キ	Ashiki.
— *foi.*	不信實。惡意	Fu-shin-jitsu; Aku-i.
MAXIME, *sf.*	金言。格言	Kin-gen; Kaku-gen.
MAXIMUM, *sm.*	最高。最重	Sai-kō; Sai-jū.
MÉCHANCETÉ, *sf.*	惡心	Aku-shin.
MÉCHANT, E, *a.*	惡心アル	Aku-shin aru.
MÉCONNAÎTRE, *va.*	認定セズ	Nin-tei sezu.
MÉCONTENT, E, *a.*	不滿足ナル	Fu-man-zoku naru.
MÉDAILLE, *sf.*	勳章	Kun-shō.
MÉDECIN, *sm.*	醫者	I-sha.
MÉDECINE, *sf.*	醫術	I-jutsu.
MÉDIATEUR, TRICE, *sm. f.*	仲裁人	Chū-sai nin.
MÉDICAMENT, *sm.*	醫藥。藥	I-yaku; Kusuri.

Médiocre, *a.*	中庸ノ	Chū-yō-no.
Médiocrité, *sf.*	中庸	Chū-yō.
Médire, *vn.*	惡口スル。讒言スル	Akkō suru; Zan-gen suru.
Méditer, *va.*	熟考スル	Jikkō suru.
Méditerranée, *sf.*	地中海	Chi-chū-kai.
Méfiance, *sf.*	不信用	Fu-shin-yō.
Mégarde (par) *loc. ad.*	不注意ニテ	Fu-chū-i nite.
Meilleur, e, *a.*	最モ好キ	Mottomo yoki.
Mélange, *sm.*	混合物	Kon-gō-butsu.
Mélanger, *va.*	混合スル。混ゼル	Kon-gō suru; Mazeru.
Mêler, *va.*	混合スル。混ゼル	Kon-gō suru; Mazeru.
Se — *a. vr.*	攙入スル	Zan-nyū suru.
Melon, *sm.*	瓜	Uri.
Membre, *sm.*	肢。員（社又ハ會ノ）	Shi; In (Sha mata-wa kwai-no).
Même, *a.*	全ジキ	Onajiki.
Même, *ad.*	全ジク	Onajiku.
De —	如斯。其通リ	Kakū-no gotoku; Sono tōri.
Mémoire, *sf.*	記臆	Ki-oku.
—, *sm.*	備忘錄。覺ヘ書	Bi-bō-roku; Oboe-gaki.
De — *loc. ad.*	暗記ニテ	An-ki nite.

Mémorable, *a.*	記臆スベキ。著シキ	Ki-oku subeki; Ichijirushiki.
Menace, *sf.*	脅迫	Kyō-haku.
Menacer, *va.*	脅迫スル	Kyō-haku suru.
Ménagement, *sm.*	用心。注意	Yō-jin; Chū-i.
Ménager, *va.*	大切ニスル。儉約スル	Tai-setsu-ni suru; Ken-yaku suru.
Mendiant, e, *sm. f.*	乞食者	Kojiki.
Mendicité, *sf.*	乞食スルフ。乞食ノ所業	Kojiki suru koto; Kojiki-no sho-gyō.
Mendier, *vn.*	乞食スル	Kojiki suru.
— *va.*	子ダル	Nedaru.
Mener, *va.*	導ク	Michibiku.
Mensonge, *sm.*	虚言	Kyo-gen.
Mensonger, e, *a.*	虚言ナル	Kyo-gen naru.
Menteur, se, *a. s.*	虚言ヲ云フ人	Kyo-gen-wo iū hito.
Mentir, *vn.*	虚言ヲ云フ	Kyo-gen-wo iū.
Menton, *sm.*	頤	Otogai; Ago.
Menuisier, *sm.*	木細工人。建具師	Ki-zai-ku nin; Ta-te-gu-ya.
Méprendre (Se), *vr.*	取違フ。誤ル	Tori-chigan; Aya-maru.
Mépris, *sm.*	賤ミ	Iyashimi.
Méprisable, *a.*	賤ムベキ	Iyashimu beki.

Méprise, *sf.*	誤謬。取違ヒ	Ayamari ; Tori-chi-gai.
Mépriser, *va.*	賤シム。見下ゲル	Iyashimu ; Misage-ru.
Mer. *sf.*	海	Umi.
Mercantile, *a.*	重金ノ	Jū-kin-no.
Merci, *sf.*	謝辭ノ言語。憐ミ	Sha-ji-no gen-go ; Awaremi.
Mercure, *sm.*	水銀	Sui-gin.
Mère, *sf.*	母	Haha.
Méridional, e, *a.*	南方ノ	Nampō-no.
Mérite, *sm.*	功。有功	Isao ; Yū-kō.
Personne de —	有功人	Isao-no aru hito.
Mériter, *va.*	價スル	Atai suru.
Merveille, *sf.*	奇恠。感服スベキ物。不思議ナル物	Ki-kwai ; Kampuku subeki mono; Fu-shi-gi naru mo-no.
Merveilleux, se, *a.*	感服スベキ。驚クベキ。珍ラシキ。不思議ナル	Kampuku subeki ; Odoroku beki ; Mezurashiki ; Fu-shigi naru.
Message, *sm.*	口上。消息	Kō-jō ; Shō-soku.
— impérial.	使命	Shi-mei.
Messie, *sm.*	救世者	Kyū-sei sha.
Mesure, *sf.*	度量	Do-ryō.

MESURER, *va.*	量ル	Hakaru.
MÉTAIRIE, *sf.*	幷作地。幷作人ノ家	Hei-saku-chi; Hei-saku nin-no iye.
MÉTAL, *sm.*	金屬	Kin-zoku.
MÉTAMORPHOSE, *sf.*	變化。化ケルコ	Hen-kwa; Bakeru koto.
MÉTAMORPHOSER, *va.*	變ヘル。變ズル	Kaeru; Henzuru.
MÉTAYER, *sm.*	幷作人	Hei-saku nin.
MÉTEMPSYCOSE, *sf.*	輪回。流轉	Rin-ye; Ru-ten.
MÉTHODE, *sf.*	方法。仕方	Hō-hō; Shi-kata.
MÉTIER, *sm.*	商賣。職業	Shō-bai; Shoku-gyō.
MÈTRE, *sm.*	尺度ノ名（大約三尺三寸）	Shaku-do-no na (Oyoso san jaku san zun).
METS, *sm.*	料理。食物	Ryō-ri; Shoku-mo-tsu.
METTRE, *va.*	置ク。着ル。被ル。穿ク	Oku; Kiru; Kaburu; Haku.
Se — à, *vr.*	……ニ付ク。始ム ル	……ni tsuku; Haji-muru.
MEUBLE, *sm.*	家具。動產	Kagu; Dō-san.
MEUBLE, *a.*	動ク可キ。動產ノ	Ugoku-beki; Dō-san-no.
MEULE, *sf.*	粉挽臼	Kona-hiki-usu.

MEUNIER, sm.	麥ヲ粉ニシテ賣ル人。麥粉屋	Mugi-wo ko-ni shi-te uru hito; Mugi-ko-ya.
MEURTRE, sm.	殘殺	Zan-satsu.
MEURTRIR, va.	打身スル	Uchi-mi suru.
MIDI, sm.	正午。南方	Shō-go; Nampō.
MIEL, sm.	蜂蜜	Hachi-mitsu.
MIEN, NE, pro.	我ノ	Ware-no.
MIETTE, sf.	パンノ片又ハ其ノ粉	Pan-no kire mata-wa sono kona.
MIEUX, ad.	ナヲ好ク。寧口	Nao-yoku; Mushi-ro.
MIGNON, NE, a.	奇麗ナル。愛ラシキ	Ki-rei naru; Aira-shiki.
MIGRAINE, sf.	片方ノ頭痛	Kata-hō-no zutsū.
MILIEU, sm.	中央	Chū-ō.
MILITAIRE, sm.	軍人	Gun-jin.
— a.	軍事ノ	Gun-ji-no.
MILLE, sm.	千	Sen.
MILLIÈME, a.	第千ノ	Dai-sen-no.
MINCE, a.	薄キ。細長キ	Usuki; Hoso-naga-ki
MINE, sf.	顔色。顔容。礦山	Gan-shoku; Kao-tsuki; Kō-zan.
MINÉRAL, sm.	礦物	Kō-butsu.
— a.	礦物ノ	Kō-butsu-no.
Eau minérale.	礦泉	Kō-sen.

MINEUR, E, *a.*	幼少ノ	Yō-shō-no.
MINEUR, *sm.*	礦夫	Kane-hori; Kō-fu.
MINISTÈRE, *sm.*	官省。職務	Kwan-shō; Shoku-mu.
MINISTÉRIEL, LE, *a.*	官省ノ	Kwan-shō-no.
MINISTRE, *sm.*	大臣。公使	Dai-jin; Kō-shi.
— plénipotentiaire.	全權公使	Zen-ken kō-shi.
MINORITÉ, *sf.*	幼年。少數	Yō-nen; Shō-sū.
MINUIT, *sm.*	夜中	Yo-naka.
MINUTE, *sf.*	分時。下書。正本	Fun-ji; Shita-gaki; Sei-hon.
MIRACLE, *sm.*	奇異ナル事。驚クベキ丁	Ki-i naru koto; Odoroku-beki koto.
MIRACULEUSEMENT, *ad.*	不思儀ニ	Fushigi-ni.
MIRAGE, *sm.*	海市。唇氣樓	Nago; Shin-ki-rō.
MIROIR, *sm.*	鏡	Kagami.
MISE, *sf.*	置ク丁。釀出物。風姿	Oku koto; Kyo-shutsu butsu; Nari.
— à prix.	言出價	Ii-dashi ne.
MISÉRABLE, *a.*	不幸ナル。難澁ナル	Fu-kō naru; Nan-jū naru.
MISÈRE, *sf.*	不幸。難澁	Fu-kō; Nan-jū.
MISÉRICORDE, *sf.*	仁愛。憐	Jin-ai; Awaremi.
MISÉRICORDIEUX, SE, *a.*	仁惠アル	Jin-kei aru.

MISSION, *sf.*	使ヒ	Tsukai.
MITE, *sf.*	蛆。鳥ニ附着スル虱	Uji; Tori-ni fu-cha-ku suru shirami.
MITOYEN, NE, *a.*	互有ノ	Go-iū-no.
MIXTE, *a.*	混合ノ	Kon-gō-no.
MOBILE, *a.*	移スベキ。動キ易キ。心ノ變ジヤスキ	Utsusu beki; Ugo-ki-yasuki; Koko-ro-no henji-yasu-ki.
MODE, *sf.*	仕方。時様	Shikata; Hayari.
Etre à la —	流行スル	Hayaru.
Passé de —	流行シ終リタル	Sutarete shimatta-ru.
MODÈLE, *sm.*	手本	Te-hon.
MODÉRATION, *sf.*	程ヨキコ	Hodo-yoki koto.
MODÉRÉ, E, *a.*	程ヨキ	Hodo-yoki.
MODÉRÉMENT, *ad.*	程ヨク	Hodo-yoku.
MODÉRER, *va.*	和ラグル。程ヨクスル	Yawaraguru; Ho-do-yoku suru.
MODERNE, *a.*	輓今ノ。當世ノ	Ban-kin-no; Tō-sei-no.
MODESTE, *a.*	謙遜ナル。飾ラザル	Ken-son naru; Kazarazaru.
MODESTEMENT, *ad.*	遠慮シテ。謙遜シテ	En-ryo shite; Ken-son shite.
Vivre —	細キ烟ヲ立テヽ暮ス	Hosoki kemuri-wo tatete kurasu.

MODESTIE, *sf.*	遠慮。謙遜	En-ryo ; Ken-son.
MŒURS, *sf. pl.*	風俗	Fū-zoku.
MOI, *pr.*	私ヲ。私ガ	Watakushi-wo ; Watakushi-ga.
MOINDRE, *a.*	最モ少ナル	Mottomo shō naru.
MOINEAU, *sm.*	雀	Suzume.
MOINS, *ad.*	少ク	Sukunaku.
MOIS, *sm.*	月	Tsuki.
MOISIR, *va.*	黴サセル	Kabi saseru.
— *vn.*	黴ル	Kabiru.
MOISISSURE, *sf.*	黴	Kabi.
MOISSON, *sf.*	收納。收獲ノ時	Shū-nō ; Shū-kaku-no toki.
MOISSONNER, *va.*	苅ル。收納スル	Karu ; Shū-nō suru.
MOITIÉ, *sf.*	半分	Hambun.
MÔLE, *sm.*	水除ノ土手	Mizu-yoke-no dote.
MOLLESSE, *sf.*	柔軟	Jū-nan.
MOMENT, *sm.*	瞬時。時	Shun-ji ; Toki.
Dernier —	臨終	Rin-jū.
MON, *pro.*	私ノ	Watakushi-no.
MONARCHIE, *sf.*	君主政ノ國	Kun-shu-sei-no kuni.
MONARCHIQUE, *a.*	君主政ノ	Kun-shu-sei-no.
MONARCHISTE, *sm.*	立君論者	Rikkun ron-sha.
MONARQUE, *sm.*	獨裁國ノ君。君主	Doku-sai-koku-no kimi ; Kun-shu.

MONCEAU, *sm.*	積ミ重子タル物	Tsumi-kasanetaru mono.
MONDE, *sm.*	世界。地球。人間	Se-kai; Chi-kyū; Nin-gen.
MONÉTAIRE, *a.*	貨幣ノ	Kwa-hei-no.
MONNAIE, *sf.*	貨幣。造幣局	Kwa-hei; Zō-hei-kyoku.
MONOPOLE, *sm.*	特占	Toku-sen.
MONOPOLISER, *va.*	特占スル	Toku-sen suru.
MONSIEUR, *sm.*	君。様	Kimi; Sama.
MONSTRE, *sm.*	怪物	Kwai-butsu.
MONSTRUEUX, SE, *a.*	恐ルベキ。怪シキ	Osoru-beki; Aya-shiki.
MONT, *sm.*	丘陵	Kyū-ryō.
— de piété, *sm.*	質屋	Shichi-ya.
MONTAGNE, *sf.*	山	Yama.
MONTER, *vn.*	登ル。騰貴スル	Noboru; Agaru; Tō-ki suru.
MONTRE, *sf.*	懐中時計	Kwai-chū-dokei.
MONTRER, *va.*	顕ハス。證據ヲ示ス。教ヘル	Arawasu; Shō-ko-wo shimesu; Oshi-eru.
MONUMENT, *sm.*	建物。碑	Tate mono; Ishibu-mi.
MOQUER, (Se) *vr.*	笑フ。罵ル。嘲弄スル	Warau; Nonoshiru; Chō-rō suru.

MORALE, sf.	道徳。道徳學。勸善	Dō-toku; Dō-toku-gaku; Kwan-zen.
MORCEAU, sm.	片	Kire.
MORCELER, va.	刻ム。分配スル	Kizamu; Bumpai suru.
MORDRE, va.	嚙ム	Kamu
MORGUE, sf.	高慢	Kō-man.
MORIBOND, E, a.	死ニカヽリタル	Shini-kakaritaru.
MORNE, a.	悲シキ	Kanashiki.
MORT, sf.	死亡	Shi-bō.
Moment de la —	死期	Shi-ki ; Shini-me.
MORTEL, LE, a.	死スベキ	Shi-subeki.
MORTEL, sm.	人間	Nin-gen.
MORTELLEMENT, ad.	死スベク。命ニ係ル	Shi-subeku; Inochi-ni kakaru.
MORTIER, sm.	臼	Usu.
MORTIFICATION, sf.	軟ラグルフ。慾ヲ制スルフ	Yawaraguru koto; Yoku-wo sei suru koto.
MORTIFIER, va.	軟ラグル。辱シメル	Yawaraguru; Hazu-kashimeru.
MOT, sm.	言	Kotoba.
MOTIF, sm.	意趣。原因。理由。誘因	I-shu; Gen-in; Ri-yū; Yū-in.
MOTIVER, va.	理由ヲ附スル	Ri-yū-wo fu suru.
MOU, MOLLE, a.	柔軟ナル。柔キ	Jū-nan naru; Yawa-rakaki.

MOUCHE, *sf.*	蠅	Hai.
MOUCHERON, *sf.*	蚋子。蠟燭ノ心ノ燃ルトコロ	Buyu; Rō-soku-no shin-no moyuru-tokoro.
MOUCHOIR, *sm.*	鼻拭	Hana-fuki.
MOUDRE, *va.*	挽テ粉ニスル	Hiite kona-ni suru.
MOUILLER, *va.*	潤ス	Uruosu.
MOULE, *sm.*	摸形。鑄形	Bo-kei; I-gata.
MOULIN, *sm.*	挽キ臼。挽キ車	Hiki usu; Hiki ka-ruma.
MOURIR, *vn.*	死スル	Shisuru.
MOUSQUET, *sm.*	火繩銃	Hi-nawa-jū.
MOUSTACHE, *sf.*	上髭	Uwa-hige.
MOUTON, *sm.*	羊	Hitsuji.
MOUVEMENT, *sm.*	運動	Un-dō.
MOUVOIR, *va.*	動カス	Ugokasu.
Se — *vr.*	動ク。運動スル	Ugoku; Un-dō su-ru.
MOYEN, *sm.*	方法。仕方。理由	Hō-hō; Shi-kata; Riyū.
MOYEN, NE, *a.*	中位ノ	Chū-i-no.
MUET, TE, *a.*	啞ノ。無音ノ	Oshi-no; Mu-in-no.
— *sm. f.*	啞者	Oshi.
MUGIR, *vn.*	啼ク(牛ノ)。呼鳴ル	Naku (Ushi-no); Unaru.
MULE, *sf.*	上ハ履。牝騾	Uwa-gutsu; * Hin-ra; Me-roba.

MULET, *sm.*	牡蠣	Bo-ra.
MULTIPLICATION, *sf.*	乘算。增加	Kake-zan ; Zō-ka.
MULTIPLIER, *va.*	增加スル。乘ズル	Zō-ka suru ; Jō-zu-ru.
MULTITUDE, *sf.*	群集	Gun-shū.
MUNICIPALITÉ, *sf.*	町村。戸長役場	Chō-son ; Ko-chō ya-ku-ba.
MUR, *sm.*	壁。墻。石垣	Kabe ; Kaki ; Ishi-gaki.
MÛR, E, *a.*	熟シタル	Jiku shitaru.
MÛRIER, *sm.*	桑ノ樹	Kuwa-no ki.
MÛRIR, *vn.*	熟スル	Jiku suru.
MURMURE, *sm.*	呟キ。口ノ中ニテ不平ヲ鳴ラスフ。風聲。流水ノ音	Tsubuyaki ; Kuchi-no uchi nite fu-hei-wo narasu ko-to ; Fū-sei ; Ryū-sui-no oto.
MURMURER, *vn.*	呟ク。口ノ中ニテ不平ヲ鳴ラス。ザハザハ鳴ル	Tsubuyaku ; Kuchi-no uchi nite fu-hei-wo narasu ; Za-wa-zawa to naru.
MUSC, *sm.*	麝香	Ja-kō.
MUSE, *sf.*	音樂又ハ詩ノ女神	On-gaku mata-wa shi-no jo-shin.
MUSICIEN, NE, *sm.f.*	樂人	Gaku-jin.
MUSIQUE, *sf.*	音樂	On-gaku.

Mutin, e, *a.*	片意地ナル。傲慢ナル。片意地ナル人	Kata-iji naru; Gō-jō naru; Kata-iji naru hito.
— *sm.*	強情ナル人	Gō-jō naru hito.
Mutuel, le, *a.*	互ノ	Tagai-no.
Myrrhe, *sf.*	没藥	Motsu-yaku.
Myrte, *sm.*	丁子樹ノ類	Chōji-no ki-no rui.
Mystique, *a.*	假令ノ。秘密ノ	Tatoe-no; Himitsu-no.
Mystifier, *va.*	欺ス	Damasu.
Mythe, *sm.*	造リ事	Tsukuri goto.

N.

Nacelle, *sf.*	小舟。風船ニ釣シタル籠	Ko-bune; Fū-sen-ni Tsurushitaru kago.
Nacre, *sf.*	青貝	Ao-gai.
Nageoire, *sf.*	鰭	Hire.
Nager, *vn.*	泳グ。浮ブ	Oyogu; Ukabu.
Naguère, *ad.*	近頃	Chikagoro.
Naïf, ve, *a.*	飾リナキ。自然ノ。生ナル	Kazari naki; Shizen-no; Ubu naru.
Naissance, *sf.*	出産。根原	Shussan; Kon-gen.

NAÎTRE, *vn.*	生レル。起ル	Umareru; Okoru.
NAÏVETÉ, *sf.*	飾リナキコ。自然ノコ。生ナルコ	Kazari naki koto; Ubu-naru koto.
NAPPE, *sf.*	食卓ノ蓋ヒ	Shoku-taku-no oi; Han-dai hiki.
NARRATION, *sf.*	作文。物語リ	Saku-bun; Mono-gatari.
NARRER, *va.*	逃ベル。物語ル	Noberu; Mono-ga-taru.
NATAL, E, *a.*	生レノ	Umare-no.
NATION, *sf.*	國民	Koku-min.
NATIONALITÉ, *sf.*	國民籍	Koku-min-seki.
NATTE, *sf.*	莚	Goza.
NATURALISATION, *sf.*	歸化	Ki-kwa.
NATURALISTE, *sm.*	博物學者	Haku-butsu gaku-sha.
NATURE, *sf.*	天地。自然	Ten-chi; Shi-zen.
NATUREL, LE, *a.*	自然ノ。生レ付ノ。	Shi-zen-no; Uma-re-tsuki-no.
NATUREL, *sm.*	素ヨリノ住民。自然ノ傾向。天質	Moto-yori-no jū-min; Shizen-no kei-kō; Ten-shi-tsu.
NATURELLEMENT, *ad.*	自然ニ	Shizen-ni.
NAUFRAGE, *sm.*	破舩	Ha-sen.

Nausée, *sf.*	嘔氣	Mukaike.
Naval, e, *a.*	軍艦ノ	Gun-kan-no.
Navet, *sm.*	蕪	Kabura.
Navette, *sf.*	梭	Hi.
Navigable, *a.*	船ノ通ズベキ	Fune-no tsūzu beki.
Navigation, *sf.*	航海。航海術	Kō-kai ; Kō-kai ju-tsu.
Navire, *sm.*	艦舶	Sempaku : Fune.
Ne, *nég.*	打消ノ語	Uchi-keshi-no go.
Néanmoins, *c.*	然レドモ	Shikaredomo.
Nébuleux, se, *a.*	曇タル	Kumottaru.
Nécessaire, *a.*	必用ノ	Hitsu-yō-no.
Nécessairement, *ad.*	必用ニ	Hitsu-yō-ni.
Nécessité, *sf.*	必用	Hitsu-yō.
Nécessiter, *va.*	要スル	Yō suru.
Nec plus ultra,	不如	Shikazu.
Nectar, *sm.*	神酒。甘露	Shin-shu ; Kan-ro.
Négligence, *sf.*	怠慢。粗略	Tai-man ; Soryaku.
Négligent, e, *a.*	怠慢ノ。粗略ナル	Tai-man-no ; Soryaku naru.
Négliger, *va.*	怠ル。粗略ニスル	Okotaru ; Soryaku-ni suru.
Négoce, *sm.*	商賣。貿易	Shō-bai ; Bō-eki.
Négociant, *sm.*	商人	Shō-nin.
Négociation, *sf.*	商議。商フフ。談判	Shō-gi ; Akinau ko-to ; Dampan.

Négocier, _va._	商フ。談判スル	Akinau; Dampan suru.
Nègre, négresse, _sm. f._	黒人	Koku-jin; Kurombo.
Neige, _sf._	雪	Yuki.
Nerf, _sm._	神經	Shin-kei.
Nerveux, se, _a._	神經質ノ。神經ノ充チタル	Shin-kei shitsu-no; Shin-kei-no mi-chi-taru.
Net, te, _a._	清淨ナル。明白ナル	Sei-jō naru; Mei-haku naru.
Net, _ad._	確リ	Shikkari.
Nettoyer, _va._	掃除スル	Sō-ji suru.
Neveu, _sm._	甥	Oi.
Neuf, _a._	九ノ。新シキ	Ku-no; Atarashiki.
Neutraliser, _va._	空スル。局外中立セシムル	Munashiku suru; Kyoku-gwai chū-ri-tsu seshimuru.
Neutralité, _a._	局外中立	Kyoku-gwai chū-ri-tsu.
Neutre, _a._	傍觀シテ居ル	Bō-kwan shite oru; Chū-ritsu-no.
Neuvième, _a._	第九	Dai ku-no.
— _sm._	第九	Daiku.
Nez, _sm._	鼻	Hana.
Ni, _c._	尙ホ何々モ無キ	Nao nani nani mo naki.
Niais, e, _a._	愚ナル	Gu naru.

NID, *sm.*	巣	Su.
NIÈCE, *sf.*	姪	Mei.
NIELLER, *va.*	象眼スル	Zō-gan suru.
NIER, *va.*	打消ス。否拒スル	Uchi-kesu; Hi-kyo suru.
NIVEAU, *sm.*	水平	Sui-hei.
— d'eau.	水盛リ。水秤	Mizu-mori; Mizu-bakari.
NIVELER, *va.*	平面ニスル	Hei-men-ni suru.
NOBLE, *a.*	貴キ	Tattoki.
NOBLE, *sm.*	貴族	Ki-zoku.
NOBLESSE, *sf.*	貴族ノ稱	Ki-zoku-no shō.
NOCTURNE, *a.*	夜ノ	Yoru-no.
NŒUD, *sm.*	結目。節	Musubi-me; Fu-shi.
NOIR, E, *a.*	黒キ。暗キ	Kuroki; Kuraki.
NOIR, *sm.*	黒色	Koku-shoku.
NOIRCIR.	黒クスル	Kuroku suru.
NOIX, *sf.*	胡桃子	Kurumi.
NOM, *sm.*	名。名辞	Na; Mei-shi.
NOMBRE, *sm.*	數	Kazu.
NOMBREUX, SE, *a.*	數多ノ	Amata-no.
NOMBRIL, *sm.*	臍	Heso.
NOMMER, *va.*	名付ル。俞ズル	Na-zukuru; Mei-zu-ru.
NON, *ad.*	否。無	Ina; Nashi.
— lieu.	免訴	Men-so.

— valeur.	預備金	Yo-bi-kin.
NORD, sm.	北方	Hoppō.
NOTAIRE, sm.	公證人	Kō-shō nin.
NOTABLE, a.	著シキ。視ル二足ル	Ichijirushiki; Miru-ni taru.
NOTE, sf.	附言。註	Fu-gen; Chū.
NOTIFICATION, sf.	布告	Fu-koku.
NOTIFIER, va.	逓達スル	Tsū-datsu suru.
NOTION, sf.	意見。理會	I-ken; Ri-kwai.
NOTRE, pr.	我等ノ	Warera-no.
NOUER, va.	結ブ	Musubu.
NOVICE, a.	未熟ナル	Mi-jiku naru
— sm.	弟子。新發智	De-shi; Shimbochi.
NOURRICE, sf.	乳母	Uba.
NOURRIR, va.	育テル	Sodateru.
NOURRITURE, sf.	食物	Shoku-motsu.
NOUS, pr.	我等	Ware-ra.
NOUVEAU, NOUVEL-LE, a.	新ラシキ。新ノ	Atarashiki; Arata-no.
NOUVELLE, sf.	新報。新聞	Shimpō; Shimbun.
NOUVELLEMENT, ad.	新二	Shin-ki-ni.
NOVEMBRE, sm.	十一月	Jū-ichi gwatsu.
NOYER, sm.	胡桃樹	Kurumi-no ki.
NOYER (Se), vr.	溺ル。沈ム	Oboreru; Shizumu.
— volontaire-ment.	投身スル	Mi-nage-wo suru.
NU, E, a.	裸ノ	Hadaka-no.

NUAGE, sm.	雲	Kumo.
NUAGEUX, SE, a.	曇リタル	Kumoritaru.
NUIRE, vn.	妨ル 害スル	Samatageru; Gai suru.
NUISIBLE, a.	害ニナル	Gai-ni naru.
NUIT, sf.	夜	Yoru.
NUITAMMENT, a.	夜中ニ	Ya-chū-ni.
NUL, LE, a.	空ナル。一モナキ。無効ノ	Kū naru; Itsumo naki; Mu-kō-no.
NULLEMENT, ad.	空モナク	Sukoshimo naku.
NULLITÉ, sf.	無効	Mu-kō.
NUMÉRAIRE, sm.	正金	Shō-kin.
NUPTIAL, E, a.	婚禮ノ	Kon-rei-no.
NUQUE, sf.	身柱	Chirike.
NUTRITIF, VE. a.	滋養ナル	Jiyō naru.
NUTRITION, sf.	養ヒ	Yashinai.
NYMPHE, sf.	山水ノ女神	San-sui-no jō-shin.

O.

OBÉIR, vn.	從フ	Shitagau.
OBÉISSANCE, sf.	從順	Jū-jun.
OBÉISSANT, E. a.	從順ナル	Jū-jun naru.
OBJECTION, sf.	異論	I-ron.

OBJET, *sm.*	目的。趣意。目的物	Moku-teki ; Shui ; Moku-teki butsu.
OBLIGATION, *sf.*	義務。勤。債券	Gi-mu ; Tsutome ; Sai-ken.
OBLIGATOIRE, *a.*	免レザル	Manukarezaru.
OBLIGEANT, E, *a.*	深切ナル	Shin-setsu naru.
OBLIGER, *va.*	餘義ナクスル。義務ヲ負ハスル。信切ニスル	Yo-gi-naku suru ; Gi-mu-wo owasu-ru ; Shin-setsu-ni suru.
S'— *vr.*	約束スル	Yaku-soku suru.
OBLIQUE, *a.*	斜ナル	Naname naru.
OBSCÈNE, *a.*	猥褻ナル	Wai-setsu naru.
OBSCUR, E, *a.*	暗キ	Kuraki.
OBSCURCIR, *va,*	暗クスル	Kuraku suru.
OBSCURITÉ, *sf.*	暗黒。不外明	An-koku ; Fu-bum-mei.
OBSERVATEUR, TRICE, *sm. f.*	遵守スル人。注意スル人。觀察人	Jun-shu suru hito ; Chū-i suru hito. Kwan-satsu nin.
OBSERVATION, *sf.*	遵守。注意。觀察	Jun-shu ; Chū-i ; Kwan-satsu.
OBSERVATOIRE, *sm.*	天文臺。觀象臺	Temmon dai ; Kwan-shō dai.
OBSERVER, *va.*	遵守スル。注意スル。觀察スル	Jun-shu suru ; Chū-i suru ; Kwan-sa-tsu suru.

OBSTACLE, sm.	障得。故障	Shō-gai; Ko-shō.
OBSTINATION, sf.	頑固。強情	Gwan-ko; Gō-jō.
OBSTINÉ, E, a.	強情ナル	Gō-jō naru.
S'— vr.	頑固ニナル	Gwan-ko-ni naru; Gō-jō-wo haru.
OBSTRUER, va.	妨ゲル	Samatageru.
OBTENIR, va.	得ル	Uru.
OBUS, sm.	破裂丸	Haretsu-dama.
OCCASION, sf.	好機會。場合	Kō-ki-kwai; Ori; Ba-ai.
OCCASIONNER, va.	引起ス。生ズル	Hiki-okosu; Shōzuru.
OCCIDENT, sm.	西方	Sai-hō.
OCCIDENTAL, E, a.	西方ノ。西國ノ	Sai-hō-no; Sei-koku-no.
OCCULTE, a.	隱密ノ	Immitsu-no.
OCCUPATION, sf.	業務。勉強。占領	Gyō-mu; Ben-kyō; Sen-ryō.
OCCUPER, va.	占ムル。滿タス。住スル。占領スル	Shimuru; Mitasu; Jū suru; Sen-ryō suru.
OCÉAN, sm.	大洋	Tai-yō.
OCTROI, sm.	入市稅	Nyū-shi zei.
ODEUR, sf.	臭。香	Nioi; Kaori.
ODIEUX, SE, a.	惡ムベキ。嫌フベキ	Nikumu beki; Kirau beki.
ODORAT, sm.	嗅	Shū.

ODORIFÉRANT, E, *a.*	芳香アル	Hō-kō aru; Kōba-shiki.
OEIL, *sm.* YEUX, *pl.*	眼。球	Me; Me (ki-no).
OEILLET, *sm.*	撫子。石竹	Nadeshiko; Seki-chiku.
OEUF, *sm.*	卵	Tamago.
OEUVRE, *sf.*	仕事。働キ。著書	Shigoto; Hataraki; Cho-sho.
OFFENSE, *sf.*	不敬。罵詈	Fu-kei; Ba-ri.
OFFENSER, *va.*	誹謗スル	Hi-hō suru.
OFFICE, *sm.*	職務。役所	Shoku-mu; Yaku-sho.
d'—	職權ニテ	Shokken nite.
OFFICIER, *sm.*	官吏。士官	Kwan-ri; Shi-kwan.
OFFRANDE, *sf.*	獻上	Ken-jō.
OFFRE, *sf.*	供給。進物。捧グル丁	Kyō-kyū; Shimmo-tsu; Sasageru ko-to..
OFFRIR, *va.*	供スル。提グル	Kyō suru; Sasage-ru.
OH! *int.*	オー。アヽ	Ō; Ā.
OIE, *sf.*	鵝	Ga.
OIGNON, *sm.*	葱	Negi.
OISEAU, *sm.*	鳥	Tori.
OISELEUR, *sm.*	鳥ヲ捕フルヲ職業トスル者	Tori-wo torōru-wo shoku-gyō-to suru mono.

OISIF, VE, *a.*	閑暇ナル	Kan-ka naru.
OISIVETÉ, *sf.*	閑暇	Kan-ka.
OLIVE, *sf.*	橄欖	Kan-ran.
OLIVIER, *sm.*	橄欖樹	Kan-ran ju.
OMBRE, *sf.*	影。木陰	Kage; Ko-kage.
OMISSION, *sf.*	爲落チ。不爲ルコ	Shi-ochi; Sezaru koto.
ONCLE, *sm.*	伯父	Oji.
ONCTION, *sf.*	油膏ヲ塗ルコ	Abura-wo naru ko-to.
ONDE, *sf.*	漣	Sazanami.
ONDULER, *vn.*	疇ル	Uneru.
ONÉREUX, SE, *a.*	有酬ノ	Yū-shū-no; Muku-i aru.
ONGLE, *sm.*	爪	Tsume.
OPÉRATION, *sf.*	仕事。業。切斷	Shigoto; Waza; Setsu-dan.
OPÉRER, *va.*	生ズル。成ス。切斷スル	Shōzuru; Nasu; Setsu-dan suru.
— *vn.*	聞	Kiku.
OPHTHALMIE, *sf.*	眼病	Gambyō.
OPINIÂTRE, *a.*	頑固ナル。強情ナル	Gwan-ko naru; Gō-jō naru.
OPINIÂTRÉMENT, *ad.*	頑固ニ。強情ニ	Gwan-ko-ni; Gō-jō-ni.
OPINION, *sf.*	說。見込ミ	Setsu; Mi-komi.
OPIUM, *sm.*	亞片	Aben.

OPPORTUN, E, *a.*	都合ノ宜キ	Tsugō-no yoki.
OPPOSANT, E, *a.*	對手ナル	Tai-shu naru.
OPPOSER, *va.*	對抗スル。反スル	Tai-kō suru; Han suru.
S'— *vr.*	故障スル。對拒スル	Ko-shō suru; Teki-tai suru.
OPPOSITION, *sf.*	對拒。故障	Tekitai; Ko-shō.
OPPRIMER, *va.*	苦シメル	Kurushimeru.
OPTER (pour) *va.*	選ム	Eramu.
OPULENCE, *sf.*	富豪。饒財	Fu-gō; Jō-sai.
OR, *sm.*	金	Kin.
Feuilles d'—	金箔	Kimpaku.
Poudre d'—	金粉	Kimpun.
OR, *c.*	然ルニ。扨テ	Shikaruni; Sate.
ORACLE, *sm.*	託宣。神託	Takusen; Shin-ta-ku.
ORAGE, *sm.*	嵐。雷風雨	Arashi; Rai-fū-u.
ORAGEUX, SE, *a.*	嵐ノ。雷ノ摸様アル	Arashi-no; Rai-no moyō aru.
ORAL, E, *a.*	口上ノ	Kō-jō-no.
ORANGE, *sf.*	蜜柑	Mikan.
ORANGER, *sm.*	蜜柑ノ樹	Mikan-no ki.
ORATEUR, *sm.*	演説家。辯者	En-zetsu-ka; Ben-sha.
ORBITE, *sm.*	行道。軌道	Gyō-dō; Ki-dō.
— des yeux.	眼窠	Gan-kwa,

ORDINAIRE, *sm.*	日常。平生。普通	Nichi-jō; Hei-zei; Fu-tsū.
— *a.*	通常ノ	Tsū-jō-no.
ORDINAIREMENT, *ad.*	平生二	Hei-zei-ni.
ORDONNANCE, *sf.*	則。命令	Okite; Mei-rei.
ORDONNER, *va.*	命ズル	Meizuru.
ORDRE, *sm.*	命令。順序	Mei-rei; Jun-jo.
Billet à —	約束手形	Yaku-soku te-gata.
ORDURE, *sf.*	糞	Fun.
OREILLE, *sf.*	耳	Mimi.
Boucle d'—	耳輪	Mimi-wa.
ORFÈVRE, *sm.*	金細工人	Kin-zaiku nin.
ORGANE, *sm.*	機關	Ki-kwan.
ORGANIQUE, *a.*	組織ノ	So-shiki-no.
ORGANISATION, *sm.*	組織。構造。建方。編成	So-shiki; Kō-zō; Ta-te-kata; Hen-sei.
ORGE, *sf.*	大麥	Ō-mugi.
ORGUEIL, *sm.*	高慢。押柄	Kō-man; Ō-hei.
ORGUEILLEUX, SE, *a.*	押柄ナル	Ō-hei naru.
ORIENTAL, E, *a.*	東方ノ。東國ノ	Tō-hō-no; Tō-koku-no.
ORIFICE, *sm.*	口	Kuchi.
ORIGINAIRE, *a.*	本源ノ	Hon-gen-no.
ORIGINAL, *sm.*	正本。原書	Sei-hon; Gen-sho.
ORIGINAL, E, *a.*	元ノ	Moto no.

ORIGINE, *sf.*	根原。源	Kon-gen; Mina-moto.
ORME, *sm.*	榆	Nire.
ORMEAU, *sm.*	小キ榆	Chiisaki nire.
ORNEMENT, *sm.*	飾リ	Kazari.
ORNER, *va.*	飾ル	Kazaru.
ORPHELIN, E, *sm. f.*	孤兒	Minashigo.
ORTEIL, *sm.*	敏	Ashi-no oyayubi.
ORTHOGRAPHE, *sf.*	綴リ方	Tsuzuri kata.
ORTIE, *sf.*	蘇	Ira kusa.
OS, *sm.*	骨	Hone.
OSCILLER, *vn.*	振。振動スル	Furu; Shin-dō su-ru.
OSER, *va.*	敢テスル	Aete suru.
OSTENSIBLEMENT, *ad.*	公ニ	Ōyake-ni.
OSTENTATION, *sf.*	虚飾	Date; Kyoshoku.
OTER, *va.*	除ク	Nozoku.
OU, *c.*	又。或ハ	Mata; Aruiwa.
OÙ, *ad.*	其所ニ。何所ニ	Soko-ni; Doko-ni.
OUATE, *sf.*	中綿	Naka-wata.
OUBLI, *sm.*	忘失	Bō-shitsu.
OUBLIER, *va.*	忘レル	Wasureru.
OUEST, *sm.*	西	Nishi.
OUI, *ad. sm.*	然リ。諾	Shikari; Daku.
OUÏE, *sf.*	聽	Chō.

OURAGAN, *sm.*	嵐	Arashi.
OURS, SE, *sm. f.*	熊	Kuma.
OUTIL, *sm.*	仕事道具	Shi-goto dō-gu.
OUTRAGE. *sm.*	侮辱。侮辱傷害	Bu-joku ; Bu-joku-shō-gai.
OUTRAGER, *va.*	侮辱スル	Bu-joku suru.
OUTRAGEUX, SE, *a.*	侮辱ノ	Bu-joku-no.
OUTRE, *sf.*	革袋	Kawa-bukuro.
OUTRE, *ad.*	外ニ。越ヘテ	Hoka-ni ; Koete.
OUTREPASSER, *va.*	過ギル	Sugiru.
OUTRÉ, E, *a.*	過度ナル。怒リタル	Kwa-do naru; Ikari-taru.
OUVERT, E, *a.*	明ケタル。包マザル	Aketaru ; Tsutsu-mazaru.
OUVERTURE, *sf.*	開ク了。初メ。口穴	Hiraku koto ; Haji-me ; Kō-ketsu.
OUVRAGE, *sm.*	事業。著述	Ji-gyō; Cho-jutsu.
OUVRIER, *sm.*	職工	Shokkō.
OUVRIR, *va.*	開ク	Hiraku.
OVIPARE, *a.*	卵生ノ	Ran-sei-no.
OXYDATION, *sf.*	酸化	San-kwa.
OXYGÈNE, *sm.*	酸素	San-so.

P.

PACAGE, *sm.*	牧塲	Boku-jō.
PACIFIQUE, *a.*	穏カナル。平和好キナル	Odayaka naru; Hei-wa zuki naru.
PACOTILLE, *sf.*	乗船人ガ許ヲ得テ攤フル荷	Jō-sen nin-ga yuru-shi-wo ete tazusō-ru nimotsu.
PACTE, *sm.*	約束	Yaku-soku.
PAGE, *sf.*	紙ノ半面	Kami-no han-men.
PAGE, *sm.*	小性	Ko-shō.
PAILLE, *sf.*	麥藁	Mugi-wara.
PAIN, *sm.*	麵包	Pan.
PAIRE, *sf.*	足。對	Soku; Tsui.
PAISIBLE, *a.*	平和ナル。靜カナル	Hei-wa naru; Shi-zuka naru.
PAISIBLEMENT, *ad.*	平和二。靜カニ	Hei-wa-ni; Shizu-ka-ni.
PAÎTRE, *va. n.*	飼フ。蓄フ	Kau; Yashinau.
PAIX, *sf.*	平和	Hei-wa.
PALAIS, *sm.*	宮殿	Kyū-den.
PALANQUIN, *sm.*	乘物	Nori-mono.
PÂLE, *a.*	青白ナル	Sei-haku naru.
PALEFRENIER, *sm.*	馬丁	Ba-tei.

PÂLEUR, *sf.*	青白	Sei-haku.
PÂLIR, *vn.*	青白クナル	Ao-shiroku naru.
PALISSADE, *sf.*	籬	Kakine.
PALPABLE, *a.*	手觸ニテ知レル。明白ナル	Te sawari de shireru; Mei-haku naru.
PALPITER, *vn.*	悍々スル	Doki-doki suru.
PAMPRE, *sm.*	葉ト實ト附着シタル葡萄ノ枝	Ha-to mi-to fu-chaku shitaru bu-dō-no eda.
PANACÉE, *sf.*	諸病ニ効アル藥	Sho-byō-ni kiku kusuri.
PANIER, *sm.*	籠	Kago.
PANIQUE, *sf.*	驚キ	Odoroki.
PANSER, *va.*	馬ノ毛ヲ掃除スル。傷口ニ藥ヲ付ケル。傷口ヲ卷結スル	Uma-no ke-wo sō-ji suru; Kizuguchi-ri kusuri-wo tsukeru; Kizuguchi-wo kwan-ketsu suru.
PANTALON, *sm.*	ズボン	Zubon.
PANTHÈRE, *sf.*	豹ノ類	Hyō-no rui.
PAON, E, *sm. f.*	孔雀	Ku-jaku.
PAPA, *sm.*	父(子供ノ語)	Chichi (Kodomo-no go).
PAPE, *sm.*	羅馬法主	Rōma-hō-shu.
PAPIER, *sm.*	紙	Kami.

— monnaie.	紙幣	Shi-hei.
PAPILLON, sf.	蝶	Chō.
PÂQUES, sf.	祭日ノ名	Sai-jitsu-no na.
PAQUEBOT, sm.	郵便船	Yū-bin-sen.
PAQUET, sm.	包ミ。束	Tsutsumi; Taba.
PAR, pr.	因テ。ヨリ	Yotte; Yori.
PARADE, sf.	装飾。商品ノ排列。自慢ニ見ハスコ。観兵式	Sō-shoku; Shō-hin-no hai-retsu; Ji-man-ni arawasu koto; Kwampei-shiki.
PARAÎTRE, vn.	現ハル、。見ユル	Arawaruru; Miyu-ru.
PARALLÈLE, a.	整ヒタル。平行シタル	Soroitaru; Hei-kō shitaru.
PARALYSIE, sf.	中風	Chū-bu.
PARAPET, sm.	女墻	Hime-gaki.
PARAPLUIE, sm.	傘	Ama-gasa.
PARAVENT, sm.	風屏	Byō-bu.
PARASOL, sm.	日傘	Hi-gasa.
PARCHEMIN, sm.	羊皮ニテ作リタル紙	Yō-hi nite tsukuri-taru kami.
PARCE QUE, loc. conj.	如何ントナレバ	Ikan to nareba.
PARCOURIR, va.	經過スル。通行スル	Kei-kwa suru; Tsū-kō suru.
PARDON, sm.	許容	Kyo-yō.
PARDONNER, va.	許ス	Yurusu.

PAREIL, LE, *a.*	齊シキ	Hitoshiki.
— *sm.*	同類	Dō-rui.
PARENT, E, *sm. f.*	親族	Shin-zoku.
PARENTÉ, *sf.*	系統	Kei-tō.
PARENTHÈSE, *sf.*	括弧	Kwakko.
PARER, *va.*	飾ル。避ル	Kazaru; Sakuru.
PARESSE, *sf.*	懶惰	Rai-da.
PARESSEUX, SE, *a.*	懶惰ナル	Rai-da naru.
PARFAIT, E, *a.*	完全ナル	Kwan-zen naru.
PARFAITEMENT, *ad.*	完全ニ	Kwan-zen-ni.
PARFUM, *sm.*	芳香。香氣	Hō-kō; Kō-ki.
PARFUMÉ, E, *a.*	香氣アル。薰バシキ	Kō-ki aru; Kōbashi-ki.
PARIER, *va.*	賭スル	Kake suru.
PARJURE, *sm.*	偽誓。誓ニ背ク人	Gi-sei; Chikai-ni somuku hito.
PARJURER (Se), *vr.*	偽誓スル	Gi-sei suru.
PARLEMENT, *sm.*	國會	Kokkwai.
PARLEMENTAIRE, *a.*	國會ノ	Kokkwai-no.
PARLER, *vn.*	話ス	Hanasu.
PARMI, *pr.*	內ニ。中ニ	Uchi-ni; Naka-ni.
PAROISSE, *sf.*	僧官ノ管轄地	Sō-kwan-no kwan-katsu chi.
PAROLE, *sf.*	言語	Gen-go.
PARQUER, *va.*	圈圍ニ入レル。園ミオク	Ken-yū-ni ireru; Kakomi-oku.

Parricide, *a.*	親殺シノ	Oya-koroshi-no.
— *sm.*	親殺シ	Oya-koroshi.
Parsemer, *va.*	蒔散ラス	Maki chirasu.
Part, *sf.*	部分。干與。配當高	Bu-bun ; Kan-yo ; Haitō daka.
Partage, *sm.*	分配	Bumpai.
Partager, *va.*	分ツ。分配スル	Wakatsu ; Bumpai suru.
Partant, *c.*	其故ニ	Sore yuye-ni.
Parti, *sm.*	黨派。決定	Tō-ha ; Kettei.
Partial, e, *a.*	依怙贔負シタル	Eko-hiiki shitaru.
Partialité, *sf.*	依怙贔負	Eko-hiiki.
Participer, *vn.*	干與スル。懸合フ	Kan-yo suru ; Ka-kari-au.
Particulier, e, *a.*	格別ナル	Kaku-betsu naru.
Particulière-ment, *ad.*	格別ニ	Kaku-betsu-ni.
Partie, *sf.*	部分	Bu-bun.
Partiel, le, *a.*	部分ノ	Bu-bun-no.
Partir, *vn.*	出立スル。去ル	Shuttatsu suru ; Sa-ru.
Partisan, *sm.*	黨派	Tō-ha.
Partout, *ad.*	何處モ	Dokomo ; Izukumo.
Parvenir, *vn.*	届ク。到着スル。逐ル	Todoku ; Tō-chaku-suru ; Toguru.
Pas, *sm.*	步	Ho.
Pas, *ad.*	一モナキ。不	Itsu-mo naki ; …zu˙

PASSAGE, sm.	通行。經過。道路	Tsū-kō; Kei-kwa; Dō-ro.
PASSANT, sm.	通行人	Tsū-kō nin.
PASSÉ, sm.	過去	Kwa-ko.
PASSEPORT, sm.	通行券。旅行免狀	Tsū-kō-ken; Ryo-kō men-jō.
PASSER, va. n.	過ル。越ス。通行スル	Suguru; Kosu; Tsū-kō suru.
PASSEREAU, sm.	雀ノ總名	Suzume-no sō-riyō.
PASSIF, sm.	負債	Fu-sai.
— a.	受身ノ	Uke-mi-no.
PASSION, sf.	情慾	Jō-yoku.
PÂTE, sf.	捏タル粉	Konetaru kona.
PÂTÉ, sm.	肉饅頭	Niku man-jū.
PATENTE, sf.	營業鑑札。牽映証書	Ei-gyō kan-satsu; Ken-kō shō-sho.
PATERNEL, LE, a.	父方ノ	Chichi-kata-no.
PATERNITÉ, sf.	父タル事	Chichi taru koto.
PATHÉTIQUEMENT, ad.	感ズルヤウニ	Kanzuru yō-ni.
PATIENCE, sf.	堪忍	Kan-nin.
— int.	待タレヨ	Matareyo.
PATIENT, sm.	堪忍強キ人。死罪人。外科醫ニ治療セシムル人	Kan-nin tsuyoki hi-to; Shi-zai nin; Ge-kwa i-ni chi-ryō seshimuru hi-to.

PÂTISSIER, E, *sm. f.*	菓子屋	Kwa-shi-ya.
PATOIS, *sm.*	巷談	Kō-dan.
PATRIARCHE, *sm.*	大祖。敬フベキ老人	Tai-so; Uyamau be-ki rō-jin.
PATRIE, *sf.*	本國	Hon-goku.
PATRIOTISME, *sm.*	愛國心	Ai-koku-shin.
PATRIMOINE, *sm.*	遺產。家產	I-san; Ka-san.
PATRON, *sm.*	水夫二命令スル人。職工長。形	Sui-fu-ni mei-rei suru hito; Shok-kō-chō; Kata.
PATROUILLE, *sf.*	夜廻リ。邏兵	Yo-mawari; Ra-hei.
PATTE, *sf.*	足（鳥獸ノ）	Ashi (Chō-jū-no).
PÂTURAGE, *sm.*	牧塲	Boku-jō; Maki-ba.
PÂTURE, *sf.*	畜類ノ飼料	Chiku-rui-no kai-ryō.
PAUME, *sf.*	掌。玉投	Tanagokoro; Tama-nage.
PAUVRE, *sm.*	貧人	Hin-jin.
— *a.*	貧シキ。可憐	Mazushiki; Aware-mu beki.
PAUVRETÉ, *sf.*	困窮	Kon-kyū.
PAVÉ, *sm.*	敷石	Shiki-ishi.
PAVER, *va.*	石ヲ敷	Ishi-wo shiku.
PAVOT, *sm.*	芥子	Keshi.
PAYABLE, *a.*	可拂	Harau beki.
— à vue.	一覽拂ノ	Ichi-ran barai-no.
PAYEMENT, *sm.*	辨濟。支拂	Ben-sai; Shi-harai.

PAYER, *va.*	辨濟スル	Ben-sai suru.
PAYS, *sm.*	國	Kuni.
PAYSAGE, *sm.*	景色	Kei-shoku; Keishiki.
PAYSAN, E, *sm. f.*	田夫。百姓	Den-pu; Hyaku-shō.
PÉAGE, *sm.*	通行税	Tsū-kō-zei.
PEAU, *sf.*	皮	Kawa.
PÊCHE, *sf.*	桃。漁	Momo; Sunadori.
PÉCHÉ, *sm.*	背規。罪	Hai-ki; Tsumi.
PÉCHER, *vn.*	罪ヲ犯ス	Tsumi-wo okasu.
PÊCHER, *va.*	漁スル	Sunadori suru.
PÊCHEUR, *sm.*	漁人	Sunadori nin; Ryō-shi.
PÉCHEUR, RESSE, *sm. f.*	背規人	Hai-ki nin.
PÉCORE, *sf.*	獸	Kemono.
PÉCULE, *sm.*	貯蓄金	Cho-chiku-kin.
PÉCUNIAIRE, *a.*	金錢ノ	Kin-sen-no.
PEIGNE, *sm.*	櫛	Kushi.
PEIGNER, *va.*	櫛ル	Kushi-kezuru.
PEINDRE, *va.*	彩色シテ畫ク	Iro-dori shite ega-ku.
PEINE, *sf.*	罰。苦痛。苦勞。困難	Batsu; Ku-tsū; Ku-rō; Kon-nan.
PEINTRE, *sm.*	彩色畫師	Sai-shiki gwa-shi.
PEINTURE, *sf.*	彩色畫	Sai-shiki gwa.
PÊLE-MÊLE, *ad.*	亂雜二。混雜シテ	Ran-zatsu-ni; Kon-zatsu shite.

Peler, *va.*	皮ヲ剝	Kawa-wo muku.
Pèlerin, *sm.*	參詣人。巡禮	San-kei bito : Jun-rei.
Pèlerinage, *sm.*	參詣。巡拜	San-kei ; Jumpai.
Pelle, *sf.*	火斗。鋤ノ類	Jū-no ;　Suki-no rui.
Pellicule, *sf.*	上皮	Uwa-kawa.
Penchant, *sm.*	斜傾。崩。僻	Sha-kei ; Nadare ; Heki.
Pencher, *vn.*	傾ク	Katamuku.
— *va.*	傾ケル	Katamukeru.
Se —, *vr.*	屈ミ	Kagamu.
Pendant, *pr.*	間	Aida.
Pendre, *va.*	掛ル。縛リ殺ス	Kakeru ; Kukuri-korosu.
Pendule, *sf.*	掛時計	Kake-dokei.
— *sm.*	時計ノ振子。振子	Tokei-no furi; Shin-shi.
Pénétrable, *a.*	衝キ込得ベキ	Tsuki-komu beki.
Pénétration, *sf.*	衝込ムコ。智力	Tsuki-komu koto; Chi-ryoku.
Pénétrer, *va. n.*	衝込ム。入込ム。悟ル	Tsuki-komu ; Iri-komu ; Satoru.
Pénible, *a.*	艱澁ナル。難キ	Nan-jū naru ; Kata-ki.
Péninsule, *sf.*	半島	Han-tō.
Pénitence, *sf.*	後悔	Kō-kwai.

PENSÉE, *sf.*	想像。思考。說。目的	Sō-zō; Shi-kō; Se-tsu; Moku-teki.
PENSER, *vn.*	考ヘル	Kangaeru.
— *va.*	思フ	Omou.
PENSER, *sm.*	思考	Shi-kō.
PENSIF, VE, *a.*	考ヘテ居ル	Kangaete iru.
PENSION, *sf.*	下宿料。退隱料。年金。學分。塾生	Ge-shiku ryō; Tai-in ryō; Nen-kin; Gaku-sha; Juku-sei.
PENTE, *sf.*	傾。坂	Sha-kei; Saka.
PÉPIN, *sm.*	核	Sane.
PERÇANT, E, *a.*	衝クベキ。鋭キ	Tsuku-beki; Suru-doki.
PERCEPTION, *sf.*	理解。收稅	Ri-kwai; Shū-zei.
PERCEPTIBLE, *a.*	見ヘル	Mieru.
PERCER, *va. n.*	衝抜ク。透ス	Tsuki-nuku; Tōsu.
PERCEVOIR, *va.*	理解スル	Ri-kai suru.
PERCHER, *vn.*	トマル（木ニ）	Tomaru (ki-ni).
PERDRE, *va.*	損スル。失フ	Son suru; Ushinau.
PÈRE, *sm.*	父	Chichi.
PÉREMPTOIRE, *a.*	嚴重ナル	Gen-jū naru.
PERFECTION, *sf.*	完全	Kwan-zen.
PERFECTIONNER, *va.*	完全ニスル。進歩ヲナサシムル	Kwan-zen-ni suru; Shimpo-wo nasa-shimuru.
PERFORATION, *sf.*	穴。穿ツ事	Ana; Ugatsu koto.

PERFORER, *va.*	刺透ス	Sashi-tōsu.
PERFIDE, *a.*	背信ノ	Hai-shin-no.
— *sm.*	背信ノ人	Hai-shin-no hito.
PERFIDIE, *sf.*	背信	Hai-shin.
PÉRICLITER, *vn.*	危クナル	Ayauku naru.
PÉRIL, *sm.*	危険	Ki-ken.
PÉRILLEUSEMENT, *ad.*	危ク	Ki-toku; Ayauku.
PÉRILLEUX, SE, *a.*	危険ナル。危篤ナル	Ki-ken naru; Ki-toku naru.
PÉRIMER, *vn.*	訴訟手續消滅スル	So-shō tetsuzuki shō-metsu suru.
PÉRIR, *vn.*	終了スル。死スル。離船スル	Shū-ryō suru; Shi suru; Nan-sen suru.
PERLE, *sf.*	眞珠	Shin-ju.
PERMETTRE, *va.*	許ス	Yurusu.
PERMIS, *sm.*	免許狀	Men-kyo jō.
— de chasse.	獵免狀	Kari-men jō.
PERMISSION, *sf.*	免許	Men-kyo.
PERMUTER, *vn.*	役替スル	Yaku-gae suru.
PERNICIEUX, SE, *a.*	有害ナル	Yū-gai naru.
PERPENDICULAIRE, *a.*	鉛直ナル。直立ナル	En-choku naru; Choku-ritsu naru
PERPÉTRER, *va.*	侵ス	Okasu.
PERPÉTUEL, LE, *a.*	永久ノ。無期ノ	Ei-kyū-no; Mu-ki-no.

PERPÉTUER, *va.*	永久ニスル	Ei-kyū-ni suru.
PERPLEXE, *a.*	途方ニ暮ル、	To-hō-ni kururu.
PERROQUET, *sm.*	鸚鵡	Ō-mu.
PERSÉCUTER, *va.*	困シメル	Kurushimeru.
PERSÉCUTEUR, TRICE, *sm. f.*	困シメル人	Kurushimeru hito.
PERSÉCUTION, *sf.*	困シメルコ	Kurushimeru koto.
PERSÉVÉRANCE, *sf.*	確信。堅固	Kaku-shin; Ken-go.
PERSÉVÉRER, *vn.*	確信スル。變心セザル	Kaku-shin suru; Hen-shin sezaru.
PERSISTER, *vn.*	挫ズシテ居ル	Kujikezu shite oru.
PERSONNAGE, *sm.*	有名ナル人。鬼神	Yū-mei naru hito; Ki-shin.
PERSONNE, *sf.*	人	Hito.
— morale.	無形人	Mu-kei-jin.
PERSONNE, *pr.*	誰モ	Tare-mo.
En —	自身デ	Ji-shin-de.
PERSPICACITÉ, *sf.*	利發	Ri-hatsu.
PERSUADER, *va.*	説勸メル。説解スル。口説ク	Toki-susumeru; Sekkai suru; Ku-doku.
PERSUATION, *sf.*	勸メ。口説	Susume; Kudoki.
PERTE, *sf.*	損失	Son-shitsu.
PERVERS, E, *a.*	惡シキ	Ashiki.
PESANT, E, *a.*	重キ	Omoki.
PESANTEUR, *sf.*	重サ	Omosa.

PESER, *va.*	量ル	Hakaru.
PESTE, *sf.*	疫病ノ類	Eki-byō-no rui.
PÉTILLER, *vn.*	パチパチト響ク	Pachi pachi to hibi-ku.
PETIT, *sm.*	獸ノ子	Kemono-no ko.
PETIT, E, *a.*	小サキ	Chii-saki.
PÉTITION, *sf.*	願書	Gwan-sho.
PÉTRIFICATION, *sf.*	化石	Kwa-seki.
PÉTRIFIER, *va.*	化石スル	Kwa-seki suru.
PÉTRIR, *va.*	煉ル	Neru.
PÉTROLE, *sm.*	石油	Seki-yū.
PÉTULANT, E, *a.*	活潑ナル。短氣ナル	Kwappatsu naru; Tan-ki naru.
PEU, *ad.*	些カ	Wazuka.
PEUPLE, *sm.*	人民	Jimmin.
PEUPLER, *va.*	殖民スル。蕃殖サセル	Shoku-min suru; Han-shoku saseru.
PEUR, *sf.*	恐愕	Osore.
PEUREUX, SE, *a.*	臆病ナル。恐アル	Oku-byō naru; Osore aru.
PEUT-ÊTRE, *ad.*	恐クハ。多分	Osorakuwa; Tabun.
PHARE, *sm.*	燈臺	Tō-dai.
PHARMACIE, *sf.*	製薬。製薬術。製薬店	Sei-yaku; Sei-yaku-jutsu; Sei-yaku ten.
PHILOSOPHE, *sm.*	哲學者	Tetsu-gaku-sha.

PHILOSOPHIE, *sf.*	哲學	Tetsu-gaku.
PIAFFER, *vn.*	足搔ク	Agaku.
PICORER, *vn.*	掠メニ往ク	Kasume-ni yuku.
PICOTEMENT, *sm.*	チクチクスル事	Chiku chiku suru koto.
PIE, *sf.*	鵲	Kasasagi.
PIÈCE, *sf.*	片｡塊｡部屋｡貨幣	Kire; Katamari; Heya; Kwa-hei.
— justificative.	證據物件	Shō-kō bukken.
PIED, *sm.*	足｡麓｡株	Ashi; Fumoto; Kabu.
PIÉGE, *sm.*	獸ヲ捕ル機械｡弳｡僞計	Kemono-wo torōru kikai; Wana; Gi-kei.
PIERRE, *sf.*	石	Ishi.
— de touche.	試シ石	Tameshi ishi.
PIERRERIES, *sf. pl.*	寶石	Hō-seki.
PIÉTÉ, *sf.*	信仰	Shin-kō.
— filiale.	孝行	Kō-kō.
PIEUX, SE, *a.*	信仰ナル	Shin-kō naru.
PIGEON, *sm.*	鳩	Hato.
PIGEONNEAU, *sm.*	若鳩	Waka-hato.
PILE, *sf.*	積ミ重子タル物｡柱(橋ノ)	Tsumi-kasanetaru mono; Hashira (Hashi-no).
PILER, *va.*	搗キ碎ク	Tsuki-kudaku.
PILIER, *sm.*	柱	Hashira.
PILLAGE, *sm.*	奪掠	Datsu-ryaku.

PILLER, *va.*	奪掠スル	Datsu-ryaku suru.
PILOTE, *sm.*	水先案内	Mizu-saki an-nai.
PILULE, *sf.*	丸藥	Gwan-yaku.
PIN, *sm.*	松	Matsu.
PINCER, *va.*	捻ル。挾ム	Hineru; Hasamu.
PIPE, *sf.*	烟管	Kiseru.
PIQUE, *sf.*	鎗(步兵ノ用ユル)	Yari (ho-hei-no mo-chiyuru).
PIQUER, *va.*	刺ス。衝ク。刺戟スル	Sasu; Tsuku; Shi-geki suru.
Se — *vr.*	刺サレル	Sasareru.
PIRATE, *sm.*	海賊	Kai-zoku.
PISTOLET, *sm.*	手銃	Shu-jū.
PITIÉ, *sf.*	哀憐。慈悲	Ai-rin; Ji-hi.
PIVOT, *sm.*	心木。軸	Shin-gi; Jiku.
PLACARD, *sm.*	張リ札	Hari-fuda.
PLACE, *sf.*	場所。寨。位置	Ba-sho; Toride; I-chi; Hiro-kō-ji.
PLACEMENT, *sm.*	殖利	Shoku-ri.
PLACER, *va.*	置ク。殖利スル	Oku; Shoku-ri suru.
PLAFOND, *sm.*	天井	Ten-jo.
PLAIDER, *va.*	辯論スル	Ben-ron suru.
PLAIDOYER, *sm.*	辯論	Ben-ron.
PLAIE, *sf.*	損傷	Son-shō.
PLAIGNANT, E, *sm. f.*	出訴人。告訴人	Shusso nin; Koku-so nin.
PLAINDRE, *va.*	憐ム。恨ム	Awaremu; Uramu.

PLAINE, *sf.*	平地	Hei-chi.
PLAINTE, *sf.*	愁訴。慨歎。出訴	Shū-so; Gai-tan; Shusso.
PLAIRE, *vn.*	氣ニ入ル	Ki-ni iru.
PLAISANT, E, *a.*	面白キ。滑稽ノ	Omoshiroki; Kokkei-no.
— *sm.*	滑稽家	Kokkei-ka.
PLAISANTER, *vn.*	戲言スル	Jō-dan suru.
PLAISANTERIE, *sf.*	滑稽。戲言	Kokkei; Jō-dan.
PLAISIR, *sm.*	愉快	Yu-kwai.
PLAN, *sm.*	平面。雛形。企	Hei-men; Hina-gata; Kuwadate.
PLAN, E, *a.*	平タキ	Hirattaki.
PLANCHE, *sf.*	板	Ita.
PLANCHER, *sm.*	床	Yuka.
PLANCHETTE, *sf.*	小サキ板。札	Chiisaki ita; Fuda.
PLANER, *vn.*	舞フ。鼓翼スル	Mau; *Ko-yoku suru.
PLANÈTE, *sf.*	行星	Gyō-sei.
PLANTE, *sf.*	植物	Shoku-butsu.
PLANTER, *va.*	植付ル	Ue-tsukeru.
PLAT, *sm.*	大皿	Ō-zara.
PLAT, E, *a.*	平ナル	Tairaka naru.
PLATEAU, *sm.*	盆。臺	Bon; Dai.
PLEIN, E, *a.*	滿タル。全キ	Michitaru; Mattaki.
PLEINEMENT, *ad.*	全ク	Mattaku.

Plénipotentiaire, *sm. a.*	全權公使。全權ア ル	Zen-ken kō-shi; Zen-ken aru.
Pleurer, *vn.*	泣ク	Naku.
Pleurs, *sm. pl.*	眼淚	Namida.
Pleuvoir, *v. unip.*	雨降ル	Ame furu.
Pli, *sm.*	襞積。折レ目	Hida; Ore-me.
Pliant, e, *a.*	曲リ易キ	Magari yasuki.
Plier, *va.*	折ル。曲ル。シナワ セル	Oru; Mageru; Shi-nawaseru.
— *vn.*	シナフ。曲ル	Shinau; Mageru.
Je plie et ne romps pas.	シナツテモ折レナ イ	Shinatte mo orenai
Plisser, *va.*	襞積ヲ取ル	Hida-wo toru.
Plomb, *sm.*	鉛	Namari.
Plonger, *va.*	浸ス。差込ム	Hitasu; Sashi-ko-mu.
— *vn.*	沈ム	Shizumu.
Pluie, *sf.*	雨	Ame.
Plume, *sf.*	羽根。ペン先	Hane; Pen-saki.
Plumer, *va.*	羽ヲ拔ク	Hane-wo nuku.
Plupart, (la) *sf.*	多分	Tabun.
Plus, *ad.*	ナヲ多ク	Nao ōku.
Plusieurs, *a.*	數多ノ	Amata-no.
Plutôt, *ad.*	寧ロ	Mushiro.
Plutôt que de, *c.*	……ヨリ寧ロ	…… yori mushiro.
Pluvieux, se, *a.*	雨天ナル	Uten naru.
Saison —	入梅	Nyū-bai.

POCHE, *sf.*	藏袋	Kakushi.
POÊLE, *sm.*	煖爐	Dan-ro.
POÊLE, *sf.*	鍋(西洋ノ)	Nabe (Sei-yō-no).
POÉSIE, *sf.*	詩	Shi.
POÈTE, *sm.*	詩家	Shi-ka.
POIDS, *sm.*	重量。分銅	Chō-ryō; Fun-dō.
POIGNARD, *sm.*	短刀	Tan-tō.
POIGNÉE, *sf.*	一摑ミ	Hito-tsukami.
— d'un sabre.	鍔	Tsuka.
POIL, *sf.*	毛。髮	Ke; Kami.
POILU, E, *a.*	毛ノ有ル	Ke-no aru.
POINDRE, *vn.*	萌ス	Kizasu.
POINT, *sm.*	點	Ten.
POINTER, *va.*	衝ク。的フ	Tsuku; Nerau.
POINTE, *sf.*	尖。鋒	Togari; Kissaki.
POINTU, E, *a.*	尖リタル。銳キ	Togaritaru; Suru-doki.
POIRE, *sf.*	梨子。火藥入レ	Nashi; Kwayaku ire.
POIREAU, *sm.*	葱	Negi.
POIRIER, *sm.*	梨樹	Nashi-no ki.
POIS, *sm.*	莢豌豆	Saya-endō.
POISON, *sm.*	毒	Doku.
POISSON, *sm.*	魚	Uo; Sakana.
POISSONNEUX, SE, *a.*	魚ノアル	Uo-no aru.
POITRINAIRE, *sm. f.*	肺病人	Hai-byō nin.
POITRINE, *sf.*	胸部。肺臟	Kyō-bu; Hai-zō.

Poivre, sm.	胡椒	Ko-shō.
Poix, sf.	脂（松等ノ）	Yani (matsu tō-no).
Pôle, sm.	極	Kyoku.
— nord.	北極	Hokkyoku.
— sud.	南極	Nan-kyoku.
Poli, e, a.	行儀ヨキ。奇麗ナル。柔ラカキ。磨キタル	Gyō-gi yoki; Ki-rei naru; Yawaraka-ki; Migakitaru.
Police, sf.	警察	Kei-satsu.
Policé, a.	開化シタル	Kai-kwa shitaru.
Policer, va.	開化ニスル。風習ヲ柔ラグル	Kai-kwa-ni suru; Fū-shū-wo yawa-rageru.
Poliment, ad.	丁寧ニ	Teinei-ni.
Polir, va.	磨ク	Migaku.
Politesse, sf.	禮儀	Rei-gi.
Poltron, ne, a.	憶病ナル	Okubyō naru.
Politique, sf.	政事。政學	Sei-ji; Sei-gaku.
Pomme, sf.	林檎	Rin-go.
— de terre.	甘蔗	Imo.
Pommier, sm.	林檎樹	Rin-go-no ki.
Pompe, sf.	喞筒。龍頭水。榮華	Pompu; Ryū-tō-sui; Ei-gwa.
Pompeux, se, a.	壯麗ナル。高慢ナル	Sō-rei naru; Kō-man naru.
Pompier, sm.	消火夫	Hi-keshi.
Ponce, sf.	浮石	Karu-ishi.

Ponctualité, *sf.*	キチヤウメン。刻限ヲ違ヘザル事	Kichōmen; Koku-gen-wo tagaezaru koto.
Ponctuel, le, *a.*	刻限ヲ違ヘザル	Koku-gen-wo taga-ezaru.
Ponctuellement, *ad.*	相違ナク	Sō-i naku.
Pondre, *va. n.*	卵ヲ産ム	Tamago-wo umu.
Pont, *sm.*	橋	Hashi.
Populaire, *a.*	人望ノアル	Jimbō-no aru.
Popularité, *sf.*	人望	Jimbō.
Population, *sf.*	人口	Jin-kō.
Porc, *sm.*	家猪。猪肉	Buta; Buta-no ni-ku.
Porc-épic, *sm.*	猬	Harinezumi.
Porcelaine, *sm.*	陶器	Setomono.
Pore, *sm.*	膝理	Sō-ri.
Port, *sm.*	港	Minato.
Portail, *sm.*	門	Mon.
Portant, *sm.*	支ヘモノ	Sasae mono.
Portatif, ve, *a.*	持運ブベキ。持チ易キ	Mochi-hakobu beki; Mochi-yasaki.
Porte, *sf.*	戸。門	To; Mon.
Porter, *va.*	持ツ。運ブ。保ツ	Motsu; Hakobu; Tamotsu.
Porteur, *sm.*	所持人	Sho-ji nin; Un-sō nin.

PORTIER, *sm.*	門番	Momban.
PORTION, *sf.*	部分	Bu-bun.
PORTRAIT, *sm.*	畫圖。畫像。似顔	Gwa-to; Gwa-zō; Ni-gao.
POSER, *va.*	置ク。居ヘル	Oku; Sueru.
POSITION, *sf.*	構ヘ。向キ。分限。塲所。位置	Kamae; Muki; Bun-gen; Basho; I-chi.
POSITIVEMENT, *ad.*	必ズ。睖カニ	Kanarazu; Tashika-ni.
POSSÉDER, *va.*	所持スル。占有スル	Sho-ji suru; Sen-yū suru.
POSSESSEUR, *sm.*	占有人	Sen-yū sha.
POSSESSION, *sf.*	所持。占有	Sho-ji; Sen-yū.
POSSIBLE, *a.*	出來クベキ。能フベキ	Deku beki; Atau beki.
POSTE, *sm.*	番兵所。番兵	Bampei-jō; Bampei.
POSTE, *sf.*	郵便。郵便局	Yūbin; Yūbin kyo-ku.
— restante.	留置郵便	Tome-oki yūbin.
POSTÉRITÉ, *sf.*	子孫。後胤	Shi-son; Kō-in.
POST-SCRIPTUM, *sm.*	添ヘ書	Soe-gaki.
POT, *sm.*	壺。瓶	Tsubo; Kame.
POTAGE, *sm.*	羹汁	Ni-shiru.
POTAGER, *sm.*	菜園	Sai-yen.
POTIER, *sm.*	燒物師	Yaki-mono shi.
POTION, *sf.*	藥液。水藥	Yaku-eki; Mizu-gusuri.

Pou, *sm.*	虱	Shirami.
Pouilleux, se, *a.*	虱集リノ	Shirami takari-no.
Pouce, *sm.*	拇指	Oya-yubi.
Poudre, *sf.*	粉。塵。焰硝	Kona ; Chiri ; En-shō.
— d'or.	砂金。金粉	Sha-kin ; Kimpun.
Poudrer, *va.*	粉碎スル。砂ヲ振カケル	Fun-sai suru; Kona-wo furi-kake-ru.
Poulain, *sm.*	馬ノ子（三歳迄ノ）	Uma-no ko (San-sai made-no).
Poule, *sf.*	牝鶏	Hin-kei; Men-dori.
Poulet, *sm.*	雛鶏	Hina-dori.
Pouls, *sm.*	脈	Myaku.
Poupe, *sf.*	船ノ艫	Fune-no tomo.
Poupée, *sf.*	人形	Nin-gyō.
Poupon, ne, *sm. f.*	肥タル小兒	Koetaru-kodomo.
Pour, *pr.*	……ノ爲ニ	……no tame-ni.
Pourfendre, *va.*	切リ割ク。一刀兩斷スル	Kiri-saku; It-tō ryō dan suru.
Pourparler, *sm.*	談判	Dampan.
Pourpre, *sf.*	濃キ赤色。濃キ赤色ニテ染タル織物。緋。帝位	Koki seki-shoku ; Koki seki-shoku nite sometaru ori-mono ; Hi ; Tei-i.
Pourquoi, *c.*	何故ニ	Nani yue-ni.
Pourrir, *vn.*	腐敗スル	Kusaru.

Poursuite, *sf.*	追駈ルフ。請求	Oi-kakeru koto; Sei-kyū.
Poursuivre, *va.*	追求スル。追駈ル。請求スル	Tsui-kyū suru; Oi-kakeru; Sei-kyu suru,
Pourvoi, *sm.*	上告	Jō-koku.
Pourvoir, *va. n.*	供スル。用意スル	Kyō suru; Yō-i suru.
Se — *vr.*	用意スル。上告スル	Yō-i suru; Jō-koku suru.
Pourvu que, *c.*	若シモ……シタラバ。何々ノ塲合ニ於テ。何々ノ條件ニテ	Moshimo ……shitaraba; Nani nani no ba-ai-ni oite; Nani nani-no jō-ken nite.
Pousser, *va.*	壓付ル。衝ク。生ズル	Oshi-tsukeru; Tsu-ku; Shōzuru.
— *vn.*	殖ヘル。生長スル	Haeru; Sei-chō suru.
Poussière, *sf.*	塵	Chiri.
Poutre, *sf.*	梁	Hari.
Pouvoir, *va.*	得ル	Uru.
Pouvoir, *sm.*	威力。權	I-ryoku; Ken.
— exécutif.	行政權	Gyō-sei ken.
Prairie, *sf.*	牧地。野	Boku-chi; No.
Praticable, *a.*	出來クベキ。實行スベキ	Deku beki; Jikkō su-beki.

PRATIQUE, *sf.*	實驗	Jikken.
PRATIQUE, *a.*	實際ノ	Jissai-no.
PRATIQUER, *va.*	實行スル	Jikkō suru.
PRÉ, *sm.*	牧場。野	Maki-ba; No.
PRÉALABLEMENT, *ad.*	豫テ。豫メ	Kanete; Arakajime.
PRÉAMBULE, *sm.*	序文。例言	Jo-bun; Rei-gen.
PRÉCAIRE, *a.*	不睫ル	Tashika narazaru.
PRÉCAUTION, *sf*	注意。預備	Chū-i; Yo-bi.
PRÉCÉDENT, E, *a.*	前ノ	Mae-no.
PRÉCÉDER, *va.*	先ッ。進ム	Sakidatsu; Susumu.
PRÉCEPTE, *sm.*	規則。命。意見。戒シメ	Ki-soku; Mei; I-ken; Imashime.
PRÉCEPTEUR, *sm.*	師匠。教育人	Shi-shō; Kyō-iku-nin.
PRÉCIEUX, SE, *a.*	貴キ。價アル	Tattoki; Atai aru.
PRÉCIPICE, *sm.*	絶壁。深穴。深キ塲所	Zeppeki; Shin-ketsu; Fukaki basho.
PRÉCIPITAMMENT, *ad.*	急ヒデ	Isoide.
PRÉCIPITATION, *sf.*	性急。急劇	Sei-kyū; Kyū-geki.
PRÉCIPITÉ, E, *a.*	急ヒダル	Isoidaru.
PRÉCIPITER, *va.*	衝キ落ス。速メル。落ス	Tsuki-otosu; Haya-meru; Otosu.
PRÉCIS, E, *a.*	精密ナル。慥ナル。定リタル	Sei-mitsu naru; Tashika naru; Sa damaritaru.

PRÉCISÉMENT, *ad.*	精密ニ。慥ニ	Sei-mitsu-ni; Ta-shika-ni.
PRÉCISER, *va.*	聢ト言フ。確言スル	Shikato yū; Kaku-gen suru.
PRÉCISION, *sf.*	違ヌ事。精密	Tagawanu koto; Sei-mitsu.
PRÉCOCE, *a.*	早ク熟シタル。夙成ノ	Hayaku jiku shitaru; Shuku-sei-no; Masaritaru.
PRÉDÉCESSEUR, *sm.*	先達スル人。先人	Sen-datsu suru hito; Sen-jin.
PRÉDICATION, *sf.*	說法	Seppō.
PRÉDICTION, *sf.*	豫言	Yo-gen.
PRÉDIRE, *va.*	豫言スル	Yo-gen suru.
PRÉDOMINER, *vn.*	優ル。勝ツ	Masaru; Katsu.
PRÉFACE, *sf.*	序	Jo.
PRÉFECTURE, *sf.*	府廳。縣廳	Fu-chō; Ken-chō.
— de police.	警視廳	Kei-shi-chō.
PRÉFÉRABLE, *a.*	選ムベキ	Eramu beki.
PRÉFÉRENCE, *sf.*	選擇。先取。選	Sen-taku; Saki-do-ri; Erami.
PRÉFÉRER, *va.*	擇ム。先取スル	Eramu; Saki-dori suru.
PRÉFET, *sm.*	府縣知事	Fu-ken chi-ji.
PRÉJUDICE, *sm.*	損害	Son-gai.
PRÉJUDICIER, *vn.*	害スル	Gai suru.
PRÉJUGER, *va.*	豫判スル	Yo-han suru.
PRÉLAT, *sm.*	高僧ノ位	Kō-sō-no kurai.

Prélèvement, sm.	徴收。先收	Chō-shū; Sen-shū.
Prélever, va.	徴收スル。先收ス ル	Chō-shū suru; Sen-shū suru.
Préméditation, sf.	豫謀	Yo-bō.
Premier, e, a.	初ノ	Hajime-no.
Prémunir, va.	乗テ意見スル	Kanete iken suru.
Se — vr.	用心スル	Yō-jin suru.
Prendre, va.	取ル。取上ル	Toru; Tori-ageru.
Preneur, sm.	賃傭主	Chin-yō-shu.
Préparatoire, a.	豫備ノ	Yo-bi-no.
Préparer, va.	豫備スル	Yo-bi suru.
Préposer, va.	委任スル。職ニ任 スル	I-nin suru; Shoku-ni ninzuru.
Prérogative, sf.	特權	Tokken.
Près, pr. ad.	近ク。殆ド。側ニ	Chikaku; Hotondo; Soba-ni.
Présage, sm.	前表	Zempyō.
Présager, va.	前表ヲ指言スル	Zempyō-wo shi-gen suru.
Prescrire, va.	命スル。期滿効ニ 因テ獲ル	Meizuru; Ki-man-kō-ni yotte eru.
Présence, sf.	眼前。存在。臨場。出席	Gan-zen; Son-zai; Rin-jō; Shusse-ki.
Présent, e, a.	存在シタル。目前ノ。出席シタル	Son-zai shitaru; Moku-zen-no; Shusseki shitaru.

Présent, *sm.*	進物。現在	Shimmotsu; Gen-zai.
Présentement, *ad.*	現今	Gen-kon.
Présenter, *va.*	現ハス。推薦スル。提出スル	Arawasu; Sui-sen suru; Tei-shutsu suru.
Préserver, *va.*	豫防スル	Yo-bō suru.
Président, e, *sm.f.*	議長。大統領	Gi-chō; Dai-tōryō.
Présider, *va.*	支配スル。會長トナル	Shi-hai suru; Kwai-chō to naru.
Présomptif, ve, *a.*	推測ノ	Sui-soku-no.
Presque, *ad.*	大概。殆ド	Tai-gai; Hotondo.
Presqu'île, *sf.*	半島	Han-tō.
Presse, *sf.*	活版。群集。壓搾。機械。出板	Kwappan; Gun-shū; Assaku ki-kai; Shuppan.
Pressant, e, *a.*	急グベキ。急ナル	Isogu beki; Kyū naru.
Affaire —	急用	Kyū-yō.
Pressé, e, *a.*	差急ヒダル	Sashi-isoidaru.
Pressentiment, *sm.*	先見	Sen-ken.
Presser, *va.*	壓搾スル。迫ル	Assaku suru; Sema-ru.
Pression, *sf.*	推スコ	Osu koto.
Pressoir, *sm.*	壓搾器（葡萄等ヲ製スル）	Assaku-ki (Bu-dō tō-wo sei suru).

PRESTIGE, *sm.*	勢	Ikioi.
PRÉSUMER, *va.*	推測スル。推量スル	Sui-soku suru; Sui-ryō suru.
PRÊT, *sm.*	貸スコ。貸タル物貸金	Kasu koto; Kashi taru mono; Ka-shi-kin.
PRÊT, E, *a.*	用意シタル	Yō-i shitaru.
PRÊTE-NOM, *sm.*	假名人	Ka-mei jin.
PRÉTENDRE, *va.*	請求スル。保持スル。確ムル	Sei-kyū suru; Ho-ji suru; Tashika-muru.
PRÉTENDU, E, *a.*	主張シタル。僞リタル	Shu-chō shitaru; Itsuwaritaru.
PRÊTER, *va.*	貸ス	Kasu.
— serment.	宣誓スル	Sen-sei suru.
PRÉTEUR, *sm.*	貸主	Kashi nushi.
PRÉTEXTE, *sm.*	口實。託	Kō-jitsu; Kakotsu-ke.
PRÊTRE, *sm.*	僧	Sō.
PRÉVALOIR, *va.*	勝ツ。流行スル	Katsu; Ryū-kō suru.
PRÉVENIR, *va.*	先ニ着スル。告知スル。先ンズル	Saki-ni chaku suru; Koku-chi suru; Sakinzuru.
PRÉVISION, *sf.*	先見	Sen-ken.
PRÉVOIR, *va.*	先見スル。預備ヲ爲ス	Sen-ken suru; Yo-bi-wo nasu.
PRÉVOYANCE, *sf.*	先見	Sen-ken.

PREUVE, *sf.*	證據	Shō-ko.
PRIER, *va.*	歎願スル。祈ル	Tan-gwan suru; Inoru.
PRIÈRE, *sf.*	神拜。祈願	Shimpai; Ki-gwan.
PRIMAIRE, *a.*	初等ノ	Sho-tō-no.
Ecole —	小學校	Shō-gakkō.
PRIMAUTÉ, *sf.*	第一タルコ	Dai-ichi taru koto.
PRIME, *sf.*	保險料。獎勵金	Ho-ken-ryō; Shō-rei kin.
PRINCE, *sm.*	皇族。王族	Kō-zoku; Ō-zoku.
PRINCESSE, *sf.*	皇族王族ノ夫人又ハ令孃	Kō-zoku ō-zoku-no fu-jin mata-wa rei-jō.
PRINCIPAL, *sm.*	大眼目。元金	Dai-gan-moku; Gwan-kin.
— *a.*	主タル。重ナル	Shu taru; Omo naru.
PRINCIPALEMENT, *ad.*	重ニ	Omo-ni.
PRINCIPE, *sf.*	原則。根元	Gen-shoku; Kon-gen.
PRINTEMPS, *sm.*	春	Haru.
PRIORITÉ, *sf.*	先番	Semban.
PRIS, E, *a.*	取リタル	Toritaru.
— de vin.	酩酊シタル	Mei-tei shitaru.
PRISE, *sf.*	取ルコ。押領	Toru koto; Ō-ryō.
PRISME, *sm.*	三角体。三角玻璃	San-kaku tai; San-kaku hari.

PRISON, *sf.*	獄舍。監獄	Goku-sha; Kan-go-ku.
PRISONNIER, E, *a. s.*	囚人	Meshū-do.
PRIVATION, *sf.*	窮乏。缺乏	Kyū-bō; Ketsu-bō.
PRIVER, *va.*	奪取ル。馴ラス	Ubai-toru; Narasu.
PRIVILÈGE, *sm.*	特權	Tokken.
PRIX, *sm.*	價。相塲	Atai; Sō-ba.
PROBABLE, *a.*	有ソーナル	Ari sō naru.
PROBABLEMENT, *ad.*	多分	Tabun.
PROBITÉ, *sf.*	篤實。廉直	Toku-jitsu; Ken-choku.
PROCÉDURE, *sf.*	訴訟手續	So-shō te-tsuzuki.
PROCÈS, *sm.*	訴訟。訴訟書類	So-sho; So-shō sho rui.
— verbal.	調書	Chō-sho.
PROCESSION, *sf.*	行列	Gyō-retsu.
PROCESSIONELLE-MENT, *ad.*	禮式ニテ（祈念ヲナシ又ハ經文ヲ唱ヘ行列シテ進行スル宗教上ノ）	Rei-shiki nite (Ki-nen-wo nashi ma-ta-wa kyō-mon-wo tonae gyō-re-tsu shite shin-kō suru shū-kyō-jō-no).
PROCHAIN, E, *a.*	接近シタル	Sekkin shitaru.
PROCHAINEMENT, *ad.*	近日	Kinjitsu.
PROCHE, *pr.*	近ク。接シテ	Chikaku; Sesshite.

PROCURATION, *sf.*	委任。委任状	I-nin ; I-nin jō.
PROCURER, *va.*	得ル	Uru.
PROCUREUR, *sm.*	取捌人。撿事	Tori-sabaki nin ; Ken-ji.
PRODIGALITÉ, *sf.*	徒遣。徒費	Mudazukai ; Mudazuiye.
PRODIGE, *sm.*	奇異。異常	Ki-i ; I-jō.
PRODIGIEUX, SE, *a.*	奇異ナル	Ki-i naru.
PRODIGUE, *a.*	浪費ナル	Rō-hi naru.
PRODIGUER, *va.*	浪費スル	Rō-hi suru.
PRODUCTEUR, *sm.*	生產者	Sei-san sha.
PRODUCTION, *sf.*	產物。實。生產	Sambutsu ; Mi ; Sei-san.
PRODUIRE, *va.*	產スル。生ズル	San suru ; Shōzuru.
PRODUIT, *sm.*	生產物。利益。收穫	Sei-san-butsu ; Ri-eki ; Shū-kaku.
PROFÉRER, *va.*	言出ス。語ル	Ii-dasu ; Kataru.
PROFESSER, *va.*	宣言スル。教ユル	Sen-gen suru ; Oshi-yuru.
PROFESSEUR, *sm.*	教師	Kyō-shi.
PROFESSION, *sf.*	職業	Shōku-gyō.
PROFIT, *sm.*	利益	Ri-eki.
PROFITER, *vn.*	得ル。利益スル	Uru ; Ri-eki suru.
PROFOND, E, *a.*	深キ	Fukaki.
PROFONDÉMENT, *ad.*	深ク	Fukaku.

PROFUSION, *sf.*	散財	San-zai.
PROGRÈS, *sm.*	進歩	Shimpo.
PROGRESSIF, VE, *a.*	累增ノ。漸々ナル	Rui-zō-no ; Zen-zen naru.
PROHIBITION, *sf.*	戒メ。禁止	Imashime ; Kin-shi.
PROHIBER, *va.*	禁ズル	Kinzuru.
PROIE, *sf.*	餌	Eba.
PROJET, *sm.*	雛形。草案	Hina-gata ; Sō-an.
PROLONGER, *va.*	長メル	Nagameru.
PROMENADE, *sf.*	散歩	Sampo.
PROMENER, (Se) *vr.*	散歩スル	Sampo suru.
PROMESSE, *sf.*	約束	Yaku-soku.
PROMETTRE, *va.*	約スル	Yaku suru.
PROMOTEUR, *sm.*	發議人	Hatsu-gi nin.
PROMPT, E, *a.*	速ナル。烈シキ	Sumiyaka naru ; Hageshiki.
PROMPTEMENT, *ad.*	神速二	Shin-soku-ni.
PROMPTITUDE, *sf.*	神速	Shin-soku.
PROMULGUER, *va.*	發行スル	Hakkō suru.
PRONONCER, *va.*	發音スル。言渡ス	Hatsu-on suru ; Ii-watasu.
PRONONCIATION, *sf.*	發音。言法	Hatsu-on ; Ii-kata.
PROPAGER, *va.*	擴メル	Hiromeru.
PROPHÈTE, *sm.*	豫言者	Yo-gen-sha.
PROPICE, *a.*	心二叶ヒタル。都合宜キ	Kokoro-ni kanaitaru ; Tsugō yoki.

PROPORTIONNÉ, E, a. 比例シタル Hi-rei shitaru.

PROPOS, sm. 論談。贅談 Ron-dan; Zei-dan.

A — loc. adv. 機會ニ。適當ニ Ki-kwai-ni; Teki-tō ni.

mal à —, loc. adv. 理無ク。不適當ニ Ri-naku; Fu-teki-tō-ni.

PROPOSANT, sm. 提供者 Tei-kyō-sha.

PROPOSER, va. 供スル。題ヲ出ス。發言スル Kyō suru; Dai-wo idasu; Hatsu-gen suru.

Se — vr. 志ス Kokorozasu.

PROPOSITION, sf. 題。建言。句。提供 Dai; Ken-gen; Ku; Tei-kyō.

PROPRE, a. 固有ノ。清淨ナル Ko-yū-no; Sei-jō naru.

PROPREMENT, ad. 適當ニ。奇麗ニ Teki-tō-ni; Ki-rei-ni.

PROPRETÉ, sf. 清潔 Sei-ketsu.

PROPRIÉTAIRE, sm. 所有主 Sho-yū shu.

PROPRIÉTÉ, sf. 所有權。所有物 Sho-yū ken; Shoyū-butsu.

PROROGER, va. 延期スル En-ki suru.

PROSCRIRE, va. 追放スル。法式ヲ用ヒズシテ死刑ニ處スル Tsui-hō suru; Hō-shi-ki-wo mochii-zushite shi-kei-ni sho suru.

PROSPÈRE, *a.*	盛ナル。幸ナル	Sakan naru; Sai-wai naru.
PROSPÉRER, *vn.*	繁盛スル	Han-jō suru.
PROSPÉRITÉ, *sf.*	幸福。繁盛	Kō-fuku; Han-jō.
PROSTERNER, (Se), *vr.*	低頭スル	Tei-tō suru.
PROTECTEUR,TRICE, *sm. f.*	保護人	Ho-go nin.
PROTECTION, *sf.*	保護	Ho-go.
PROTÉGER, *va.*	保護スル	Ho-go suru.
PROTESTATION, *sf.*	拒ミ	Kobami.
PROTESTER, *va.*	約スル。拒ム。慥ムル	Yaku suru; Koba-mu; Tashikamu-ru.
PROTÊT, *sm.*	拒ミ證書	Kobami shō-sho.
PROVERBE, *sm.*	諺。通言	Kotowaza; Tsū-gen.
PROVIDENCE, *sf.*	天命	Ten-mei.
PROVINCE, *sf.*	州	Shū.
PROVISION, *sf.*	備。備物	Sonae; Sonae-mono.
PROVISIONS de bouche.	食料	Shoku-ryō.
PROVISOIRE, *a.*	假ノ	Kari-no.
PROVISOIREMENT, *ad.*	假二	Kari-ni.
PROUVER, *va.*	證スル。證明スル	Shō suru; Shō-mei suru.
PROVOCATEUR, TRICE, *sm. f.*	教唆者	Kyō-sa-sha.

PROVOQUER, *va.*	教唆スル	Kyō-sa suru.
PRUDEMMENT, *ad.*	用心シテ	Yō-jin shite.
PRUDENCE, *sf.*	用心	Yō-jin.
PRUDENT. E, *a.*	用心ナル	Yō-jin naru.
PRUNE, *sf.*	梅	Ume.
PRUNEAU, *sm.*	乾シ梅	Hoshi-ume.
PUBERTÉ, *sf.*	結婚適齡	Kekkon tekirei.
PUBLIC, QUE. *a.*	公ナル。一般ノ	Ōyake naru; Ippan-no.
PUBLIC, *sm.*	人民。衆庶	Jimmin; Shū-sho.
PUBLICATION, *sf.*	公告。出版	Kō-koku; Shuppan.
PUBLICITÉ, *sf.*	公示。公行	Kō-shi; Kō-kō.
PUBLIER, *va.*	著述スル。公告スル。出版スル	Cho-jutsu suru; Kō-koku suru; Shuppan suru.
PUBLIQUEMENT, *ad.*	公ニ	Ōyake-ni.
PUCE, *sf.*	蚤	Nomi.
PUÉRILE, *a.*	小供ノ	Kodomo-no.
PUIS, *ad.*	其後。且又	Sono go; Katsu mata.
PUISER, *va.*	汲ム	Kumu.
PUISQUE, *c.*	……ニ因テ	……ni yotte.
PUISSANCE, *sf.*	力。威勢	Chikara; I-sei.
PUISSANT, E, *a.*	有力ナル。威勢アル	Yū-ryoku naru; I-sei aru.
PUNIR, *va.*	罰スル	Bassuru.
PUNITION, *sf.*	刑罰	Kei-batsu.

PUPILLE, *sm*.	被後見人	Hi-kō-ken nin.
PUR, E, *a*.	純粋ナル。清浄ナル。清キ	Jun-sui naru; Sei-jō naru; Kiyoki.
PURETÉ, *sf*	純粋。清浄	Jun-sui; Sei-jō.
PURGE, *sf*.	下剤	Ge-zai.
PURGER, *va*.	下痢サスル。清浄ニスル	Ge-ri sasuru; Sei-jō-ni suru.
PURIFIER, *va*.	清メル	Kiyomeru.
PUTATIF, VE, *a*.	誤信ノ	Go-shin-no.
PYROTECHNIE, *sf*.	煙火ノ術	Hana-bi-no jutsu.

Q.

QUADRANGULAIRE, *a*.	四角ナル	Shi-kaku naru.
QUADRUPÈDE, *sm*.	四足獣	Shi-soku-jū.
QUADRUPLE, *a*.	四増倍	Shi-sō-bai.
QUALITÉ, *sf*.	性質。摸様。身分	Sei-shitsu; Mo-yō; Mi-bun.
QUAND, *ad*.	何時	Itsu.
— *c*.	……時ハ。……ト雖	…… toki-wa ……to iedomo.
QUANTIÈME, *sm*.	月ノ何日	Tsuki-no nan-ni-chi.

QUANTITÉ, *sf.*	分量	Bun-ryō.
QUARANTE, *a.*	四十ノ。四十	Shi-jū no; Shi-jū.
QUART, *sm.*	四分ノ一	Shi-bun-no ichi.
QUATORZE, *a. sm.*	十四ノ。十四	Jū-shi-no; Jū-shi.
QUATRE, *a.*	四ノ。四	Shi-no; Yotsu.
QUATRE-VINGT, *a.*	八十ノ。八十	Hachi-jū-no; Hachi-jū.
QUATRIÈME, *a.*	第四番ノ	Dai-yo-ban-no.
QUE, *pr.*	夫ヲ何々スル處ノ。夫ニ付テ何々スル處ノ	Sore-wo nani-nani suru tokoro-no; Sore-ni tsuite nani nani suru toko-ro-no.
QUEL, QUELLE, *a.*	何ンナ	Donna.
QUELCONQUE, *a.*	如何ナルトモ	Ikanaru to mo.
QUELQUEFOIS, *ad.*	時トシテ	Toki to shite.
QUELQU'UN, *pro.*	或ル人	Aru hito.
QUELQUE, QUEL QUE, *a.*	或ル。ドンナニ	Aru; Donna-ni.
QUELQUE PART, *ad.*	或ル所ニ	Aru tokoro-ni.
QUERELLE, *sf.*	争論	Sō-ron.
QUERELLER, (Se) *vr.*	争論スル	Sō-ron suru.
QUESTION, *sf.*	問。問題	Toi; Mon-dai.
QUESTIONNER, *va.*	問フ	Tou.
QUEUE, *sf.*	尾	O.
QUI, *pro.*	夫ハ	Sore-wa.

QUICONQUE, *pro.*	誰デモ	Tare-demo.
QUINZE, *a.*	十五ノ。十五	Jū-go-no; Jū-go.
QUINZIÈME, *a. s.*	第十五ノ。第十五	Dai jū-go-no; Dai-jū-go.
QUITTANCE, *sf.*	受取證	Uke-tori shō.
QUITTER, *va.*	見捨ル。殘ス。止メル	Mi-suteru; Nokosu; Yameru.
QUOI, *pro.*	何。其	Nani; Sore.
QUOIQUE, *c.*	例ヘ……ト雖モ	Tatoe……to iedomo.
QUOTE-PART, *sf.*	配當	Hai-tō.
QUOTIENT, *sm.*	得數	Toku-sū.
QUOTITÉ, *sf.*	定額。配當高	Tei-gaku; Hai-tō daka

R.

RABAIS, *sm.*	減ケ。減少。減價	Hike; Gen-shō; Gen-ka.
RABATTRE, *va. n.*	減少スル。下ゲル。減價スル	Gen-shō suru; Sageru; Atai-wo genzuru.
RABOT, *sm.*	鉋	Kanna.
RACE, *sf.*	種族	Shu-zoku.

RACHAT, sm.	買戻シ	Kai-modoshi.
RACHETER, va.	買戻ス	Kai-modosu.
RACINE, sf.	根	Ne.
RACLER, va.	削ル	Kezuru.
RACONTER, va.	説話スル。述ル	Setsu-wa suru; No-beru.
RADEAU, sm.	筏	Ikada.
RADICAL, E, a.	根元ノ	Kon-gen-no.
RADOUBER, va.	船舶ヲ修復スル	Sempaku-wo shu-fuku suru.
RADOUCIR, va.	和ゲル	Yawarageru.
Se — vr.	和ク	Yawaragu.
RAFFINERIE, sf.	砂糖ヲ清淨ニスル所	Satō-wo sei-jō-ni suru tokoro.
RAFRAÎCHIR, va.	冷ニスル	Hiyayaka-ni suru.
Se — vr.	涼クナル。涼ム。飲ム	Suzushiku naru; Suzumu; Nomu.
RAFRAÎCHISSE-MENT, sm.	飲物。菓物	Nomi-mono; Kuda-mono.
RAGE, sf.	狂怒。犬ノ狂病。狂哀病	Kyō-do; Inu-no kyō-byō; Kyō-sui byō.
RAIDE, a.	剛キ	Kowaki.
RAILLER, va.	嬲ル。嘲哢スル	Naburu; Chō-rō su-ru.
— vn.	戲言ヲ言フ	Jō-dan-wo yū.
Se — vr.	嘲哢スル	Chō-rō suru.

RAILLERIE, sf.	戲言。滑稽。嘲哢	Jō-dan; Kokkei; Azakeri.
RAILLEUR, SE, a. s.	滑稽家。嘲哢人	Kokkei-ka; Chō-rō-nin.
RAISIN, sm.	葡萄	Budō.
RAISON, sf.	道理。理由	Dō-ri; Ri-yū.
— sociale.	社名	Sha-mei.
Pour cette —	其故ニ	Sore yue-ni.
RAISONNABLE, a.	道理アル	Dō-ri aru.
RAISONNABLEMENT, ad.	適當ニ。道理ニ適シテ	Teki-tō-ni; Dō-ri-ni teki shite.
RAISONNEMENT, sm.	判斷。論據	Han-dan; Ron-kyo.
RAISONNER, vn.	解明スル。判斷スル	Kai-mei suru; Han-dan suru.
RALENTIR, va.	遲クスル。緩メル	Osoku suru; Yuru-meru.
RALLIER, va.	引返ス。集メル	Hiki-kaesu; Mato-meru.
RAMAGE, sm.	小鳥ノ囀リ	Ko-tori-no saezuri.
RAMASSER, va.	集ムル。拾フ	Atsumuru; Hirou.
RAME, sf.	櫂。匍匐草ノ支木	Kai; Ho-fuku sō-no sasae-gi.
RAMEAU, sf.	小キ枝	Chiisaki eda.
RAMENER, va.	更ニ導ク。戻ス	Sara-ni michibiku; Modosu.
RAMER, vn.	漕グ。匍匐草ニ支木スル	Kogu; Ho-fuku sō-ni sasae-gi suru.

RAMIFICATION, *sf.*	支分	Shi-bun.
RAMOLLIR, *va.*	和ラカニスル	Yawaraka-ni suru.
RAMPANT, E, *a.*	這ヒタル	Haitaru.
RAMPER, *vn.*	這フ	Hau.
RANCIR, *vn.*	腐ル	Kusaru.
RANÇON, *sm.*	請戻シ金	Uke-modoshi kin.
RANCUNE, *sf.*	遺恨	I-kon.
RANG, *sm.*	位列。階。順序。等級	I-retsu; Kai; Jun-jo; Tō-kyū.
RANGER, *va.*	順立スル	Jun-date suru.
RANIMER, *va.*	蘇生スル。恢復スル。勵マス	So-sei suru; Kwai-fuku suru; Hage-masu.
RAPATRIER, *va.*	中直リヲスル。和睦サセル	Naka-naori-wo suru; Wa-boku sa-seru.
RAPER, *va.*	磨ス	Orosu.
RAPIDE, *a.*	神速ナル	Shin-soku naru.
RAPIDEMENT, *ad.*	神速ニ	Shin-soku-ni.
RAPIDITÉ, *sf.*	神速。急速	Shin-soku; Kyū-so-ku.
RAPIÉCER, *va.*	撤グ。紹グ	Hagu; Tsugu.
RAPINE, *sf.*	蒋掠	Ubai-tori; Datsu-ryaku.
RAPPELER, *va.*	呼返ス。考ヘ出ス。記臆スル	Yobi-kaesu; Kan-gae-dasu; Ki-oku suru.

RAPPORT, *sm.*	收穫。具申。報告。利益。和親。說話。關係	Shū-gaku; Gu-shin; Hō-koku; Ri-eki; Wa-shin; Setsu-wa; Kwan-kei.
RAPPORTER, *va.*	持來ス。說話スル	Mochi-kitasu; Setsu-wa suru.
RAPPORTEUR, *sm.*	報告人	Hō-koku nin.
RARE, *a.*	稀ナル	Mare naru.
RAREMENT, *ad.*	稀ニ	Mare-ni.
RASER, *va.*	剃ル	Soru.
RASSASIER, *va.*	滿腹サスル	Mampuku sasuru.
RASSEMBLER, *va.*	集ムル。合スル	Atsumuru; Gassuru.
RASSURER, *va.*	固ムル。慥ムル	Katamuru; Tashikamuru.
RAT, *sm.*	鼠	Nezumi.
RATIFICATION, *sf.*	是認	Ze-nin.
RATIFIER, *va.*	是認スル	Ze-nin suru.
RAVAGE, *sm.*	荒ラスコ。亂妨	Arasu koto; Rambō.
RAVAGER, *va.*	亂妨スル。荒ラス	Rambō suru; Arasu.
RAVIR, *va.*	奪取ル	Ubai-toru.
RAYON, *sm.*	光線	Kō-sen.
— d'un cercle.	半經	Han-kei.
RÉALISER, *va.*	實ニスル。物上的トナス	Jitsu-ni suru; Butsu-jō teki to nasu.

RÉACTION, *sf.*	反動	Han-dō.
RÉALITÉ, *sf.*	實際	Jissai.
REBELLE, *a.*	謀叛ノ	Mu-hon-no.
— *sm.*	叛人。暴働人	Han-jin ; Bō-dō nin.
RÉBELLION, *sf.*	暴働	Bō-dō.
REBONDIR, *vn.*	彈ム	Hazumu.
REBORD, *sm.*	端	Hashi.
REBUFFADE, *sf.*	請附ヌ ヿ。拒絕	Uke-tsukenu koto ; Kyō-zetsu.
REBUTER, *va.*	請附ヌ。拒絕スル。勢ナクスル	Uke-tzukenu ; Kyo-zetsu suru ; Ikioi-naku suru.
RÉCAPITULATION, *sf.*	繰返シテ言フヿ	Kuri-kaeshite yū koto.
RECÉLER, *va.*	贓匿スル	Zō-toku suru.
RECELEUR, *sm.*	贓匿者	Zō-toku sha.
RECENSEMENT, *sm.*	人員調査	Jin-in chō-sa.
RÉCENT, E, *a.*	新キ。近頃ノ	Atarashiki ; Chika-goro-no.
RÉCEPTION, *sf.*	受取ルヿ。受取リ。待遇	Uke-toru koto ; Uke-tori ; Tai-gu.
RECETTE, *sf.*	收入	Shū-nyū.
RECEVOIR, *va.*	請取ル	Uke-toru.
RECHARGER, *va.*	更ニ負擔セシム ル。再ビ荷積スル。再ビ命ズル	Sara-ni fu-tan se-shimuru ; Futa-tabi ni-tsumi su-ru ; Futatabi mei zuru.

Réchaud, *sm.*	涼爐。食料ヲ温メル爲ニ火ヲ入レテオク厨具	Shichi-rin ; Shoku-ryō-wo atatameru tame-ni hi-wo ire-te oku katte-dō-gu.
Réchauffer, *va.*	再ビ温メル	Futa tabi atatame-ru.
Recherche, *sf.*	探索	Tan-saku.
Rechercher, *va.*	探索スル	Tan-saku suru.
Récidiver, *vn.*	再犯スル	Sai-han suru.
Réciproque, *a.*	相互ノ。互ノ	Ai-tagai-no ; Tagai-no.
Réciproquement, *ad.*	相互ニ。互ニ	Ai-tagai-ni ; Tagai-ni.
Récit, *sm.*	說話。誦述	Setsu-wa ; Shō-ju-tsu.
Récitation, *sf.*	暗誦	An-shō.
Réciter, *va.*	誦述スル。說話スル。暗誦スル	Shō-jutsu suru ; Se-tsu-wa suru ; An-shō suru.
Réclamation, *sf.*	請求	Sei-kyū.
Réclame, *sf.*	公告	Kō-koku.
Réclamer, *va.*	請求スル。歎願スル	Sei-kyū suru ; Tan-gwan suru.
Récolte, *sf.*	收納。收穫物	Shū-nō ; Shū-kwa-ku-butsu.
Récolter, *va.*	收納スル	Shū-nō suru.

RECOMMANDATION, *sf.*	取持チ。意見	Tori-mochi; I-ken.
Lettre de —	添書	Ten-sho; Soe-bu-mi.
RECOMMANDER, *va.*	命ズル。勸メル。取持ツ	Meizuru; Susume-ru; Tori-motsu.
— une lettre.	書留ル	Kaki-tomeru.
RECOMMENCER, *va.*	再ビ始ムル	Futa-tabi hajimu-ru.
RÉCOMPENSE, *sf.*	褒賞。償金	Hō-shō; Shō-kin.
RÉCOMPENSER, *va.*	賞スル。償フ	Shō suru; Tsuku-nau.
RÉCONCILIER, *va.*	中直リサスル	Naka-naori sasuru.
Se —, *vr.*	和睦スル	Wa-boku suru.
RECONDUIRE, *va.*	同伴スル。送リテ行ク	Dō-han suru; Oku-rite yuku.
RECONNAISSANCE, *sf.*	恩義ヲ追想スルコ。認識。追認證書	On-gi-wo tsui-sō su-ru koto; Nin-shi-ki; Tsui-nin shō-sho.
RECONNAISSANT, E, *a.*	認知シタル。恩ヲ追想シタル	Nin-chi shitaru; On-wo-tsui-sō shita-ru.
RECONNAÎTRE, *va.*	認知スル。認定スル。追想スル	Nin-chi suru; Nin-tei suru; Tsui-sō suru.
RECONSTRUIRE, *va.*	再建スル	Sai-kon suru.

RECOUCHER, *va.*	再ビ寐カス。再ビ横ニスル	Futa-tabi nekasu; Futa-tabi Yoko-ni suru.
Se —	再ビ寐ル	Futa-tabi neru.
RECOURBER, *va.*	曲ゲル	Mageru.
RECOURIR, *vn.*	再ビ走ル。助ヲ乞フ。賴ム	Futa-tabi washiru; Tasuke-wo kou; Tanomu.
RECOURS, *sm.*	賴ミ、助ケ。上告	Tanomi; Tasuke; Jō-koku.
RECOUVRER, *va.*	取戻ス。取立ル	Tori-modosu; Tori-tatsuru.
— la santé.	全快スル	Zen-kwai suru.
RECOUVRIR, *va.*	再ビ蓋フ	Futa-tabi ou.
RÉCRÉATION, *sf.*	休息。慰ミ。氣散事	Kyū-soku; Nagu-sami; Ki-san-ji.
RÉCRIMINATION, *sf.*	互ニ咎ルコ	Tagai-ni togameru koto.
RECRUE, *sf.*	新徵募。新兵	Shin-chō-bo; Shim-pei.
RECTIFIER, *va.*	改メル。改正スル	Aratameru; Kai-sei suru.
RECTITUDE, *sf.*	正直	Sei-choku.
REÇU, *sm.*	受取書	Uke-tori gaki.
RECUEILLIR, *va.*	採收スル。集メル。獲ル	Sai-shū suru; Atsu-meru; Eru.
RECULÉ, E, *a.*	遠隔ノ	En-kaku-no.

Reculer, *va. n.*	退ク。擴グル	Shirizoku; Hiroguru.
Récuser, *va.*	毀非スル	Ki-hi suru.
Reddition, *sf.*	返還	Hen-kan.
Redemander, *va.*	更ニ願フ	Sara-ni negau.
Redevable, *a.*	拂フベキ。殘債アル	Haraubeki; Zan-sai aru.
Je vous suis redevable de la vie.	御蔭デ助命シタ	O kage-de jo-mei shita.
Redevoir, *va.*	殘債ヲ負フ	Zan-sai-wo ou.
Redoubler, *va. n.*	增ス。重ヌル	Masu; Kasanuru.
Redoutable, *a.*	恐怖スベキ	Kyō-fu su-beki.
Redouter, *va.*	恐怖スル	Kyō-fu suru.
Redresser, *va.*	直ニスル	Massugu-ni suru.
Réduction, *sf.*	減ズルフ。減價	Gen-zuru koto; Gen-ka.
Réduire, *va.*	減少スル	Gen-shō suru.
Réduit, *sm.*	隱遁所。小寮	In-ton-jo; Shō-ryō.
Réédifier, *va.*	新ニ建ル	Arata-ni tateru.
Réel, le, *a.*	實際ノ。物上ノ	Jissai-no; Butsu-jō-no.
Réellement, *ad.*	實ニ	Jitsu-ni.
Réexportation, *sf.*	再輸出	Sai-yu-shutsu.
Réfectoire, *sm.*	食堂。會食塲	Shoku-dō; Kwai-shoku-jō.
Refermer, *va.*	再ヒ閉ル	Futa-tabi tozuru.

Réfléchir, *vn.*	勘考スル。返照ス ル	Kan-kō suru; Han-shō suru.
Refleurir, *vn.*	再ビ咲ク	Futa tabi saku.
Réflexion, *sf.*	返照。思慮。勘考	Han-shō; Shi-ryō; kan-kō.
Reflux, *sm.*	流レ返ルコ	Nagare-kaeru koto.
Réfraction, *sf.*	屈折	Kussetsu.
Réforme, *sf.*	改正	Kaisei.
Réformer, *va.*	改正スル	Kai-sei suru.
Refroidir, *va.*	冷カニスル	Hiyayaka-ni suru.
Refuge, *sm.*	隠レ所	Kakure dokoro.
Réfugié, E, *sm. f.*	亡命ノ人。國易シ タル人	Bō-mei-no hito; Kuni-gae shitaru hito.
Réfugier (Se), *vr.*	逃ルヽ。隠レル	Nogaruru; Kakure-ru.
Refus, *sm.*	拒絶	Kyo-zetsu.
Refuser, *va.*	拒絶スル	Kyo-zetsu suru.
Réfuter, *va.*	言ヒ詰ル。閉口サ セル	Ii-tsumeru; Hei-kō saseru.
Regagner, *va.*	再ビ勝利ヲ得ル。 取戻ス。戻ル	Futa-tabi shō-ri-wo eru; Tori-modo-su; Modoru.
Régaler, *va.*	馳走スル	Chi-sō suru.
Regard, *sm.*	看ルコ。看ル仕方	Miru koto; Miru shikata.
En —	對シテ	Tai shite.

REGARDER, *va. n.*	看ル。眺メル	Miru; Nagameru.
— à travers.	見透ス	Mi-sukasu.
— par les fentes.	透見ヲスル	Suki-mi-wo suru.
RÉGATE, *sf.*	競走	Kyō-sō.
RÉGÉNÉRER, *va.*	改心スル	Kai-shin suru.
RÉGENT, E, *sm. f.*	攝政	Sesshō.
RÉGIME, *sm.*	政治。國政。規則。衛生	Sei-ji; Koku-sei; Ki-soku; Yō-jō.
RÉGIMENT, *sm.*	聯隊	Ren-tai.
RÉGION, *sf.*	土地。國	To-chi; Kuni.
RÉGIR, *va.*	支配スル	Shi-hai suru.
REGISTRE, *sm.*	簿册。帳簿。帳面	Bo-satsu; Chō-bo; Chō-men.
RÈGLE, *sf.*	規則。手本。定規	Ki-soku; Te-hon; Jō-gi.
RÉGLÉ, E, *a.*	規則アル。適當ナル。次序アル	Ki-soku aru; Teki-tō naru; Ji-jo aru.
RÈGLEMENT, *sm.*	規則。法度。定ムルコ	Ki-soku; Hō-do; Sadamuru koto.
RÉGLEMENTER, *va.*	規定スル	Ki-tei suru.
RÉGLER, *va.*	規則立ル。整理スル	Ki-soku dateru; Sei-ri suru.
RÉGLISSE, *sf.*	甘草	Kan-zō.
RÈGNE, *sm.*	世代。支配	Sei-dai; Shi-hai.
RÉGNER, *va.*	國ヲ支配スル。統轄スル	Kuni-wo shi-hai suru; Tō-kwatsu suru.

REGORGER, *vn.*	溢流スル。餘ル	Itsu-ryū suru; Amaru.
REGRET, *sm.*	後悔。殘念。心外	Kō-kwai; Zan-nen; Shin-gwai.
REGRETTER, *va.*	愁歎スル。悲ム。殘念ガル。後悔スル	Shū-tan suru; Kanashimu; Zan-nen garu; Kō-kwai suru.
RÉGULARISER, *va.*	和スル。正シクスル	Kwa suru; Tadashiku suru.
RÉGULIER, E, *a.*	規則正キ	Ki-soku-tadashiki.
RÉHABILITER, *va.*	復權スル	Fuku-ken suru
RÉIMPORTATION, *sf.*	再輸入	Sai-yu-nyū.
REIN, *sm.*	腰骨。腎ノ臟	Kōshi-bone; Jin-no zō.
REINE, *sf.*	后。女王	Kisaki; Nyo-ō.
RÉITÉRER, *va.*	操リ返ス。重子重子言フ	Kuri-kaesu; Kasane-gasane yū.
REJETER, *va.*	更ニ投ケル。棄却スル。放逐スル。却下スル	Sara-ni nageru; Ki-kyaku suru; Hō-chiku suru; Kyakka suru.
REJETON, *sm.*	二番ノ芽。子孫	Ni ban-no me; Shison.
REJOINDRE, *va.*	合集スル。追ヒ付ク	Gasshū suru; Oitsuku.

RÉJOUIR, *va.*	喜バス。慰メル	Yorokobasu; Nagusameru.
Se — *vr.*	悦フ。慰ム	Yorokobu; Nagusamu.
RÉJOUISSANCE, *sf.*	悦び。樂ミ	Yorokobi; Tanoshimi.
RELÂCHER, *va.*	緩メル	Yurumeru.
RELAIS, *sm.*	傳馬塲	Temma ba.
RELATER, *va.*	述ベル	Noberu.
RELATIF, VE, *a.*	關係ノ	Kwan-kei-no.
RELATION, *sf.*	關係。物語	Kwan-kei; Monogatari.
RELÉGUER, *va.*	追放スル	Tsui-hō suru.
RELEVER, *va.*	起ス。髙メル。再建スル	Okosu; Takameru; Sai-kon suru.
RELIGIEUX, SE, *a.*	宗旨ノ。信心ノ	Shū-shi-no; Shin-jin-no.
RELIGION, *sf.*	宗旨。宗教。信心	Shū-shi; Shū-kyō; Shin-jin.
RELIQUAT, *sm.*	剩餘	Jō-yo.
REMARQUABLE, *a.*	著シキ。顯著ナル	Ichijirushiki; Ken-cho naru.
REMARQUER, *va.*	注意スル	Chū-i suru.
REMBARQUER. *va.*	更ニ船ニ積ム	Sara-ni fune-ni tsumu.
Se — *vr.*	更ニ乘船スル	Sara-ni jō-sen suru.
REMBOURSEMENT, *sm.*	償還	Shō-kwan.

REMBOURSER, *va.*	償還スル	Shō-kwan suru.
REMÈDE, *sm.*	藥劑	Yaku-zai.
REMÉDIER, *vn.*	醫治スル	I-ji suru.
REMÉMORER, *va.*	覺ヘサセル	Oboe saseru.
REMERCIER, *va.*	謝スル。暇ヲ與フ	Sha suru; Itoma-wo atou.
REMETTRE, *va.*	渡ス。免ズル	Watasu; Menzu-ru.
REMISE, *sf.*	引渡シ。釋放。免税	Hiki-watashi; Sha-ku hō; Men-zei.
REMONTER, *va.*	再ビ登ル。溯ル	Futa-tabi noboru; Sakanoboru.
REMPART, *sm.*	城塞	Jō-sai.
REMPLACER, *va.*	置代ヘル。代ヲス ル	Oki-kaeru: Kawari-wo suru.
REMPLIR, *va.*	充タス	Mitasu.
REMPLOI, *sm.*	買ヒ替ヘ	Kai-kae.
REMPORTER, *va.*	持チ返ル。得ル	Mochi-kaeru; Uru.
REMUER, *va.*	動カス	Ugokasu.
— *vn.*	動ク	Ugoku.
RÉMUNÉRATION, *sf.*	報酬	Hō-shū.
RÉMUNÉRER, *va.*	報酬スル	Hō-shū suru.
RENAÎTRE, *vn.*	再生スル。再ビ起 ル	Sai-sei suru; Futa-tabi okoru.
RENARD, *sm.*	狐	Kitsune.
RENCONTRER, *va.*	出會フ。衝突スル	De-au; Shō-totsu suru.

RENDRE, *va.*	返還スル。成ス	Hen-kwan suru; Nasu.
— compte.	精算スル	Sei-san suru.
RENFERMER, *va.*	再ビ閉塞スル。閉込メル。含ム	Futa-tabi hei-soku-suru; Toji-kome-ru; Fukumu.
RENFORCER, *va.*	强クスル	Tsuyoku suru.
RENGAÍNER, *vn.*	刀ヲ鞘ニ藏メル	Katana-wo saya-ni osameru.
RENIER, *va.*	廢スル	Hai suru.
RENOMMÉ, E, *a.*	高名ナル	Kō-mei naru.
RENOMMÉE, *sf.*	高名。榮譽。風評	Kō-mei; Ei-yo; Fū-hyō.
RENONCER, *va.*	放棄スル	Hō-ki suru.
RENONCIATION, *sf.*	放棄	Hō-ki.
RENOUVELLEMENT, *sm.*	更新。仕更ヘルコ	Kō-shin; Shi-kaeru koto.
RENOUVELER, *va.*	新ニスル。復スル。更新スル	Arata-ni suru; Fu-ku suru; Kō-shin suru.
RENSEIGNEMENT, *sm.*	參考	San-kō.
RENSEIGNER, *va.*	知ラセル。注進スル	Shiraseru; Chū-shin suru.
RENTE, *sf.*	年金。公債	Nen-kin; Kō-sai.
RENTRER, *va.*	歸來ル。再入ル	Kaeri-kitaru; Futa-tabi iru.

— au camp.	敗陣スル	Ki-jin suru.
RENVERSER, *va.*	覆ヘス	Kutsugaesu.
RENVOI, *sm.*	戻スコ、延期	Modosu koto; En-ki.
RENVOYER, *va.*	戻ス。下ル。延期スル。移ス	Modosu; Sageru; En-ki suru; Utsusu.
REPAÎTRE, *va.*	飼フ	Kau.
Se— *vr.*	喰フ	Kū.
RÉPANDRE, *va.*	翻ス。散ラス。擴メル	Kobosu; Chirasu; Hiromeru.
RÉPARATION, *sf.*	修復。修繕。償ヒ	Shu-fuku; Shū-zen; Tsukunoi.
RÉPARER, *va.*	修復スル。恢復スル。償フ	Shū-fuku suru; Kwai-fuku suru; Tsukunou.
REPARAÎTRE, *vn.*	再ビ顯ル、	Futa-tabi arawaruru.
REPARTIE, *sf.*	即答	Soku-tō.
REPARTIR, *vn.*	再ビ出立スル。再ビ戻リ行ク。返答スル	Futa-tabi shuttatsu suru; Futa-tabi modori-yuku; Hen-tō suru.
RÉPARTIR, *va.*	配當スル	Hai-tō suru.
RÉPARTITION, *sf.*	配當	Hai-tō.
REPAS, *sm.*	食事。食物	Shoku-ji; Shoku-motsu.

Repasser, *vn. va.*	再ビ通行スル。操返ス	Futa-tabi tsū-kō suru; Kuri-kaesu.
Repentir, (Se), *vr.*	後悔スル。苦痛スル	Kō-kwai suru; Ku-tsū suru.
Repentir, *sm.*	後悔	Kō-kwai.
Répercuter, *va.*	響カセル。反照サセル	Hibikaseru; Han-shō saseru.
Répertoire, *sm.*	目錄	Moku-roku.
Répéter, *va.*	繰返ス。重言スル	Kuri-kaesu; Chō-gen suru.
Répétition, *sf.*	繰返スコ	Kuri-kaesu koto.
Repeupler, *va.*	再ビ殖民スル	Futa-tabi shoku-min suru.
Répliquer, *va. n.*	返答スル。答辯スル	Hen-tō suru; Tō-ben suru.
Répondant, *sm.*	證人。擔當者	Shō-nin; Tan-tō-sha.
Répondre, *va. n.*	返答スル。應スル	Hen-tō suru; Ō-zu-ru.
Réponse, *sf.*	返答	Hen-tō.
Reporter, *va.*	持チ返ル。運ブ。書キ移ス	Mochi-kaeru; Hako-bu; Kaki-utsusu.
Repos, *sm.*	靜謐。休息。眠	Sei-hitsu; Kyū-so-ku; Nemuru.
Reposer, (Se) *vr.*	休息スル	Kyū-soku suru.
Repousser, *va.*	押出ス。拒ム。再ビ芽出ス	Oshi-dasu; Koba-mu; Futa-tabi me-dasu

RÉPRÉHENSIBLE, *a.*	咎ムベキ	Togamu beki.
REPRENDRE, *va.*	取返ス。再ビ取ル。咎メル	Tori-kaesu; Futa-tabi toru; Togameru.
Se — *vr.*	言ヒ直ス	Ii-naosu.
REPRÉSAILLE, *sf.*	報償、返報	Hō-shō; Hem-pō.
Exercer des —	返報スル	Hem-pō suru.
REPRÉSENTANT, *sm.*	代人	Dai-nin.
REPRÉSENTER, *va.*	名代スル。更ニ顯ハス	Myō-dai suru; Sara-ni arawasu.
Se — *vr.*	想像スル	Sō-sō suru.
RÉPRESSION, *sf.*	懲罰	Chō-batsu.
RÉPRIMANDER, *va.*	懲戒スル	Chō-kai suru.
RÉPRIMER, *va.*	止メル	Tomeru.
REPRIS (de justice), *sm.*	所刑ヲ受ケシ者	Sho-kei-wo ukeshi mono.
REPRISE, *sf.*	再ビ取ルコ。更新	Futa tabi toru koto; Kō-shin.
REPROCHE, *sm.*	非難	Hi-nan.
REPROCHER, *va.*	非難スル	Hi-nan suru.
REPRODUIRE, *va.*	再出スル。再版スル	Sai-shutsu suru; Sai-han suru.
RÉPROUVER, *va.*	咎メル	Togameru.
REPTILE, *sm.*	爬ノ總名	Hai-mushi-no sō-myō.
REFU, E, *a.*	満腹ノ	Mampuku-no.
RÉPUBLICAIN, *a.*	共和ノ	Kyō-wa-no.

Parti —	共和黨	Kyō-wa tō.
RÉPUBLIQUE, *sf.*	共和政事	Kyō-wa sei-ji.
RÉPUDIER, *va.*	拒謝スル	Kyo-sha suru.
RÉPUGNANCE, *sf.*	逆フフ｡嫌フフ	Sakarau koto; Kirau koto.
RÉPUGNER, *vn.*	氣ニ入ラヌ｡合ハヌ	Ki-ni iranu; Awanu.
RÉPUTATION, *sf.*	聞ヘ｡風聞｡名譽	Kikoe; Fū-bun; Mei-yo.
REQUÉRIR, *va.*	請求スル	Sei-kyū suru.
REQUÊTE, *sf.*	請求	Sei-kyū.
RÉQUISITION, *sf.*	要求｡請求｡徵發	Yō-kyū; Sei-kyū; Chō-hatsu.
RÉSERVE, *sf.*	貯存｡預備｡遠慮	Cho-son; Yo-bi; En-ryo.
RÉSERVÉ, E, *a.*	用心深キ｡遠慮シタル	Yō-jin fukaki; En-ryo shitaru.
RÉSERVER, *va.*	貯ヘル｡保ツ	Takuwaeru; Tamotsu.
RÉSIDENCE, *sf.*	住所	Jū-sho.
RÉSIDER, *vn.*	住スル	Jū suru.
RÉSIGNER, *va.*	讓ル	Yuzuru.
— ses fonctions.	辭職スル	Ji-shoku suru.
Se — *vr.*	降參スル	Kō-san suru.
RÉSILIATION, *sf.*	解除	Kai-jo.
RÉSILIER, *va.*	解除スル	Kai-jo suru.
RÉSISTANCE, *sf.*	抗抵	Kō-tei.

RÉSISTER, *vn.*	抗抵スル。逆フ	Kō-tei suru; Sa-kau.
RÉSOLU, E, *a.*	決定シタル。大胆ナル。氣強キ。溶解シタル。解キタル	Kettei shitaru; Dai-tan naru; Ki-zu-yoki; Yō-kai shi-taru; Tokitaru.
RÉSOLUTION, *sf.*	溶解。決定。堅固。廢除	Yō-kai; Kettei; Ken-go; Hai-jo.
RÉSOUDRE, *va.*	溶解スル。消滅スル。決定スル。思考スル。解除スル	Yō-kai suru; Shō-metsu suru; Ket-tei suru; Shi-kō suru; Kai-jo su-ru.
RESPECT, *sm.*	尊敬	Son-kei.
RESPECTABLE, *a.*	尊敬スベキ	Son-kei su-beki.
RESPECTER, *va.*	尊敬スル	Son-kei suru.
RESPECTUEUSE-MENT, *ad.*	貴ク。尊敬ノ意ヲ表シテ	Tattoku; Son-kei-no i-wo hyō shi-te.
RESPECTUEUX, SE, *a.*	尊敬シタル	Son-kei shitaru.
RESPIRATION, *sf.*	呼吸	Ko-kyū.
RESPIRER, *vn.*	呼吸スル	Ko-kyū suru.
RESPONSABILITÉ, *sf.*	責任	Seki-nin.
RESPONSABLE, *a.*	責任アル	Seki-nin aru.
RESSEMBLANCE, *sf.*	似寄	Niyori.

RESSEMBLANT, E, *a.*	似寄リタル	Niyoritaru.
RESSEMBLER, *vn.*	似ル	Niru.
RESSENTIMENT, *sm.*	怨恨。立腹。遺恨	Urami; Rippuku; I-kon.
RESSENTIR, *va.*	感動スル	Kan-dō suru.
RESSORT, *sm.*	彈キ金	Hajiki-gane.
RESSOURCE, *sf.*	扶助。金錢。資力	Fu-jo; Kin-sen; Shi-ryoku.
RESSOUVENIR (Se), *vr.*	記臆スル	Ki-oku suru.
RESSUSCITER, *va.*	蘇生サセル	So-sei saseru.
— *vn.*	蘇生スル	So-sei suru.
RESTANT, *sm.*	殘餘	Zan-yo.
— *a.*	殘リタル	Nokoritaru.
RESTAURANT, *sm.*	料理屋	Ryō-ri-ya.
RESTAURATION, *sf.*	改良。維新	Kai-ryō; I-shin.
RESTAURER, *va.*	繕フ。維新スル	Tsukurou; I-shin suru.
RESTE, *sm.*	殘リ物	Nokori-mono.
RESTER, *vn.*	殘ル。殘居ル	Nokoru; Nokori-oru.
RESTITUER, *va.*	回復スル。還附スル	Kwai-fuku suru; Kwampu suru.
RÉSUMER, *va.*	略スル	Ryaku suru.
RÉTABLIR, *va.*	回復スル	Kwai-fuku suru.
Se — *vr.*	全快スル	Zen-kwai suru.
RETARD, *sm.*	延引	En-nin.

Etre en —	延引スル	En-nin suru.
RETENIR, *va.*	保ツ。止ムル。蓄フル	Tamotsu; Todomuru; Takuōru.
RETENTIR, *vn.*	返響スル。鳴ル	Han-kyō suru; Naru.
RETENTISSEMENT, *sm.*	響。評判	Hibiki; Hyō-ban.
RETENUE, *sf.*	用心。沈着	Yō-jin; Chin-chaku.
RÉTIF, VE, *a.*	片意地ナル	Kata-iji naru.
RETIRÉ, E, *a.*	寂寞ナル	Seki-baku naru.
RETIRER, (Se) *vr.*	退ク。戻リ行ク	Shirizoku; Modori-yuku.
RETOMBER, *vn.*	再ビ落ル	Futa-tabi ochiru.
RETOUR, *sm.*	歸著。歸ルコ。復歸	Ki-chaku; Kaeru-koto; Fukki.
RETOURNER, *va.*	向ヲ替ヘル。轉ズル	Muki-wo kaeru; Tenzuru.
Se —, *vr.*	廻轉スル	Kwai-ten suru.
S'en —,	歸リ行ク。歸ル	Kaeri-yuku; Kaeru.
RETRACER, *va.*	再ビ線ヲ引ク。記スル。述ベル	Futa-tabi sen-wo shiku; Kisuru; Noberu.
RÉTRACTER, *va.*	言直ス。變改スル	Ii-naosu; Hen-gai suru.

RETRAITE, *sf.*	退ク フ 。隱居 。退隱 料 。恩給	Shirizoku koto; In-kyo; Tai-in ryō; On-kyū.
RETRANCHER, *va.*	減除スル 。全ク除 ク 。禁ズル	Gen-jo suru; Matta-ku nozoku; Kin-zuru.
RÉTRÉCIR, *va.*	狹クスル 。狹メル	Semaku suru; Seba-meru.
RÉTROACTIF, VE, *a.*	溯タル 。溯行ノ	Sakanoboritaru; * Sakkō-no.
RETROUVER, *va.*	再ビ見出ス 。見出ス	Futa-tabi mi-idasu; Mi-idasu.
RÉUNION, *sf.*	集會	Shū-kwai; Atsuma-ri.
RÉUNIR, *va.*	集メル	Atsumeru.
Se — *vr.*	參會スル 。集マル	San-kwai suru; Atsumaru.
RÉUSSIR, *vn.*	仕遂ケル 。成就スル	Shi-togeru; Jō-ju suru.
RÊVE, *sm.*	夢	Yume.
Bon —	吉夢	Kitsu-mu.
REVÊCHE, *a.*	固キ 。酷ナル	Kataki; Koku naru.
RÉVEIL, *sm.*	目覺メ	Me-zame.
RÉVEILLER, *va.*	覺ス 。起ス 。勵マス	Samasu; Okosu; Hagemasu.
Se —, *vr.*	覺メル 。勵ム	Sameru; Hagemu.
RÉVÉLER, *va.*	明カス 。顯ハス	Akasu; Arawasu.

Revendiquer, *va.*	取戻ス	Tori-modosu.
Revenir, *vn.*	復スル。返リ來ル	Fuku suru; Kaeri-kitaru.
Revenu, *sm.*	利益。收入	Ri-eki; Shū-nyū.
Rêver, *vn.*	夢ミル	Yume-miru.
Réverbération, *sf.*	反射	Han-sha.
Revers, *sm.*	背面	Hai-men.
Revêtir, *va.*	着セル。着ル(衣裳抔ヲ)	Kiseru; Kiru (I-shō nado-wo).
Rêveur, se, *a.*	夢見タル。思案シタル	Yume-mitaru; Shi-an shitaru.
— *sm.*	精神ノ定マラヌ人	Sei-shin-no sada-maranu hito.
Révision, *sf.*	再審	Sai-shin.
Revivre, *vn.*	蘇生ル	Yomigaeru.
Révocation, *sf.*	免職。廢止	Men-shoku; Hai-shi.
Revoir, *va.*	更ニ見ル。再撿スル	Sara-ni miru; Sai-ken suru.
Révolte, *sf.*	謀叛	Mu-hon.
Révolter, (Se), *vr.*	叛ク。謀叛スル	Somuku; Muhon suru.
Révolution, *sf.*	回轉。革命	Kwai-ten; Kaku-mei.
Révoquer, *va.*	職ヲ取上ル。取消ス。免職スル	Shaku-wo tori-age-ru; Tori-kesu; Men-shoku suru.

REVUE, sf.	觀兵式。雜誌	Kwampei shiki; Zasshi.
RHÉTORIQUE, sf.	脩辭學	Shū-ji gaku.
RHUMATISME, sm.	風疾	Fū-shitsu.
RHUME, sm.	感冒。引キ風	Kambō ; Hiki-kaze.
RIANT, E, a.	愉快ナル。樂シキ	Yu-kwai naru ; Tanoshiki.
RICHE, a.	富タル。澤山ナル。立派ナル。價高キ	Tomitaru ; Takusan naru ; Rippanaru ; Aïae takaki.
RICHESSE, sf.	富貴	Fukki.
RICHESSES, sf. pl.	富。財寶	Tomi ; Zai-hō.
RICIN, sm.	舁麻子	Himashi.
Huile de —	舁麻子油	Himashi-yu.
RIDE, sf.	皺	Shiwa.
RIDEAU, sm.	幕。帷帳	Maku ; Tobari.
RIDER, va.	皺ヲヨセル	Shiwa-wo yoseru.
Se — vr.	皺ガヨル	Shiwa-ga yoru.
RIDICULE, sm.	笑フベキコ	Warau beki koto.
— a.	笑フベキ	Warau beki.
RIEN, ad.	何ニモ	Nani-mo.
RIEUR, SE, sm. f.	笑フ人。嘲弄スル人	Warau hito ; Chō-rō suru hito.
RIGIDE, a.	嚴正ノ	Gen-sei-no.
RIGIDEMENT, ad.	嚴正ニ	Gen-sei-ni.

RIGOUREUX, SE, *a.*	嚴シキ。苛酷ナル	Kibishiki; Ka-koku naru.
RIGOUREUSEMENT, *ad.*	嚴シク	Kibishiku.
RIGUEUR, *sf.*	嚴格。剛强。嚴重	Gen-kaku; Gō-kyō; Gen-jū.
RINCER, *va.*	濯グ	Yusugu.
(Se) — la bouche.	漱スル	Ugai suru.
RIRE, *sm.*	笑ヒ。笑フコ	Warai; Warau koto.
RIS, *sm.*	笑フコ	Warau koto.
RIS, *sm.*	犢ノ咽喉下ニアル肉核	Ko-ushi-no nodo-shita-ni aru niku-sane.
RISIBLE, *a.*	笑フベキ	Warau beki.
RISQUE, *sm.*	危難。危險	Ki-nan; Ki-ken.
RISQUER, *va.*	冒險スル。運ニ任セル	Bō-ken suru; Un-ni makaseru.
RIVAGE, *sm.*	岸。水岸	Kishi; Sui-gan.
RIVAL, *sm.*	競フ人。爭フ人	Kisou hito; Arasou hito.
— *a.*	競ヒタル。爭フタル	Kisoi taru; Arasō taru.
RIVALISER, *vn.*	競フ。爭フ	Kisou; Arasou.
RIVALITÉ, *sf.*	競フコ。爭ヒ	Kisou koto; Arasoi.
RIVE, *sf.*	河海又ハ池沼湖ノ岸	Ka-kai mata-wa chi shō ko-no kishi.

RIVIÈRE, *sf.*	川	Kawa.
RIZ, *sm.*	米。飯	Kome; Meshi.
RIZIÈRE, *sf.*	田	Ta.
ROBE, *sf.*	長衣。婦人ノ衣服	Chō-i; Fu-jin-no i-fuku.
ROBINET, *sm.*	螺線口	Neji-guchi.
ROBUSTE, *a.*	強キ。勇猛ナル	Tsuyoki; Yū-mō na-ru.
ROC, *sm.*	岩	Iwa.
ROCHE, *sf.*	岩	Iwa.
ROCHER, *sm.*	岩	Iwa.
RÔDER, *vn.*	漂泊スル。徘徊スル	Hyō-haku suru; Hai-kwai suru.
ROGNURE, *sf.*	切リ屑。裁切レ	Kiri-kuzu; Tachi-gire.
ROI, *sm.*	王	Ō.
RÔLE, *sm.*	目録。役者ノ務メ	Moku-roku; Yaku-sha-no tsutome.
ROMAN, *sm.*	草双紙。作物語	Kusa-zō-shi; Saku-monogatari.
ROMPRE, *va.*	破ル	Yaburu.
RONCE, *sf.*	蕀	Ibara.
RONFLER, *vn.*	鼾睡ヲカク	Ibiki-wo kaku.
RONGER, *va.*	齧ル	Kajiru.
ROSE, *sf.*	薔薇	Bara.
ROSEAU, *sm.*	蘆葦	Ashi.
ROSÉE, *sf.*	露	Tsuyu.

Rosier, sm.	薔薇樹	Bara-no ki.
Rossignol, sm.	鶯	Uguisu.
Rot, sm.	燒肉	Yaki-niku.
Rôti, sm.	燒肉	Yaki-niku.
Rôtir, va.	燒ク	Yaku.
Roue, sf.	車輪	Sha-rin.
Rouer, va.	鐵棒ニテ手足ノ骨ヲ折リ其躰ヲ車輪ニ編ミテ暴ス	Tetsu-bō nite shu-soku-no hone-wo ori sono tai-wo sha-rin-ni amite sarasu.
Rouet, sm.	糸車	Ito-guruma.
Rouge, a.	赤キ	Akaki.
Rougir, vn.	赤クナル。耻ル。耻カシガル	Akaku naru; Haji-ru; Hazukashi-garu.
Rouille, sf.	錆	Sabi.
Rouiller (Se), vr.	錆ル	Sabiru.
Rouleau, sm.	卷キタル物	Makitaru mono.
Rouler, va.	轉ハス。卷ク	Korobasu; Maku.
Route, sf.	道路	Dō-ro.
Roux, sm.	樺	Kaba.
— a.	樺色ノ	Kaba-iro-no.
Royal, e, a.	王ノ。王ニ属シタル	Ō-no; Ō-ni zokushi-taru.
Royaume, sm.	王國	Ō-koku.
Royauté, sf.	王位	Ō-i.

RUBAN, sm.	紐	Himo.
RUCHE, sf.	蜜蜂ノ巣	Mitsu-bachi-no su.
RUDE, a.	暴キ。雑ナル。不作法。嚴キ	Araki; Zatsu naru; Bu-sa-hō; Kibi-shiki.
RUDEMENT, ad.	嚴ク。雑ト。不禮ニ	Kibishiku; Zatto; Bu-rei-ni.
RUE, sf.	市街。路	Shi-gai; Michi.
RUER (Se), vr.	衝キ掛ル	Tsuki kakaru.
RUGIR, vn.	吠ル(獅子ノ)	Hoyuru (shi-shi-no).
RUGISSEMENT, sm.	吠ル聲(獅子ノ)	Hoyuru koe (shi-shi-no).
RUINE, sf.	破滅。零落	Ha-metsu; Rei-ra-ku.
RUINER, va.	毀ツ。零落サスル	Kobotsu; Rei-raku sa-suru.
RUISSEAU, sm.	小川	Ko-gawa.
RUMEUR, sf.	風聞。評判。擾ギ	Fū-bun; Hyō-ban; Sawagi.
RUMINER, va.	再ビ嚼ム(牛類ノ)	Futa-tabi kamu (Ushi rui-no).
RUPTURE, sf.	破レルフ。折レルフ。破談	Yabureru koto; Oreru koto; Ha-dan.
— d'un contrat.	破約	Ha-yaku.
RURAL, E, a.	田舍ノ	Inaka-no.
RUSE, sf.	狡猾。僞計	Kō-katsu; Gi-kei.

RUSÉ, E, *a.*	狡猾ナル	Kō-katsu naru.
RUSTICITÉ, *sf.*	不作法ナルコ。撲野	Bu-sa-hō naru koto; Boku-ya.
RUSTIQUE, *a.*	田舎ノ	Inaka-no.
RUSTRE, *sm.*	粗暴ノ人	So-bō-no hito.
— *a.*	不作法ナル	Bu-sa-hō naru.

S.

SA, *pro. f.*	彼ノ	Kare-no.
SABBAT, *sm.*	安息日	An-soku jitsu.
SABLE, *sm.*	砂	Suna.
SABLONNEUX, SE, *a.*	砂勝ナル	Suna-gachi naru.
SABOT, *sm.*	木履。馬蹄	Boku-ri; Ba-tei.
SABRE, *sm.*	刀	Katana.
SABRER, *va.*	刀ニテ打ツ	Katana nite utsu.
SAC, *sm.*	袋	Fukuro.
SACCAGER, *va.*	剽掠スル。分捕スル	Datsu-ryaku suru; Bun-dori suru.
SACRÉ, E, *a.*	神聖ノ。神聖ナル。破ルベカラザル。貴キ。供シタル	Shin-sei-no; Shin-sei naru; Yaburu bekarazaru; Tat-toki; Kyō shitaru.

SACRAMENTEL, LE, *a.*	定式ノ	Tei-shiki-no.
SACREMENT, *sm.*	宗旨ノ勸メ。聖禮	Shū-shi-no tsuto-me; Sei-rei.
SACRIFICE, *sm.*	供物。牲	Ku-motsu; Ikenie.
SACRILÉGE, *sm.*	神物ヲ盗ミ又ハ穢ス丁	Shimbutsu-wo nusumi mata-wa ke-gasu koto.
— *a.*	神物ヲ盗ミ又ハ穢シタル	Shin-butsu-wo nusumi mata-wa ke-gashi taru.
SAFRAN, *sm.*	泊夫藍	Safuran.
SAGACITÉ, *sf.*	鋭敏。材智。賢サ	Ei-bin; Sai-chi; Sa-kashisa.
SAGE, *a.*	賢キ。品行善キ	Kashikoki; Hin-kō-yoki.
SAGE-FEMME, *sf.*	産婆	Samba.
SAGEMENT, *ad.*	賢コク	Kashikoku.
SAGESSE, *sf.*	賢明。善行。用心	Kemmei; Zen-kō; Yō-jin.
SAIGNER, *va.*	血ヲ取ル	Chi-wo toru.
SAIN, E, *a.*	健康ナル。無害ナル	Ken-kō naru; Mu-gai naru.
SAINT, E, *a.*	神聖ノ。清浄ナル	Shin-sei-no; Sei-jō naru.
— *sm.*	聖神	Sei-shin.
SAISIE, *sf.*	差シ押ヘ	Sashi-osae.

SAISIR, *va.*	掌握スル。取ル。取押ユル。差押ヘル	Shō-aku suru; Toru; Tori-osaynru; Sa-shi-osaeru.
Se — *vr.*	受理スル	Ju-ri suru.
SAISON, *sf.*	時季	Ji-ki.
Les quatre --	四季	Shi-ki.
SALADE, *sf.*	萵苣	Chisa.
SALADIER, *sm.*	萵苣ヲ盛ル皿。萵苣ヲ入レ置ク目籠	Chisa-wo moru sa-ra; Chisa-wo ire-oku me-kago.
SALAIRE, *sm.*	謝禮。謝金。給料	Sha-rei; Sha-kin; Kyū-ryō.
SALARIER, *va.*	給料ヲ與フル	Kyū-ryō-wo atōru.
SALE, *a.*	汚レタル。悪キ	Yogoretaru; Ashi-ki.
SALER, *va.*	鹽ニ積ケル。鹽ヲ掛ル	Shio-ni tsukeru; Shio-wo kakeru.
SALETÉ, *sf.*	不淨	Fu-jō.
SALIÈRE, *sf.*	鹽入レノ器	Shio-ire-no utsuwa.
SALIVE, *sf.*	睡涎	Tsubaki; Yodare.
SALPÊTRE, *sm.*	消石	Shō-seki.
SALUER, *va.*	禮スル。祝スル	Rei suru; Shuku suru.
SALUT, *sm.*	禮義。安全	Rei-gi; An-zen.
SALUTATION, *sf.*	挨授	Ai-satsu.
SALUTAIRE, *a.*	健康ナル	Ken-kō naru.
SAMEDI, *sm.*	土曜日	Do-yō bi.

SANCTION, *sf.*	制裁。允准。認可	Sei-sai; In-jun; Nin-ka.
SANCTUAIRE, *sm.*	本堂	Hon-dō.
SANG, *sm.*	血、血統	Chi; Kettō.
SANG-FROID, *sm.*	自若	Jijaku.
SANGLANT, E, *a.*	血ニ染ミタル。殘刻ナル	Chi-ni somitaru; Zan-koku naru.
SANGLIER, *sm.*	野猪	Inoshishi.
SANGSUE, *sf.*	蛭	Hiru.
SANS, *pr.*	無シニ	Nashi-ni.
SANTÉ, *sf.*	健康	Ken-kō.
SAPIN, *sm.*	樅	Momi.
SARCASME, *sm.*	禁句。惡口	*Kin-ku; Akkō.
SARCELLE, *sf.*	鴨ノ類	Kamo-no rui.
SARCLER, *va.*	雜草ヲ搔取ル	Zassō-wo kaki-toru.
SARDINE, *sf.*	鰯	Iwashi.
SARMENT, *sm.*	葡萄ノ新蔓	Bu-dō-no shin-zuru.
SATIÉTÉ, *sf.*	倦キ	Aki.
SATIRE, *sm.*	狂詩。惡口書	Kyō-shi; Akkō-gaki.
SATIRIQUE, *a.*	惡口ノ	Akkō-no.
SATISFACTION, *sf.*	滿足	Man-zoku.
SATISFAIRE, *va.*	滿足サスル。悅バス	Man-zoku sasuru; Yorokobasu.
SATISFAIT, E, *a.*	滿足シタル	Man-zoku shitaru.
SAUF, *prép.*	除イテ	Nozoite.

SAUF, VE, a.	無事ノ	Bu-ji-no.
SAUF-CONDUIT, sm.	解繳証	* Kai-ko-shō.
SAUCE, sf.	シタヂ	Shitaji.
SAULE, sm.	柳	Yanagi.
SAUTER, vn.	飛ブ。跳子ル。破裂スル	Tobu; Haneru; Haretsu suru.
SAUTERELLE, sf.	蝗	Inago.
SAUVAGE, a.	野界ノ。馴レザル	Ya-hi-no; Narezaru.
SAUVER, va.	救フ。助クル。守護スル	Sukū; Tasukuru; Shu-go suru.
SAUVEUR, sm.	救者。救主	Kyū-sha; Kyū-shu.
SAVAMMENT, ad.	博學ニ	Haku-gaku-ni.
SAVANT, E, a.	博學ナル	Haku-gaku naru.
— sm. f.	博學者	Haku-gaku-sha.
SAVEUR, sf.	味	Ajiwai.
SAVOIR, va.	知ル	Shiru.
SAVON, sm.	石鹼	Sekken.
SAVOURER, va.	快ク美味ヲ風味スル	Kokoroyoku bi-mi-wo fū-mi suru.
SCEAU, sm.	印璽。印章	In-ji; In-shō.
SCÉLÉRAT, E, a.	罪スベキ。大罪ノ	Tsumi su-beki; Dai-zai-no.
— sm. f.	重罪人	Jū-zai nin.
SCELLER, va.	鈐スル。封ズル。捺印スル	Kin suru; Fū-zuru; Na-in suru.
SCÈNE, sf.	舞臺。現場	Bu-tai; Gemba.

SCEPTRE, sm.	王ノ持ツ笏ノ如キ者	Ō-no motsu shaku-no gotoki mono.
SCIE, sf.	鋸	Nokogiri.
SCIER, va.	鋸ル	Nokogiru.
SCIENCE, sf.	學問	Gaku-mon.
SCRUTER, va.	綜鑿スル	Sen-saku suru.
SCRUTIN, sm.	投票定式	Tō-hyō tei-shiki.
— de liste.	連名投票定式	Remmei tō-hyō tei-shiki.
SCULPTEUR, sm.	彫刻人	Chō-koku nin.
SE, pro.	自分ヲ。自カラ	Ji-bun-wo; Mizu-kara.
SÉANCE, sf.	會議	Kwai-gi.
— tenante.	開庭中ニ	Kai-tei chū-ni.
SEC, a. m. SÈCHE, f.	乾キタル	Kawakitaru.
SÈCHEMENT, ad.	乾キテ	Kawakite.
SÉCHER, va.	乾カス	Kawakasu.
SÉCHERESSE, sf.	乾燥	Kan-sō.
SECOND, E, a.	第二ノ	Dai ni-no.
SECONDER, va.	助ケル	Tasukeru.
SECOUER, va.	震搖スル。衝動スル	Shin-yō suru; Shō-dō suru.
SECOURIR, va.	扶助スル。救フ	Fu-jo suru; Sukū.
SECOURS, sm.	扶助	Fu-jo; Tasuke.
SECRET, sm.	秘密。密室	Hi-mitsu; Misshi-tsu.

Secret, te. *a.*	秘密ノ	Hi-mitsu-no.
Secrétaire, *sm.*	書記	Sho-ki.
Secrètement, *ad.*	密ニ	Hisoka-ni.
Section, *sf.*	章。篇。欵。切レ	Shō; Hen; Kan; Kire.
Sécurité, *sf.*	安全	An-zen.
Sédentaire. *a.*	內勤ノ	Nai-kin-no.
Sédition, *sf.*	叛亂	Han-ran.
Séducteur, trice, *a.*	誑カシタル	Taburakashitaru.
— *sm.*	惡誘者。誑カス人	Aku-yū sha; Taburakasu hito.
Séduction, *sf.*	誑カスフ	Taburakasu koto.
Seigneur, *sm.*	貴族	Ki-zoku.
Sein, *sm.*	乳子。胸。中心。中央	Chi-chi; Mune; Chū-shin; Chū-ō.
Séjour, *sm.*	滯在	Tai-zai.
Séjourner, *vn.*	滯在スル	Tai-zai suru.
Seize, *sm.*	十六	Jū-roku.
Seizième, *a.*	第十六ノ	Dai jū-roku-no.
— *sm.*	第十六	Dai jū-roku.
Sel, *sm.*	鹽	Shio.
Selle, *sf.*	鞍	Kura.
Sellette, *s.*	小サキ椅子	Chiisaki isu.
Selon, *pr.*	……ニ隨テ	…… ni shitagatte.
Semaine, *sf.*	一週	Isshū.
Semblable, *a.*	齊シキ。似タル	Shitoshiki; Nitaru.

SEMBLANT, *sm.*	見エ	Mie.
Faire —	様ヲスル	Furi-wo suru.
SEMBLER, *vn.*	見ユル	Miyuru.
SEMENCE, *sf.*	種子	Tane.
SEMER, *va.*	種蒔ク	Tane maku.
SÉNAT, *sm.*	元老院	Gen-rō-in.
SÉNATEUR, *sm.*	元老院議官	Gen-rō-in gi-kwan.
SENS, *sm.*	意味。方向。感覺	I-mi; Hō-kō; Kan-kaku.
Les cinq —	五官	Go-kwan.
SENSIBILITÉ, *sf.*	感覺	Kan-kaku.
SENSIBLE, *a.*	感覺アル	Kan-kaku aru.
SENTENCE, *sf.*	裁判。金玉ノ詞	Sai-ban; Kin-gyoku-no kotoba.
SENTIER, *sm.*	徑	Komichi.
SENTIMENT, *sm.*	感觸。意見	Kan-shoku; I-ken.
SENTINELLE, *sf.*	張リ番職。番兵	Hari-ban shoku; Bampei.
SENTIR, *va.*	感ズル。覺トル	Kanzuru; Satoru.
Se — *vr.*	感ズル	Kanzuru.
SÉPARATION, *sf.*	離別。分轄。仕切	Ri-betsu; Bun-kwatsu; Shikiri.
SÉPARÉMENT, *ad.*	分別シテ。分ツテ	Bumbetsu shite; Wakatte.
SÉPARER, *va.*	分別スル。分ツ。仕切ル	Bumbetsu suru; Wakatsu; Shiki-ru.

Se — *vr.*	離レル。離叛スル	Hanareru ; Ri-han suru.
SEPT, *a. sm.*	七ノ。七	Shichi-no ; Shichi.
SEPTENTRION, *sm.*	北	Kita.
SEPTENTRIONAL, E, *a.*	北方ノ	Hoppō-no.
SEPTIÈME, *sm.*	第七	Dai shichi.
SÉPULTURE, *sf.*	葬リ。墓	Hōmuri ; Haka.
SEREIN, E, *a.*	晴朗ナル。澄明ナル。穏カナル	Sei-rō naru ; Chō-mei naru ; Odaya-ka naru.
Ciel —	晴天	Sei-ten.
SERF, *sm.*	奴隷	Do-rei.
SERGENT (de ville) *sm.*	巡査	Jun-sa.
SÉRIEUSEMENT, *ad.*	厳重ニ。重要ニ	Gen-jū-ni ; Chō-yō-ni.
SÉRIEUX, SE, *a.*	厳重ナル。重要ナル	Gen-jū naru ; Chō-yō naru.
SERIN, NE, *sm. f.*	福島鳥	Kanariya.
SERMENT, *sm.*	宣誓	Sen-sei.
SERPE, *sf.*	鉈ノ類	Nata-no rui.
SERPENT, *sm.*	蛇	Hebi.
SERPENTER, *va.*	蟠曲スル。曲リ行ク	Han-kyoku suru ; Magari-yuku.
SERRER, *va.*	壓搾スル。片附ル	Assaku suru ; Kata-zukeru.

Serrure, *sf.*	錠	Jô.
Servage, *sm.*	奴隷ノ有様	Do-rei-no arisama.
Servante, *sf.*	婢	Gejo.
Service, *sm.*	勤仕。用。事務	Kin-shi; Yô; Jimu.
Serviette, *sf.*	布巾。代言人ナド ノ用ユル紙夾ミノ 類	Fu-kin; Dai-gen nin nado-no mochiyuru kami-ha-sami-no rui.
Servir, *va.*	勤仕スル。食物ヲ 排列スル。用ユル	Kin-shi suru; Shoku-motsu-wo hai-retsu suru; Mochiyuru.
Serviteur, *sm.*	從者	Jû-sha.
Servitude, *sf.*	從屬。從屬ノ身分。 地役	Jû-zoku; Jû-zoku-no mi-bun; Chi-eki.
Session, *sf.*	開期	Kai-ki.
Sévère, *a.*	嚴シキ	Kibishiki.
Sévèrement, *ad.*	嚴シク	Kibishiku.
Sévérité, *sf.*	嚴重	Gen-jû.
Seuil, *sm.*	莽草	Shikimi.
Seul, e, *a.*	單一ナル	Tan-itsu naru.
Seulement, *ad.*	唯	Tada.
Sevrer, *va.*	乳離レサスル	Chi-banare sasuru.
Si, *c.*	若シ。ナラバ。幾バ ク	Moshi; Naraba; Iku baku.
Siècle, *sm.*	百年。一世	Hyaku nen; Issei.

SIÈGE, sm.	裁判官ノ坐。椅子。圍ミ	Sai-ban-kwan-no za; Isu; Kakomi.
Etat de —	戒嚴	Kai-gen.
SIED (il)	適當スル	Teki-tō suru.
SIÉGER, vn.	着席スル。開カル、	Chaku-seki suru; Hirakaruru.
SIEN, NE, pro.	彼ノ、	Kareno-no.
SIFFLER, vn.	嘯ク。吹ク	Usofuku; Faku.
SIFFLET, sm.	笛。口笛	Fue; Kuchi-bue.
SIGNAL, sm.	記號。合圖	Ki-gō; Ai-zu.
SIGNALÉ, E, a.	高名ナル。示シタル	Kō-mei naru; Shi-meshitaru.
SIGNALER, (Se), vr.	抽デル	Nukinderu.
SIGNATAIRE, sm.	花押者	Kaō sha.
SIGNATURE, sf.	花押	Kaō.
SIGNE, sm.	標。徵。兆	Hyō; Shirushi; Chō.
SIGNER, va.	記ス。花押スル	Shirusu; Kaō suru.
SIGNIFICATION, sf.	意味	I-mi.
SIGNIFIER, va.	意味スル。顯ハス。知ラセル	I-mi suru; Arawa-su; Shiraseru.
SILENCE, sm,	沈默	Chimmoku.
SILLON, sm.	サク。踪	Saku; Ato.
SILLONNER, va.	經過スル	Kei-kwa suru.
SIMPLE, a.	單一ナル。粗ナル。飾リナキ	Tan-itsu naru; So naru; Kazarina-ki.

SIMPLEMENT, *ad.*	單純二。只	Tan-jun-ni; Tada.
SIMPLICITÉ, *sf.*	質樸。單純	Shitsu-boku; Tan-jun.
SIMULER, *va.*	假裝スル	Ka-sō suru.
SINCÈRE, *a.*	信實ナル	Shin-jitsu naru.
SINCÈREMENT, *ad.*	信實二	Shin-jitsu-ni.
SINCÉRITÉ, *sf.*	信實	Shin-jitsu.
SINGE, *sm.*	猴	Saru.
SINGULIER, E. *a.*	奇怪ナル。稀ナル。	Ki-kwai naru; Mare naru.
— *sm.*	單數	Tan-sū.
SINGULARITÉ, *sf.*	奇。稀	Ki; Mare.
SINGULIÈREMENT, *ad.*	奇怪二	Ki-kwai-ni.
SINISTRE, *a.*	不幸ノ	Fu-kō-no.
SINON, *ad.*	然ラザレバ	Shikarazareba.
SIRE, *sm.*	陛下	Hei-ka.
SITUATION, *sf.*	位置。情態。樣子	I-chi; Jō-tai; Yo-su.
SITUÉ, E, *a.*	位置シタル	I-chi shitaru.
SITUER, *va.*	置ク	Oku.
SIX, *a.*	六ノ	Roku-no.
— *sm.*	六	Roku.
SIXIÈME, *a.*	第六ノ	Dai roku-no.
— *sm.*	第六	Dai roku.
SOBRE, *a.*	飲食ヲ節シタル	In-shoku-wo sesshi-taru.

SOBRIÉTÉ, *sf.*	飲食ヲ筤スル丁	In-shoku-wo sessu-ru koto.
SOCIABLE, *a.*	交際家ノ。交際好キノ	Kō-sai-ka-no; Kō-sai zuki no.
SOCIAL, E, *a.*	社會ノ。會社ノ	Sha-kwai-no; Kwai-sha-no.
SOCIÉTAIRE, *sm.*	社員	Sha-in.
SOCIÉTÉ, *sf.*	仲間。會。會社。交際	Nakama; Kwai; Kwai-sha, Kō-sai.
SŒUR, *sf.*	姉妹	Shi-mai.
SOI, *pro.*	彼レ。自己	Kare; Jiko.
SOIE, *sf.*	絹	Kinu.
SOIF, *sf.*	渇	Katsu.
Faim et —	飢渇	Ki-katsu.
SOIGNEUSEMENT, *ad.*	注意シテ	Chū-i shite.
SOIN, *sm.*	注意。世話	Chū-i; Se-wa.
SOIR, *sm.*	晩	Ban.
SOIRÉE, *sf.*	晩（日没ヨリ寝ニ就ク間ヲ云フ）。夜會	Ban (Nichi-botsu yori shin-ni tsu-ku aida-wo iu) Ya-kwai.
SOIT, *ad.*	……ニモセヨ	…… ni mo seyo.
SOIXANTE, *a.*	六十ノ	Roku-jū-no.
SOLDAT, *sm.*	兵士	Hei-shi.
SOLDE, *sf.*	軍人ノ給料。殘金	Gun-jin-no kyū-ryō; Zan-kin.

SOLDER, va.	拂方ヲ濟マス。殘金ヲ拂フ	Harai-kata-wo su-masu; Zan-kin-wo harau.
SOLEIL, sm.	太陽。向日葵	Tai-yō; Himawa-ri.
SOLENNEL, LE, a.	嚴格ナル。公式ノ	Gen-kaku naru; Kō-shiki-no.
SOLENNELLEMENT, ad.	式ニ因ツテ。嚴格ニ	Shiki-ni yotte; Gen-kaku-ni.
SOLENNITÉ, sf.	定式	Tei-shiki.
SOLIDE, a.	凝固シタル。堅固ナル	Gyō-ko shitaru; Ken-go naru.
— sm.	固体	Ko-tai.
SOLIDAIRE, a.	連帶ノ	Ren-tai-no.
SOLIDARITÉ, sf.	連帶	Ren-tai.
SOLIDITÉ, sf.	凝固	Gyō-ko.
SOLITAIRE, sm.	隱者	In-ja.
SOLITUDE, sf.	寂寥	Seki-ryō.
SOLLICITATION, sf.	歎願	Tan-gwan.
SOLLICITER, va.	歎願スル	Tan-gwan suru.
SOLLICITUDE, sf.	氣遣ヒ	Kizukai.
SOLUTION, sf.	辨濟。判斷	Ben-sai; Han-dan.
SOLVABLE, a.	資力アル	Shi-ryoku aru.
SOMBRE, a.	暗キ。光ノ薄キ	Kuraki; Hikari-no usuki.
SOMMAIRE, a.	簡易ノ	Kan-i-no.
SOMMATION, sf.	催促	Sai-soku.

Somme, *sf.*	總高。荷駄。締メ	Sō-daka; Ni-da; Shime.
Sommeil, *sm.*	睡眠。睡タキコ	Sui-min; Nemutaki koto.
Sommeiller, *vn.*	眠ル	Nemuru.
Sommer, *va.*	催促スル。通計スル	Sai-soku suru; Tsū-kei suru.
Sommet, *sm.*	頂上。嶺	Chō-jō; Mine.
Somptueux, se, *a.*	榮華ノ。驕リタル	Ei-gwa-no; Ogori-taru.
Somptuosité, *sf.*	榮華。驕リ	Ei-gwa; Ogori.
Son, *sm.*	糠。音響	Nuka; On-kyō.
Son, *pr. m.*	彼ノ	Kare-no.
Sonder, *va.*	深サヲ測ル。吟味スル。探ル	Fukasa-wo hakaru; Gimmi suru; Saguru.
Songe, *sm.*	夢	Yume.
Songer, *vn.*	夢ミル。思考スル。	Yume-miru; Shikō suru.
Sonner, *va.*	鳴ラス	Narasu.
— *vn.*	鳴ル。響ク	Naru; Hibiku.
Sordide, *a.*	賤シキ。吝嗇ナル	Iyashiki; Rin-shoku naru.
Sordidement, *ad.*	賤シク。吝嗇ニ	Iyashiku; Rin-shoku-ni.
Sort, *sm.*	運命	Ummei.
Sorte, *sf.*	種類	Shu-rui.

SORTIE, *sf.*	出發。出口	Shuppatsu: De-gu-chi.
SORTIR, *vn.*	出ル。出發スル。出過グ	Deru; Shuppatsu suru; Ide-sugu.
— *va.*	出ス	Dasu.
SOT. SOTTE, *a.*	愚ナル	Gu naru.
— *sm. f.*	愚者	Gu-sha.
SOTTEMENT, *ad.*	愚ニ	Oroka-ni.
SOTTISE, *sf.*	愚ナルコ。辱カシメ	Oroka naru koto; Hazukashime.
SOU, *sm.*	錢ノ名（日本ノ一錢ニ當ル）	Zeni-no na (Nippon-no issen-ni ataru).
SOUCI, *sm.*	注意。心痛。心配	Chū-i; Shin-tsū; Shimpai.
SOUCIER, (Se) *vr.*	心配スル。構フ	Shimpai suru; Ke-mau.
SOUCOUPE, *sf.*	小皿	Ko-zara.
SOUDAIN, E, *a.*	不意ナル	Fu-i naru.
Mort soudaine.	頓死	Ton-shi.
SOUDAIN, *ad.*	突然	Totsu-zen.
SOUFFLER, *vn.*	風吹ク。呼吸スル。吹ク	Kaze-fuku; Ko-kiū suru; Fuku.
SOUFFRANCE, *sf.*	痛ミ。苦ミ。惱ミ	Itami; Kurushimi; Nayami.
— du peuple.	民瘼	Mimbō.
SOUFFRIR, *va.*	堪ヘル。荷フ。許ス	Taeru; Ninau; Yurusu.

— va.	痛ム。悩ム。苦シム	Itamu; Nayamu; Kurushimu.
SOUHAIT, sm.	志願。好欲。心願	Shi-gwan; Kō-yoku; Shin-gwan.
SOUHAITER, va.	望ム。祝スル	Nozomu; Shuku suru.
SOULAGEMENT, sm.	慰労。和ゲル事	I-rō; Yawarageru koto.
SOULAGER, va.	軽メル。慰メル。減スル	Karomeru; Nagusameru; Genzuru.
SOÛLER, va.	酔ハセル	Yowaseru.
Se — vr.	酔フ	You.
SOULEVER, va.	揚ゲル。起ス	Mochi-ageru; Okosu.
SOULIGNER, va.	字ノ下ニ罫ヲ引ク	Ji-no shita-ni kei-wo hiku.
SOUMETTRE, va.	服従サセル	Fuku-jū saseru.
SOUPÇON, sm.	疑心	Gi-shin.
SOUPÇONNER, va.	疑フ	Utagau.
SOUPE, sf.	汁。肉羹汁	Shiru; Soppu.
SOUPER, vn.	晩食スル	Ban-shoku suru.
SOUPER, sm.	晩食	Ban-shoku.
SOUPIR, sm.	溜息	Tame-iki.
SOUPIRER, vn.	溜息スル	Tame-iki suru.
SOUPLE, a.	曲リ易キ	Magari-yasuki.
SOUPLESSE, sf.	曲リ易キコ	Magari-yasuki koto.

SOURCE, *sf.*	源。泉	Minamoto; Izumi.
SOURD, E, *a. s.*	聾ノ	Tsumbo-no.
— *sm.*	聾者	Tsumbo.
SOURICIÈRE, *sf.*	鼠ノ絲蹄	Nezumi-no otoshi.
SOURIRE, *vn.*	微笑スル	Bi-shō suru.
SOURIS, *sf.*	鼷鼠	Kei-so.
SOUS, *pr.*	下ニ	Shita-ni.
SOUSCRIPTION, *sf.*	振出シ。寄進。豫約	Furi-dashi; Ki-shin; Yo-yaku.
Par —	豫約ニテ	Yo-yaku nite.
SOUSCRIRE, *va. n.*	下ニ姓名ヲ記ス。出金ヲ約束スル。振出ス	Shita-ni sei-mei-wo shirusu; Shukkin-wo yaku-soku suru; Furi-dasu.
SOUS-LOUER, *va.*	轉賃スル	Ten-chiu suru.
SOUSTRACTION, *sf.*	減算。竊取	Hiki-zan; Sesshu.
SOUSTRAIRE, *va.*	引除ク。取リ去ル。取リ除ク。竊取スル	Hiki-noku; Tori-saru; Tori-noku; Sesshū suru.
SOUTENIR, *va.*	支持スル。凌グ。抗抵スル。助クル	* Shi-ji suru; Sasae-motsu; Shinogu; Kō-tei suru; Ta-sukeru.
SOUTIEN, *sm.*	支ヘモノ。支柱。柱石	Sasae mono; Shi-chū; Chū-seki.
SOUVENIR, (Se) *vr.*	思ヒ出ス	Omoi-dasu.

Souvenir, *sm.*	記臆。記念物	Ki-oku; Ki-nen bu-tsu.
Souvent, *ad.*	屢々	Shiba-shiba.
Souverain, e, *sm.*	國君。主權者	Kokkun; Shu-ken sha.
Souveraineté, *sf.*	主權	Shu-ken.
Spacieux, se, *a.*	廣キ	Hiroki.
Spécial, e, *a.*	殊ナル。特別ノ	Kotonaru; Toku-betsu-no.
Faveur —	殊遇	Shu-gū.
Spectacle, *sm.*	觀物、戲塲ノ所作事	Mi-mono; Shibai-no sho-sa.
Spectre, *sm.*	怪物 幽靈	Kwai-butsu; Yū-rei.
Spéculation, *sf.*	投機商買	Tō-ki shō-bai.
Sphère, *sf.*	球	Tama.
Spirale, *sf.*	螺旋	Ra-sen.
Spirituellement, *ad.*	才智ヲ込メテ	Sai-chi-wo komete.
Splendeur, *sf.*	華麗。壯麗	Kwa-rei; Sō-rei.
Splendide, *a.*	華麗ナル。壯麗ノ。立派ナル	Kwa-rei naru; Sō-rei-no; Rippa naru.
Spolier, *va.*	奪フ	Ubau.
Stage, *sm.*	見習ヒ	Minarai.
Station, *sf.*	停車塲。休ム事。休ミ所	Tei-sha-jō; Yasumu koto; Yasumi dokoro.

Français	漢字	Rōmaji
STATUE, *sf.*	肖像	Shō-zō.
STATUER, *va. n.*	規定スル。判断スル	Ki-tei suru; Han-dan suru.
STATUT, *sm.*	規則。法規	Ki-soku; Hō-ki.
STÉRILE, *a.*	不毛ノ	Fu-mō-no.
STIPULER, *va.*	約權スル	Yakken suru.
STRATAGÈME, *sm.*	謀計。軍略	Bō-kei; Gun-rya-ku.
STRICT, E, *a.*	嚴重ナル	Gen-jū naru.
STRICTEMENT, *ad.*	嚴重ニ	Gen-jū-ni.
STUDIEUX, SE, *a.*	勉強ノ。學文好キノ	Ben-kyō-no; Gaku-mon zuki-no.
STUPÉFAIT, E, *a.*	驚怖ノ爲ニ恍惚トナリタル	Odoroite botto nari-taru.
STUPIDE, *a.*	愚鈍ナル	Gu-don naru.
STUPIDITÉ, *sf.*	愚鈍	Gu-don.
STYLE, *sm.*	古代ノ鐵筆。彫刻刀。文體。日時計ノ指針	Ko-dai-no teppi-tsu; Chō-koku-tō; Bun-tai; Hi-do-kei-no shi-shin.
— fleuri.	綺語	Ki-go.
SUAVE, *a.*	甘キ。好愛スベキ（五官ノ中殊ニ嗅味ニ）	Umaki; Kō-ai su-beki (Go kwan-no uchi koto-ni bi-mi-ni).
SUBIR, *va.*	受ル。堪ル。經過スル	Ukeru; Taeru; Kei-kwa suru.

Subitement, *ad.*	俄カニ	Niwaka-ni.
Subjuguer, *va.*	降服サスル	Kō-fuku sasuru.
Sublime, *a.*	絶妙ナル	Zetsu-myō naru.
Submerger, *va.*	沈メル	Shizumeru.
Subséquemment. *ad.*	後ニ	Nochi-ni.
Subsistance. *sf.*	活計、食料及ビ生活ニ必要ナル物	Kwakkei; Shoku-ryō oyobi sei-kwatsu-ni hitsu-yō naru mono.
Subsister, *vn.*	成立スル、生活スル。生存スル	Sei-ritsu suru; Sei-kwatsu suru; Sei-son suru.
Substance, *sf.*	本質、物質	Hon-shitsu; Busshi-tsu.
Substituer, *va.*	代リニスル、代ニスル	Kawari-ni suru; Dai-ni suru.
Subventionner. *va.*	補助スル	Ho-jo suru.
Suc, *sm.*	液	Eki.
Succéder, *vn.*	相続スル	Sō-zoku suru.
Succès, *sm.*	成功、幸運	Sei-kō; Kō-un.
Successeur, *sm.*	相続人	Sō-zoku nin.
Succession, *sf.*	相続、遺物	Sō-zoku; I-butsu.
Successivement, *ad.*	聯綿ト、漸次ニ	Ren-men to; Zen-ji-ni.
Succinct, E, *a.*	簡略ナル	Kan-ryaku naru.

Succomber, *vn.*	沈ム。屈スル	Shizumu; Kussu-ru.
Succulent, e, *a.*	美液ヲ含ミタル。美味ナル	Bi-eki-wo fukumi-taru; Bi-mi naru.
Sucer, *vn.*	吸フ	Sū.
Sucre, *sm.*	砂糖	Sa-tō.
Sucré, e, *a.*	甘キ	Amaki.
Suer, *vn.*	汗ヲカク	Ase-wo kaku.
Sueur, *sf.*	汗	Ase.
Suffire, *vn.*	充分スル。足ル	Jū-bun suru; Taru.
Suffisamment, *ad.*	充分ニ。満足シテ	Jū-bun-ni; Man-zo-ku shite.
Suffisant, e, *a.*	充分ナル	Jū-bun naru.
Plus que —	十二分ナル	Jū ni-bun naru.
Suffocation, *sf.*	氣絕	Kizetsu.
Suffoquer, *vn.*	窒息スル。氣絕スル	Chissoku suru; Ki-zetsu suru.
Suffrage, *sm.*	發議。發言スルコ（撰舉又ハ集會ニ關シテ巳レノ意見ヲ）。投票	Hatsu-gi; Hatsu-gen suru koto (Sen-kyo mata-wa shū-kwai-ni kwan shite onore-no i-ken-wo); Tō-hyō.
Suggérer, *va.*	言含メル。告知スル	Ii-fukumeru; Ko-ku-chi suru.
Suicide, *sm.*	自害。自殺	Ji-gai; Ji-satsu.

Suie, *sf.*	煤	Susu.
Suite, *sf.*	從属。行列。順序。結果。聯續	Jū-zoku; Gyō-retsu; Jun-jo; Kekkwa; Ren-zoku.
Suite (de) *ad.*	順次ニ。聯續シテ	Jun-ji-ni; Ren-zoku shite.
Suite (tout de—), *ad.*	直ニ	Tadachi-ni.
Suivant que, *loc. c.*	......ニ隨テ	...... ni shitagatte.
Suivre, *va.*	從フ。伴フ	Shitagau; Tomonau.
Sujet, te, *a.*	從フタル。歸シタル	Shitagōtaru; Kishitaru.
Sujet, te, *sm.*	臣。原由	Shin; Gen-yu.
Sujet et objet (gram).	主客	Shu-kaku.
Superbe, *a.*	華麗ナル。押柄ノ	Kwa-rei naru; Ō-hei-no.
Superficie, *sf.*	外面。地上	Gwai-men; Chi-jō.
Superficiel, le, *a.*	外面ノ。地上ノ	Gwai-men-no; Chi-jō-no.
Superflu, e, *a.*	餘リアル	Amari aru.
Supérieur, e, *a.*	上等ノ。抽ンデタル	Jō-tō-no; Nukindetaru.
Supériorité, *sf.*	上等。大權。卓越	Jō-tō; Tai-ken; Taku-etsu.

Superstitieux, se, 御幣擔キナル a. — Go-hei-katsugi na-ru.

Superstition, sf. 御幣ヲ擔ク事。迷心 — Go-hei-wo katsugu koto; Mei-shin.

Suppléer, va. 補フ。不足ヲ補フ — Oginau; Fu-soku-wo oginau.

Supplément, sm. 補充。附錄 — Ho-jū; Fu-roku.

Supplémentaire, a. 補充ノ — Ho-jū-no.

Supplice, sm. 苦痛。施体ノ刑。体刑 — Ku-tsū; Shi-tai-no kei; Tai-kei.

Supplier, va. 祈願スル — Ki-gwan suru.

Supporter, va. 荷フ。支ヘル。凌グ — Ninau; Sasaeru; Shinogu.

Supposer, va. 想像スル。擬寫スル — Sō zō suru; Gi-gi suru.

Supposition, sf. 臆說。擬寫。推量 — Oku-setsu; Gi-gi; Sui-ryō.

Supprimer, va. 禁ズル。除ク — Kinzuru; Nozoku.

Supputer, va. 数ヘル — Kazoeru.

Suprême, a. 最上ノ — Sai-jō-no.

Sur, pr. 上ニ。付テ — Ue-ni; Tsuite.

Sûr, e, a. 慥ナル。安全ナル — Tashika naru; An-zen naru.

Surabondance, sf. 餘計。過分 — Yo-kei; Kwa-bun.

Surabondant, e, a. 餘計ナル。過分ノ — Yokei maru; Kwa-bun-no.

Surenchère, *sf.*	再競買	Sai-kyō-bai.
Sûrement, *ad.*	慥ニ。安全ニ	Tashika-ni; An-zen-ni.
Sûreté, *sf.*	安全。慥ナル丁。抵當	An-zen; Tashika-naru koto; Tei-tō.
Surface, *sf.*	表面。外部	Hyō-men; Gwai-bu.
Surgir, *vn.*	出ル。起ル	Deru; Okoru.
Surmonter, *va.*	越ス。過ル	Kosu; Suguru.
Surnager, *vn.*	浮ブ	Ukabu.
Surnom, *sm.*	異名	I-myō.
Surnommer, *va.*	異名ヲ付ケル	I-myō-wo tsukeru.
Surpasser, *va.*	超過スル。……ニ勝グレル	Chō-kwa suru; ……ni sugureru.
Surplus, *sm.*	袋餘	Amari.
Surprendre, *va.*	驚カス。襲フ。欺ク	Odorokasu; Osou; Azamuku.
Surprise, *sf.*	驚愕	Kei-gaku.
Surseoir, *vn.*	延期スル	En-ki suru.
Sursis, *sm.*	延期	En-ki.
Surtout, *ad.*	就中。殊更	Nakanzuku; Koto sara.
Surveillance, *sf.*	注意。監督	Chū-i; Kan-toku.
Surveillant, E, *sm. f.*	監督人。幹事	Kan-toku nin; Kan-ji.
Surveiller, *va.*	監督スル	Kan-toku suru.

SURVENIR, *vn.*	不意ニ起ル。俄カ二來ル。其上ニ生ズル	Fu-i-ni okoru; Ni-waka-ni kitaru; Sono-ue-ni shō-zuru.
SURVIVANT, *sm.*	殘存者	Zan-son sha.
SURVIVRE, *vn.*	長壽スル。殘存スル	Chō-ju suru; Zan-son suru; Shi-ni nokoru.
SUSCEPTIBLE, *a.*	感ジ易キ。受クベキ	Kanji-yasuki; Uku beki.
SUSCITER, *va.*	起ス。生ズル	Okosu; Shōzuru.
SUSDIT, E, *a.*	件ノ	Kudan-no.
SUSPECT, E, *a.*	疑ハシキ	Utagawashiki.
SUSPENDRE, *va.*	掛ル。止メル。停止スル	Kakeru; Tomeru; Tei-shi suru.
SUSPENSION, *sf.*	停止。中止。停職	Tei-shi; Chū-shi; Tei-shoku.
SUSTENTER, *va.*	食物ヲ以テ育フ	Shoku-motsu-wo motte yashinau.
SUZERAIN, *sm.*	覇王	Ha-ō.
SYLLOGISME, *sm.*	推測式	Sui-soku-shiki.
SYMBOLE, *sm.*	徴	Shirushi.
SYMPATHIE, *sf.*	仁恕	Jin-jo.
SYSTÈME, *sm.*	規則。企。方法	Ki-soku; Kuwada-te; Hō-hō.

T.

Ta, *pro. f.*	汝ノ	Nanji-no.
Tabac, *sm.*	煙草	En-sō; Tabako.
Table, *sf.*	臺。机。食卓	Dai; Tsukue; Sho-ku-taku.
— des matières.	目錄	Moku-roku.
Tableau, *sm.*	額。表。目錄。墨塗ノ板（白堊ヲ以テ書スベキ）	Gaku; Hyō; Moku-roku; Kuro-nuri-no ita (Haku-bo-ku-wo motte sho-su beki).
Tablette, *sf.*	小臺。小板。位牌	Chiisaki dai; Ko-ita; I-hai.
Tablettes, *sf. pl.*	覺帳	Oboe-chō.
Tablier, *sm.*	前垂	Mae-kake.
Tache, *sf.*	シミ。斑點。汚穢	Shimi; Han-ten; Yogore.
Tâche, *sf.*	定期ニ成功スベキ事業	Tei-ki-ni sei-kō su beki ji-gyō.
Tâcher, *vn.*	成功セント盡力スル。勉強スル	Sei-kō sen to jin-ryoku suru; Ben-kyō suru.

Tacite, *a.*	暗默ノ	Ammoku-no.
Tacitement, *ad.*	暗默ニ	Ammoku-ni.
Taille, *sf.*	長。麻民稅	Take; Sho-min-zei.
Tailler, *va.*	切ル。切離ス。彫ル。割ク	Kiru; Kiri-hanasu; Horu; Saku.
Tailleur, *sm.*	裁縫處。仕立屋	Sai-hō-sho; Shi-ta-te-ya.
Tain, *sm.*	鏡ノ裏ニ付ケル水銀ト錫トノ混合物ニシテ薄紙ノ如キモノ	Kagami-no ura-ni tsukeru sui-gin to suzu to-no kon-gō butsu-ni shite usu-gami-no go-toki mono.
Taire, (Se) *vr.*	默スル。靜ニナル	Moku suru; Dama-ru; Shizuka-ni naru.
Talent, *sm.*	才能	Sai-nō.
Talon, *sm.*	踵。沓ノ踵部	Kubisu; Kutsu-no shō-bu.
Tambour, *sm.*	太皷	Tai-ko.
Tamis, *sm.*	篩	Furui.
Tampon, *sm.*	栓	Sen.
Tandis que, *loc. c.*	……スル間ニ。…スル內ニ	…… suru aida-ni; …… suru uchi-ni.
Tangente, *sf.*	觸線	Shoku-sen.
— (au fig).	避ケ道	Yoke-michi.

TANT, *ad.*	何程。左程。夫丈ク。左様ニ多ク	Nani-hodo; Sahodo; Sore-dake; Sa-yō-ni ōku.
TANTE, *sf.*	伯叔母	Oba.
TANTÔT, *ad.*	時トシテ。頓テ	Toki to shite; Ya-gate.
TAPAGE, *sm.*	喧鬧。噪ギ	Ken-tō; Sawagi.
TAPISSIER, *sm.*	繍物又ハ小間物ヲ商フ人	Nui-mono mata-wa koma mono-wo akinau hito.
TARD, *ad.*	遲ク	Osoku.
TARDER, *vn.*	延引スル。遲滯スル	En-in suru; Chi-tai suru.
TARE, *sf.*	減損	Gen-son.
TAS, *sm.*	塊	Katamari.
TASSE, *sf.*	盃。茶碗。一盃	Sakazuki; Cha-wan; Ippai.
TÂTER, *va.*	手探ル。試ミル	Te-saguru; Kokoro-miru.
TÂTONNER, *va.*	手探ル	Te-saguru.
TÂTONS, (à) *ad.*	手探リテ	Te-sagurite.
TAUPE, *sf.*	鼹鼠	Mugura.
TAUREAU, *sm.*	牡牛	O-ushi.
TE-DEUM, *sm.*	謝德ノ聖歌	Sha-toku-no sei-ka.
TEINDRE, *va.*	染ル	Someru.
TEL, LE, *a.*	斯ノ如キ	Kaku-no gotoki.
TÉLESCOPE, *sm.*	望遠鏡	Bō-en kyō.

TELLEMENT, *ad.*	其レ丈	Sore-dake.
TÉMÉRAIRE, *a.*	早卒ノ。先キ見ズノ	Sō-sotsu-no; Saki-mizu-no.
TÉMÉRITÉ, *sf.*	早卒。大胆	Sō-sotsu; Dai-tan.
TÉMOIGNAGE, *sm.*	證據。證言	Shō-ko; Shō-gen.
TÉMOIGNER, *va.*	證據立ル。證言スル	Shō-ko datsuru; Shō-gen suru.
TÉMOIN, *sm.*	證人	Shō-nin.
TEMPÉRAMENT, *sm.*	天稟。適宜	Ten-rin; Teki-gi.
TEMPÉRANCE, *sf.*	節制。質素	Sessei; Shisso.
TEMPÉRATURE, *sf.*	陽氣。時候	Yō-ki; Ji-kō.
TEMPÉRER, *va.*	程ヨクスル。和ラゲル	Hodo-yoku suru; Yawarageru.
TEMPÊTE, *sf.*	颶風。嵐	Tsumuji-kaze; Arashi.
TEMPÊTER, *vn.*	怒リ騒ク	Ikari-sawagu.
TEMPLE, *sm.*	堂。寺	Dō; Tera.
TEMPORAIRE, *a.*	有期ノ。假リノ。當分ノ	Yū-ki-no; Kari-no; Tō-bun-no.
TEMPS, *sm.*	時。天氣	Toki; Ten-ki.
TENAILLE, *sf.*	貫柱	Nuki.
TENDRE, *a.*	柔軟ナル。可愛ユキ	Jū-nan naru; Kawa-yuki.
TENDRE, *va. n.*	引張ル。張ル。飾ル。達スル	Hiki-haru; Haru; Kazaru; Tassuru.
TENDREMENT, *ad.*	優シク。温和ニ。慈心ニテ	Yasashiku; On-wa-ni; Ji-shin nite.

TENDRESSE, *sf.*	温和。慈心。愛情	On-wa; Ji-shin; Ai-jō.
TENDRON, *sm.*	芽	Me (ki-no).
TÉNÈBRES, *sf. pl.*	暝暗。盲昧	Mei-an; Mō-mai.
TÉNÉBREUX, SE, *a.*	暗キ	Kuraki.
TENIR, *va. n.*	保ツ。持ツ。接續スル	Tamotsu; Motsu; Setsu-zoku suru.
Tenir de.	似ル	Niru.
Se — *vr*	止ル。居ル	Todomaru; Oru.
TENTATIVE, *sf.*	出精。未遂犯。爲ントスルコ	Shussei; Mi-sui-han; Sen to suru koto.
TENTE, *sf.*	天幕	Temmaku.
TENTER, *va.*	試ミル。爲ントスル。惡ニ誘フ	Kokoromiru; Sen to suru; Aku-ni iza-nau.
TENUE, *sf.*	身形	Mi-nari.
TERME, *sm.*	期限。言詞	Ki-gen; Kotoba.
TERMINAISON, *sf.*	語尾	Go-bi.
TERMINER, *va.*	終ル	Owaru.
TERRAIN, *sm.*	地面。土地	Ji-men; To-chi.
TERRASSER, *va.*	堆地ヲ築ク。倒ス	Tai-chi-wo kizuku; Taosu.
TERRE, *sf.*	土。地球	Tsuchi; Chi-kyū.
TERRESTRE, *a.*	地球ノ。陸上ノ	Chi-kyū-no; Riku-jō-no.
TERREUR, *sf.*	恐怖	Kyō-fu.

TERRIBLE, *a.*	恐ルベキ。驚クベキ	Osoru beki ; Odoro-ku beki.
TERROIR, *sm.*	地面ノ廣カリ。田地	Ji-men-no hirogari; Den-ji.
TESTAMENT, *sm.*	遺言	I-gen.
TÊTE, *sf.*	頭。頂上	Atama ; Chō-jō.
TETER, *va.*	乳吸フ	Chichi sū.
TÉTON, *sm.*	乳	Chichi.
TÊTU, E, *a.*	片意地ナル。強情ナル	Kata-i-ji naru ; Gō-jō naru.
TEXTE, *sm.*	明文。本文	Mei-bun ; Hombun.
TEXTURE, *sf.*	理。地合ヒ	Kime ; Ji-ai.
THÉ, *sm.*	茶	Cha.
THÉÂTRE, *sm.*	戲場。演劇	Gi-jō ; Shi-bai.
THÉIÈRE, *sf.*	急須	Kyūsu.
THÉORIE, *sf.*	推量ノ說	Sui-ryō-no setsu.
TIÈDE, *a.*	徴溫ノ	Nuruki ; Bi-on-no.
TIEN, (le), *pro.*	汝ノ	Nanji-no no.
TIERS, CE, *a.*	第三ノ	Dai san-no.
— *sm.*	三分一。非對手人	Sambun ichi ; Hi-tai-shu nin.
TIGE, *sf.*	莖。蔓	Kuki ; Tsuru.
TIGRE, *sm.*	虎	Tora.
TILLAC, *sm.*	甲板(船ノ)	Kampan (fune-no).
TIMBRE, *sm.*	證印。印紙	Shō-in ; In-shi.
— poste.	郵便切手	Yū-bin-gitte.
TIMIDE, *a.*	臆病ナル	Oku-byō naru.
TIMIDITÉ, *sf.*	臆病	Oku-byō.

TIRER, *va. n.*	引ク	Hiku.
— une traite.	爲替ヲ振リ出ス	Kawa-se-wo furi-da-su.
TIROIR, *sm.*	引キ出シ	Hiki-dashi.
TISSER, *va.*	織ル	Oru.
TISSERAND, *sm.*	機織人	Hata-ori nin.
TISSU, E, *a.*	織リタル。組織シタル	Ori-taru; So-shiki shitaru.
TISSU, *sm.*	織物	Ori-mono.
TITRE, *sm.*	表題。證文。證書。名義。尊稱。權	Hyō-dai; Shō-mon; Shō-sho; Mei-gi; Son-shō; Ken.
TITULAIRE, *a.*	權理者ナル	Ken-ri sha naru.
TOI, *pro.*	汝	Nanji.
TOILE, *sf.*	麻布又ハ木綿ノ織物。幕(芝居ノ)	Asa-nuno mata-wa momen-no ori-mono; Maku (Shi-bai-no).
TOILETTE, *sf.*	化粧。化粧臺	Ke-shō; Ke-shō-dai.
TOISE, *sf.*	古ノ尺度ノ名ニシテ日本ノ六尺強	Inishie-no shaku-do-no na-ni shite Nippon-no roku shaku kyō.
TOISON, *sf.*	羊毛	Yō-mō.
TOIT, *sm.*	屋根	Yane.
TÔLE, *sf.*	鐵板	Tetsu-ita.

TOLÉRANCE, sf.	默許。免許。堪忍	Mokkyo; Men-kyo; Kan-nin.
TOLÉRER, va.	認容スル。堪忍ス ル	Nin-yō suru; Kan-nin suru.
TOMBE, sf.	石碑。墳墓	Seki-hi; Fumbo.
TOMBEAU, sm.	墓碑	Bo-hi.
TOMBER, vn.	落ル。降ル。仆レル	Ochiru; Kudaru; Taoreru.
TON, sm.	調子	Chō-shi.
TON, pro. m.	汝ノ	Nanji-no.
TONDRE, va.	毛ヲ剪ム	Ke-wo hasamu.
TONNEAU, sm.	樽	Taru.
TONNELIER, sm.	桶匠。樽匠	Oke-ya; Taru-ya.
TONNER, vn.	雷鳴スル。鳴ル	Rai-mei suru; Na-ru.
TONNERRE, sm.	雷	Kaminari.
TONTE, sf.	羊毛ヲ剪ルコ。羊毛ヲ剪ル時。剪斷シタル羊毛	Yō-mō-wo kiru ko-to; Yō-mō-wo ki-ru-toki; Sen-dan shitaru yō-mō.
TOQUE, sf.	帽子ノ類	Bo-shi-no rui.
TOQUET, sm.	小兒ノ帽子ノ類	Kodomo-no bō-shi-no rui.
TORPILLE, sf.	水雷火	Sui-rai-kwa.
TORRENT, sm.	急流	Kyū-ryū.
TORT, sm.	曲事。損害。無理	Higa-koto; Son-gai; Mu-ri.

TORTUE, *sf.*	龜	Kame.
TORTURE, *sf.*	栲問	Gō-mon.
TORTURER, *va.*	栲問ニ掛ケル	Gō-mon-ni kakeru.
TÔT, *ad.*	速カニ	Sumiyaka-ni.
TOTAL, *sm.*	全部。合計	Zen-bu; Gō-kei.
TOUCHANT, *pr.*	......ニ關シテ。...ニ就テ	...... ni kwan shite ...... ni tsuite.
TOUCHER, *va. n.*	着手スル。接スル。觸ル	Chaku-shu suru; Sessuru; Fure-ru.
TOUFFU, E, *a.*	繁茂シタル	Han-mo shitaru.
TOUJOURS, *ad.*	常ニ	Tsune-ni.
TOUR, *sf.*	塔 櫓	Tō; Yagura.
TOUR, *sm.*	一ト週リ。廻轉。週圍 暫時ノ逍遙	Hito-mawari; Kwai-ten; Shū-i; Zan-ji-no shō-yō.
A mon —, à son —,	我ノ順番。彼ノ順番	Ware-no jumban; Kare-no jumban.
Tour à tour,	順番ニ。交ルタタ	Jumban-ni; Kawa-ru-gawaru.
TOURBILLON, *sm.*	旋風。渦	Tsumuji-kaze; Uzu.
TOURMENT, *sm.*	苦痛。酷刑	Ku-tsū; Kokkei.
TOURMENTER, *va.*	困ラス。腦マス。苦シメル	Komarasu; Naya-masu; Kurushi-meru.
Se — *vr.*	心遣ヒヲスル	Kokoro-zukai-wo suru.

TOURNER, *va. n.*	廻ハス。廻轉スル。轉ズル	Mawasu; Kwai-ten suru; Ten-zuru.
TOURTERELLE, *sf.*	長生鳩	Kujaku-bato.
TOUT, E, *a.*	全キ。諸ノ	Mattaki; Moromo-ro-no.
TOUT, *ad.*	全ク。殘ラズ	Mattaku; Nokora-zu.
Tout à fait,	全ク	Mattaku.
TOUTEFOIS, *c.*	然レ圧	Shikaredomo.
TOUX, *sf.*	咳嗽	Seki.
TRACASSER, *va.*	意地メル。困ラセル	Ijimeru; Komaraseru.
TRACE, *sf.*	足跡。跡	Ashi-ato; Ato.
TRACER, *va.*	線引ク。圖取リスル	Suji-hiku; Zu-dori suru.
TRACHÉE, *sf.*	氣管	Ki-kwan.
TRADITION, *sf.*	引渡シ。慣例。言ヒ傳ヘ	Hiki-watashi; Kan-rei; Ii-tsutae.
TRADUCTION, *sf.*	飜譯。譯文	Hon-yaku; Yaku-bun.
TRADUIRE, *va.*	飜譯スル。說明スル	Hon-yaku suru; Setsu-mei suru.
TRAFIC, *sm.*	貿易	Bō-eki.
TRAFIQUER, *vn.*	貿易スル	Bō-eki suru,
TRAHIR, *va.*	背信スル。讒スル反スル	Hai-shin suru; Zan suru; Han suru.

TRAHISON, sf.	叛逆	Han-gyaku.
TRAIN, sm.	負駄獣ノ歩行ノ有樣。列車	Konida-jū-no ho-kō-no ari-sama; Ressha.
TRAINANT, E, a.	地ニ垂レタル。長引ク處ノ	Chi-ni tare-taru; Naga-biku toko-ro-no.
TRAINEAU, sm.	橇	Sori.
TRAÎNER, va.	引ク	Hiku.
— vn.	地ニ垂レル	Chi-ni tareru.
TRAIRE, va.	乳汁ヲ絞ル	Chichi-wo shiboru.
TRAIT, sm.	箭。投ゲ矢。跡形。線	Ya; Nage-ya; Ato kata; Sen.
TRAITE, sf.	爲替手形	Kawase-tegata.
TRAITÉ, sm.	條約。條約書	Jō-yaku; Jō-yaku shō.
TRAITEMENT, sm.	取扱ヒ。俸給。療治	Tori-atsukai; Hō-kyū; Ryō-ji.
TRAITER, va.	取扱フ。療治スル。取極メル	Tori-atsukau; Ryō-ji suru; Tori-ki-meru.
TRAITEUR, sm.	飲食店營業人	In-shoku-ten ei-gyō nin.
TRAÎTRE, RESSE, a.	叛心アル	Han-shin aru.
— sm. f.	叛逆人	Han-gyaku nin.
TRAJET, sm.	道路。道中	Dō-ro; Dō-chū.
TRANCHANT, E, a.	銳キ	Surudoki.

Tranche. sf.	薄片。書籍ノ緣	Usu-gire; Sho-seki-no heri.
Trancher, va. n.	切離ス。決斷スル	Kiri-hanasu; Ketsu-dan suru.
Tranquille, a.	平安ノ。穩靜ノ	Hei-an-no; On-sei-no.
Tranquillement, ad.	靜カニ	Shizuka-ni.
Tranquillité, sf.	安穩。靜謐	An-on; Sei-hitsu.
Transaction, sf.	和解。取扱ヒ	Wa-kai; Tori-atsu-kai.
Transférer, va.	移轉スル	I-ten suru.
Transformer, va.	變化スル	Hen-kwa suru.
Se — vr.	變ル	Kawaru.
Transcrire, va.	登記スル	Tō-ki suru.
Transi, e, a.	凍ヘタル	Kogoetaru.
Transiger, vn.	和解スル	Wa-kai suru.
Transit (en), loc.ad.	無稅ニテ	Mu-zei nite.
Transparent, e, a.	透明ナル	Tō-mei naru.
Transplanter, va.	植ヱ代ヘル。移ス	Ue-kaeru; Utsu-su.
Transport, sm.	運送	Un-sō.
Transporter, va.	運送スル	Un-sō suru.
Transvaser, va.	明ケ代ヘル	Ake-kaeru.
Travail, sm.	事業。工事。勉强	Ji-gyō; Kō-ji; Ben-kyō.

Travailler, *vn.*	仕事スル。働ラク。労働スル	Shigoto suru; Hataraku; Rō-dō suru.
Travailleur, *sm.*	働キ人	Hataraki nin.
Travers (à), *loc. pr.*	中ニ。間ニ	Uchi-ni; Aida-ni.
Au — de, *loc. pr.*	突通リテ。突通シテ	Tsuki-tōrite; Tsuki-tōshite.
Traverser, *va.*	通り抜ケル。横切ル	Tōri-nukeru; Yoko-giru.
Trébucher, *vn.*	蹟ヅク	Tsumazuku.
Treize, *a.*	十三ノ。十三	Jū-san-no; Jū-san.
Tremblant, e. *a.*	震動シタル	Shin-dō shitaru.
Tremblement, *sm.*	震動	Shin-dō.
— de terre.	地震	Ji-shin.
Trembler, *vn.*	戰慄スル。震動スル	Sen-ritsu suru; Shin-dō suru.
Trémie, *sf.*	粉挽車ノ漏斗	Kona-hiki kuruma-no jō-go.
Tremper, *va.*	浸ス	Hitasu.
Trente, *a.*	三十ノ。三十	San-jū-no; San-jū.
Trentième, *a.*	第三十ノ	Dai san-jū-no.
Trépas, *sm.*	死	Shi.
Trésor, *sm.*	財寶。金庫。國庫	Sai-hō; Kiu-ko; Kokko.
Trésorier, *sm.*	金庫ノ役員。出納官	Kin-ko-no yaku-in; Sui-tō kwan.
Tresser, *va.*	編ム	Amu.

TRÊVE, *sf.*	休戰	Kyū-sen.
TRIANGLE, *sm.*	三角	San kaku.
TRIBU, *sf.*	民。種屬	Tami; Shu-zoku.
TRIBUNAL, *sm.*	裁判所	Sai-ban-jo.
TRIBUNE, *sf.*	高座	Kō-za.
TRIBUT, *sm.*	貢。租稅	Mitsugi; So-zei.
TRICOLORE, *a.*	三色ノ	Mi-iro-no.
TRICOTER, *va.*	編ム	Amu.
TRINQUER, *vn.*	杯ヲ當テル	Sakazuki-wo ateru.
TRIOMPHE, *sm.*	凱陣。勝利。凱陣祭	Gai-jin; Shō-ri; Gai-jin-sai.
TRIOMPHER, *vn.*	凱陣スル。勝利ヲ得ル	Gai-jin suru; Shō-ri-wo uru.
TROC, *sm.*	實物貿易	Jitsu-butsu bō-eki.
TROIS, *a.*	三ノ。三	San-no; San.
TROISIÈME, *a.*	第三ノ。第三番ノ	Dai-san-no; Dai-san ban-no.
TROMBE, *sf.*	竜卷	Tatsu-maki.
TROMPER, *va.*	欺ク	Azamuku.
Se — *vr.*	過ル	Ayamaru.
TROMPETTE, *sf.*	喇叭	Rappa.
TROMPETTE, *sm.*	喇叭手	Rappa-shu.
TROMPEUR, SE, *sm. f.*	欺ク人	Azamuku hito.
— *a.*	僞ノ	Itsuwari-no.
TRONC, *sm.*	幹。株。軀幹。賽錢箱	Miki; Kabu; Ku-kan; Sai-sen ba-ko.

TRÔNE, *sm.*	帝坐	Tei-za.
TROP, *ad.*	餘リ多ク。過度ニ	Amari ōku; Kwa-do-ni.
TROTTER, *vn.*	馳ケル	Kakeru.
TROU, *sm.*	穴	Ana.
TROUBLE, *sm.*	混淆。錯亂。騷動	Kon-kō; Saku-ran; Sō-dō.
TROUBLE, *a.*	濁リタル	Nigoritaru.
TROUBLER, *va.*	濁ラス。騷ガス	Nigorasu; Sawagasu.
TROUER, *va.*	穴ヲ開ケル	Ana-wo akeru.
TROUPE, *sf.*	軍隊。群集	Gun-tai; Gun-shū.
TROUPEAU, *sm.*	獸ノ群	Kemono-no mure.
TROUVER, *va.*	見出ス。發明スル	Mi-idasu; Hatsu-mei suru.
TUBE, *sm.*	筒。管	Tsutsu; Kwan.
TUER, *va.*	殺ス	Korosu.
TUILE, *sf.*	瓦	Kawara.
TUMEUR, *sf.*	瘟。瘤	Shikori; Kobu.
TUMULTE, *sm.*	騷ギ。騷動	Sawagi; Sō-dō.
TURBULENT, E, *a.*	騷ガシキ	Sawagashiki.
TUTÉLAIRE, *a.*	守護シタル	Shu-go shitaru.
TUTELLE, *sf.*	後見	Kō-ken.
TUTEUR, TRICE, *sm. f.*	後見人	Kō-ken nin.
TUYAU, *sm.*	管	Kuda.
TYRAN, *sm.*	虐政ヲ施ス人。暴君	Gyaku-sei-wo hodokosu hito; Bō-kun.

TYRANNIE, *sf.*	虐政。壓制。壓制政治	Gyaku-sei; Assei; Assei-seiji.
TYRANNIQUE. *a.*	壓制ナル。苛酷ナル	Assei naru; Kako-ku naru.
TYRANNISER, *va.*	虐スル。壓制スル。虐グル	Gyaku suru; Assei suru; Shietage-ru.

U.

UBIQUITÉ, *sf.*	在マサバル所ノナキ事	Imasazaru tokoro-no naki koto.
UN, UNE, *a.*	一ノ	Itsu-no.
UNANIME, *a.*	一致シタル。總員一致ノ	Itchi shitaru; So-in itchi-no.
UNANIMEMENT, *ad.*	一致シテ	Itchi shite.
UNANIMITÉ, *sf.*	一致。全意	Itchi; Dō-i.
UNI, E, *a.*	平ナル。飾リナキ	Tairaka naru; Ka-zari naki.
UNIFORMÉMENT, *ad.*	一様ニ	Ichi-yō-ni.
UNIFORMITÉ, *sf.*	一様	Ichi-yō.
UNION, *sf.*	一致。聯合	Itchi; Ren-gō.
UNIQUE, *a.*	單ナル	Tan naru.

UNIQUEMENT, *ad.*	唯。全ク	Tada ; Mattaku.
UNIVERS, *sm.*	全世界。天地	Zen-se-kai ; Ten-chi.
UNIVERSEL, LE, *a.*	一般ノ。總括ノ	Ippan-no; Sō-katsu-no.
UNIVERSELLEMENT, *ad.*	一般ニ。普ク。總括ニ	Ippan-ni ; Amane-ku ; Sō-katsu-ni.
UNIVERSITÉ, *sf.*	大學校	Dai-gakkō.
URBANITÉ, *sf.*	叮嚀。禮儀	Tei-nei ; Rei-gi.
URGENT, E, *a.*	急ナル。懸ル	Kyū naru ; Aseru.
URNE, *sf.*	灰壺（死骸ノ）。鬮又ハ投票ヲ入レル器	Hai-tsubo (Shi-gai-no) ; Kuji mata-wa tō-hyō-wo ire-ru utsuwa.
USAGE, *sm.*	慣習。用ヒ。使用權	Kwan-shū ; Mochii ; Shi-yō-ken.
USER, *va.*	使用スル。消費スル。疲ラセル。招耗ラス	Shi-yō suru ; Shō-hi suru; Tsukara-seru ; Suri-hera-su.
— *vn.*	使フ	Tsukau.
S'— *vr.*	漸々惡クナル。使テ惡クナル	Dan-dan waruku naru ; Tsukatte waruku naru.
USTENSILE, *sm.*	家具	Ka-gu.
USURE, *sm.*	高利貸	Kō-ri gashi.
USURIER, *sm.*	高利貸人	Kō-ri gashi nin.

Usurpateur, trice, *sm. f.*	簒掠人。簒奪人	Datsu-ryaku nin; San-datsu nin.
Usurpation, *sf.*	簒奪。簒掠	San-datsu; Datsu-ryaku.
Usurper, *va.*	簒掠スル。簒奪スル	Datsu-ryaku suru; San-datsu suru.
Utile, *a.*	有用ノ。有益ノ	Yū-yō-no; Yū-eki-no.
— *sm.*	有用。有益	Yū-yō; Yū-eki.
Utilité, *sf.*	利益。有用。有益	Ri-eki; Yu-yō; Yū-eki.

V.

Vacances, *sf. pl.*	休日。休業時期	Kyū-jitsu; Kyū-gyō ji-ki.
Vacant, e, *a.*	主ナキ	Nushi naki.
Vache, *sf.*	牝牛	Me-ushi.
Vagabond, e, *a.*	漂泊ノ	Hyō-haku-no.
— *sm. f.*	漂泊人	Hyō-haku nin.
Vagon, *sm.*	汽車	Ki-sha.
Vague, *sf.*	波	Nami.
Vague, *a.*	定メナキ。漠然タル	Sadame naki; Ba-ku-zen taru.
Vaillamment, *ad.*	勇猛ニ	Yū-mō-ni.

VAILLANT, *sm.*	資本	Shi-hon.
— *a.*	勇猛ナル	Yū-mō naru.
VAIN, E, *a.*	無益ノ。抑柄ナル	Mu-eki-no; Ō-hei naru.
VAINCRE, *va.*	打チ勝ツ	Uchi-katsu.
VAINEMENT, *ad.*	無益ニ	Mu-eki-ni.
VAINQUEUR, *sm.*	勝チ人	Kachi-bito.
VAISSEAU, *sm.*	舩舶。流動物ヲ入ル、器	Sempaku; Ryū-dō butsu-wo ireru utsuwa.
VALABLE, *a.*	有効ノ	Yū-kō-no.
VALABLEMENT, *ad.*	有効ニ	Yū-kō-ni.
VALET, *sm.*	從者	Jū-sha.
VALEUR, *sf.*	價。勇氣	Atai; Yū-ki.
VALIDER, *va.*	有効ナラシムル	Yū-kō narashimuru.
VALLÉE, *sf.*	谷	Tani.
VALLON, *sm.*	小谷	Chiisaki tani.
VALOIR, *vn. a.*	價スル。得セシムル	Atai suru; E-seshimuru.
VANITÉ, *sf.*	空シサ。高慢	Munashisa; Kō-man.
VANNER, *va.*	箕ニテ簸ルフ	Mi nite furū.
VANTER, *va.*	譽メル	Homeru.
Se — *vr.*	自慢スル。高言ヲ吐ク	Ji-man suru; Kō-gen-wo haku.
VAPEUR, *sf.*	蒸氣	Jō-ki.

VARECH, *sm.*	水草。海ノ草	Mikusa; Umi-no kusa.
VARIATION, *sf.*	變化	Hen-kwa.
VARIÉTÉ, *sf.*	種々	Iroiro.
— de chrysan-thèmes.	變リ菊	Kawari-giku.
VASE, *sm.*	瓶。器	Bin; Utsuwa.
— à fleurs.	花瓶	Kwa-bin.
VASE, *sf.*	泥	Doro.
VASSAL, E, *a.*	陪臣ナル	Bai-shin naru.
VASTE, *a.*	廣キ	Hiroki.
VAURIEN, *sm.*	無頼人	Bu-rai jin.
VAUTOUR, *sm.*	鷹ノ類	Taka-no rui.
VAUTRER, (Se) *vr.*	轉リ込ム	Korogari-komu.
VÉGÉTAL, E, *a.*	植物ノ	Shoku-butsu-no.
VÉHÉMENT, E, *a.*	猛烈ナル	Mō-retsu naru.
VEILLE, *sf.*	不眠。前日	Fu-min; Zen-jitsu.
VEILLES, *sf. pl.*	頻リニ勉强スルコ	Shikiri-ni ben-kyō suru koto.
VEILLER, *vn.*	眠ラズ。注意スル	Nemurazu; Chū-i suru.
VEINE, *sf.*	脈管	Myaku-kwan.
VELOURS, *sm.*	天鵝絨	Birōdo.
VÉNAL, E, *a.*	賣買シ得ベキ	Bai-bai shi u-beki.
VENDANGE, *sf.*	葡萄收納。葡萄收納ノ時	Bu-dō shū-nō; Bu-dō shū-nō-no to-ki.

Vendangeur, euse, sm. f.	葡萄ヲ摘ム人	Bu-dō-wo tsumu hi-to.
Vendeur, sm.	賣主	Uri-nushi.
Vendre, va.	商フ。賣ル	Akinau; Uru.
Vénérable, a.	崇ムベキ	Agamu beki.
Vengeance, sf.	復讐	Fuku-shū.
Venger, va.	復讐スル	Fuku-shū suru.
Se — vr.	仝上	Fuku-shū suru.
Vengeur, eresse, sm. f.	復讐スル人	Fuku-shū suru hi-to.
Vénérer, va.	尊敬スル	Son-kei suru.
Venimeux, se, a.	獸毒アル	Jū-doku aru.
Venin, sm.	獸毒	Jū-doku.
Venir, vn.	來ル。着スル	Kitaru; Chaku su-ru.
Vent, sm.	風	Kaze.
Vente, sf.	賣ルコ	Uru koto.
— a l'enchère.	競賣	Seri-uri.
Venter, v. unip.	風吹ク	Kaze-fuku.
Ventre, sm.	腹	Hara.
Venue, sf.	來タルコ。幸臨	Kitaritaru koto; Kō-rin.
Vêpres, sf. pl.	羅馬敎ニテ日夕ノ勤メ	Rōma-kyō nite nis-seki-no tsutome.
Ver, sm.	虫。蛆。蚯蚓	Mushi; Uji; Mimi-zu.
Verbal, e, a.	口述ノ	Kō-jutsu-no.

VERBALISER, *vn.*	調書ヲ作ル	Chō-sho-wo tsuku-ru.
VERDURE, *sf.*	草木ノ緑色。緑草	Sō-moku-no ryoku-shoku; Ryoku-sō.
VERGER, *sm.*	果園	Kwa-en.
VÉRIFIER, *va.*	監察スル。験査スル。眞ヲ見セル。慥メル	Kan-satsu suru; Ken-sa suru; Makoto-wo miseru; Tashikameru.
VÉRIFICATION, *sf.*	検査	Ken-sa.
VÉRITABLE, *a.*	眞實ノ	Shin-jitsu-no.
VÉRITABLEMENT, *ad.*	眞實ニ	Shin-jitsu-ni.
VÉRITÉ, *sf.*	眞實	Shin-jitsu.
VERMIFUGE, *sm.*	殺虫劑	Satchyū-zai.
VERMILLON, *sm.*	朱	Shu.
VERMINE, *sf.*	蚤又ハ虱ノ總名	Nomi mata-wa shirami-no sō-myō.
VERNIR, *va.*	漆ヲ塗ル	Urushi-wo nuru.
VERNIS, *sm.*	漆	Urushi.
VERRE, *sm.*	硝子。玻璃。酒杯	Garasu; Ha-ri; Sakazuki.
VERRUE, *sf.*	疣	Ibo.
VERS, *sm.*	詩	Shi.
VERS, *pr.*	向テ。方ヘ	Mukatte; Hō-ye.
VERSEMENT, *sm.*	拂込ミ	Harai-komi.

VERSER, *va. n.* 注ク。覆ル Sosogu ; Kutsugae-ru.

VERT, E, *a.* 草色ナル。靑キ Kusa iro naru ; Ao-ki.

VERTICAL, E, *a.* 鉛直ナル En-choku naru.
Ligne — 鉛直線 En-choku-sen.

VERTU, *sf.* 德。貞節。勇氣。効驗 Toku ; Tei-setsu ; Yū-ki ; Kō-ken.

VERTUEUX, SE, *a.* 德實ノ Toku-jitsu-no.

VESTIGE, *sm.* 足跡 Ashi-ato.

VÉTÉRINAIRE, *sm.* 馬醫 Ba-i.

VÊTEMENT, *sm.* 衣裳 I-shō.

VÊTIR, *va.* 衣服ヲ被セル I-fuku-wo kiseru.

VÊTU, E, *a.* 衣服キタル I-fuku kitaru.

VEUF, *sm.* 鰥夫 Yamo-o.

VEUVE, *sf.* 寡婦 Yamo-me.

VIAGER, ÈRE, *a.* 終身ノ Shū-shin-no.

VIANDE, *sf.* 肉 Niku.

VICE, *sm.* 不德。瑕瑾。過失 Fu-toku ; Ka-kin ; Kwa-shitsu.

VICIER, *va.* 惡ルクスル Waruku suru.

VICIEUX, EUSE, *a.* 瑕瑾アル。缺ケタル。過チアル Ka-kin aru ; Kake-taru ; Ayamachi aru.

VICINAL, E, *a.* 村ノ Mura-no.

VICTIME, *sf.* 犠牲 Ikenie.

VICTOIRE, *sf.* 勝利。凱陣 Shō-ri ; Gai-jin.

VIDE, *a.*	空虚ナル	Kū-kyo naru.
VIDER, *va.*	空ニスル	Kara-ni suru.
VIE, *sf.*	生命。生活	Sei-mei; Sei-kwa-tsu.
VIEILLARD, *sm.*	老人	Rō-jin.
VIEILLE, *sf.*	老婦	Rō-fu.
VIEILLESSE, *sf.*	老年	Rō-nen.
VIERGE, *sf.*	處女。情ヲ解セザル女	Sho-jo; Jō-wo kai sezaru onna.
VIEUX, *a.*	舊キ。老年ナル	Furuki; Rō-nen naru.
VIF, *sm.*	生肉	Nama niku.
Donation entre —	生者間ノ贈與	Sei-sha-kan-no zō-yo.
VIGILANT, E, *a.*	氣配シタル	Ki-kubari shitaru.
VIGNE, *sf.*	葡萄樹。葡萄園	Bu-dō-no ki; Bu-dō-en.
VIGNERON, *sm.*	葡萄ヲ作ル人	Bu-dō-wo tsukuru hito.
VIGOUREUX, EUSE, *a.*	健強ナル。活潑ナル	Ken-kyō naru; Kwappatsu naru.
VIGUEUR, *sf.*	力。威勢	Chikara; I-sei.
VILLAGE, *sm.*	村落	Son-raku.
VILLAGEOIS, E, *a.*	村落ノ	Son-raku-no.
— *sm. f.*	田夫	Dempu.
VILLE, *sf.*	都。市街	Miyako; Shi-gai.
VIN, *sm.*	葡萄酒	Bu-dō-shu.

VINAIGRE, *sm.*	酢	Su.
VINGT, *a.*	二十ノ。二十	Ni-jū-no; Ni-jū.
VINGTIÈME, *a.*	第二十ノ	Dai ni-jū-no.
— *sm.*	二十分一	Ni-jū bun ichi.
VIOLEMMENT, *ad.*	烈シク	Hageshiku.
VIOLENCE, *sf.*	暴行。烈シサ	Bō-kō; Hageshi-sa.
VIOLENT, E, *a.*	暴ナル。烈シキ。苛ゴキ	Bō naru; Hageshiki; Mugoki.
VIOLER, *va.*	犯ス。破ル	Okasu; Yaburu.
VIOLON, *sm.*	西洋ノ皷弓。皷弓ヲ摺ル人	Sei-yō-no kokyū; Kokyū-wo suru hito.
VIPÈRE, *sf.*	蝮	Mamushi.
VIRIL, E, *a.*	男ノ。男ラシキ	Otoko-no; Otoko ra-shiki.
VISA, *sm.*	撿印	Ken-in.
VIS-À-VIS, *pr.*	對シテ。向ツテ	Taishite; Mukatte.
VISAGE, *sm.*	顔	Kao.
VISCOSITÉ, *sf.*	粘リ氣	Nebari-ke.
VISER, *va.*	狙ラフ。撿印スル	Nerau; Ken-in su-ru.
VISIBLE, *a.*	見ユベキ	Miyu beki.
VISITE, *sf.*	見舞。探索	Mimai; Tan-saku.
VISITER, *va.*	見舞フ。探索スル。撿査スル	Mimau; Tan-saku suru; Ken-sa su-ru.

Visqueux, euse, *a.*	粘リ氣アル。粘ル	Nebarike aru; Ne-baru.
Vite, *ad.*	神速ニ	Shin-soku-ni.
Vitesse *sf.*	神速	Shin-soku.
Vitriol, *sm.*	硫酸	Riu-san.
Vivacité, *sf.*	活潑	Kwappatsu.
Vivant, e, *a.*	活キタル。活潑ナル	Ikitaru; Kwappatsu naru.
— *sm.*	活人	Kwatsu jin.
Vivement, *ad.*	活潑ニ	Kwappatsu-ni.
Vivier, *sm.*	魦	Ikesu.
Vivifiant, e, *a.*	活カシタル。活潑ニシタル	Ikashitaru; Kwap-patsu-ni shitaru.
Vivre, *vn.*	生活スル。存在スル	Sei-kwatsu suru; Son-zai suru.
Vivres, *sm. pl.*	食物	Shoku-motsu.
Vocal, e, *a.*	聲ノ	Koe-no.
Vocation, *sf.*	天賦ノ傾向	Tempu-no kei-kō.
Vœu, *sm.*	供物。志願。決心	Ku-motsu; Shi-gwan; Kesshin.
Voguer, *vn.*	走ル（船ノ）	Hashiru (Fune-no).
Voici, *ad.*	此レヲ看ヨ	Kore-wo miyō.
Voie, *sf.*	道路。仕方	Dō-ro; Shi-kata.
Voilà, *ad.*	夫ヲ看ヨ	Sore-wo miyo.
Voile, *sm.*	顔ヲ蓋フ物。蓋ヒ物	Kao-wo ou mono; Ōi-mono.
— *sf.*	帆。船	Ho; Fune.

VOILIER, *sm.*	帆ヲ作ル人。帆船	Ho-wo tsukuru hi-to; Ho-bune.
VOIR, *va.*	見ル	Miru.
VOISIN, E, *a.*	近隣ノ	Kin-rin-no.
— *sm. f.*	隣人	Rin-jin.
VOISINAGE, *sm.*	近隣。近邊	Kin-rin; Kimpen.
VOITURE, *sf.*	車	Kuruma.
— à quatre roues.	四輪車	Shi-rin-sha.
VOIX, *sf.*	聲	Koe.
— aiguë.	金切リ聲	Kana-kiri-goe.
— basse.	銅鑼聲	Dō-ma-goe.
VOL, *sm.*	飛ブ事。盗。竊盗。贓物	Tobu koto; Nusumi; Settō; Zō-motsu.
VOLANT, *sm.*	羽根。通力輪	Hane; Tsū-riki-wa.
VOLAGE, *a.*	變心シヤスキ。取極ナキ	Hen-shin shiyasuki; Tori-kime naki.
— *sm. f.*	取極リナキ人	Tori-kimari naki hi-to.
VOLATILE, *sm.*	羽族	U-zoku.
VOLCAN, *sm.*	火山	Kwa-zan.
VOLER, *vn. a.*	飛ブ。盗ム	Tobu; Nusumu.
VOLET, *sm.*	雨戸	Amado.
VOLETER, *vn.*	屢々飛ブ	Shiba-shiba tobu.
VOLEUR, EUSE, *sm. f.*	盗賊	Tō-zoku.
VOLONTAIRE, *a.*	隨意ノ	Zui-i-no.
VOLONTAIREMENT, *ad.*	隨意ニ	Zui-i-ni.

VOLONTÉ, *sf.*	意欲。意	I-yoku ; I.
VOLONTIERS, *ad.*	悦ンデ	Yorokonde.
VOLTIGER, *vn.*	ヒラヒラ飛ブ	Hira-hira tobu.
VOLUME, *sm.*	容サ。書册	Kasa ; Sho-satsu.
VOLUPTÉ, *sf.*	快樂。慰ミ	Kwai-raku; Nagu-sami.
VOMIR, *va.*	吐ク	Haku.
VORACE, *a.*	貪食ナル	Ton-shoku naru.
VOTE, *sm.*	投票	Tō-hyō.
VOTER, *vn.*	投票スル	Tō-hyō suru.
VOTRE, VOS, *pro.*	汝ノ	Nanji-no.
VOULOIR, *va.*	欲スル	Hossuru.
VOUS, *pro.*	汝	Nanji.
VOÛTE, *sf.*	空ラ。弓形ノ細工物（左官ノ）。天井（弓形ノ）	Sora; Yumi-gata-no sai-ku mono (Sa-kwan-no); Ten-jō (Yumi-gata-no).
VOYAGE, *sm.*	旅行	Ryo-kō.
VOYAGER, *vn.*	旅行スル	Ryo-kō suru.
VOYAGEUR, *sm.*	旅人	Tabi-bito.
VRAI, E, *a.*	實ナル。實ノ	Jitsu naru; Makoto-no.
VRAISEMBLABLE, *a.*	實ラシキ	Jitsu-rashiki.
VUE, *sf.*	見ヘ。景色。目的	Mie; Ke-shiki; Mo-ku-teki.
— perçante.	鋭キ目	Surudoki me.
à —	一覽上ノ	Ichiran-jō-no.

Vulgaire, *a.*	尋常ノ。凡庸ノ	Jin-jō-no; Bon-yō-no.
Vulnéraire, *sm.*	瘡藥	Kizu-gusuri.

Y.

Y, *ad. pro.*	彼處ニ。此處ニ。其處ニ。夫ニ付テ	Kashiko-ni; Koko-ni; Soko-ni; Sore-ni tsuite.
Yeux, *sm. pl.*	眼	Me.

Z.

Zèle, *sm.*	熱心。銳意。氣先	Nesshin; Ei-i; Ki-saki.
Zélé, e, *a.*	熱心ノ	Nesshin-no.
— *sm.*	熱心家	Nesshin-ka.
Zéphir, *sm.*	和風。微風	Wa-fū; Bi-fū.
Zigzag, *sm.*	雁木	Gan-gi.
Zinc, *sm.*	亞鉛	Totan.
Sulfate de —	皓礬	Kō-han.

Zodiaque, *sm.*	獸帶	Jū-tai.
Zone, *sf.*	帶	Tai.
— torride.	熱帶	Nettai.
— tempérée.	溫帶	On-tai.
— glaciale.	寒帶	Kan-tai.
Zoologie, *sf.*	動物學	Dō-butsu gaku.
Zoophyte, *sf.*	植虫	Shoku-chū.

FIN.

IMPRIMERIE.—SEISHIBOUNSHA, No. 1, Kaboutotcho, TOKIO.

東京日本橋區通三丁目十四番地

發兌　丸善商社書店

東京日本橋區通三丁目十四番地寄留

出版人　小柳津要人

大坂府士族

東京小石川區金富町四十二番地寄留

著者　アルチュール、アリヴェー

第一高等中學校教師　佛人

同　二十年六月　出版

明治十九年十月十四日版權免許

9 782329 373416